"十二五"高职高专规划教材·精品系列

U0741778

货运代理实务

主 编 马三生 马 辉
副主编 张 媛 李 娜

中国铁道出版社
CHINA RAILWAY PUBLISHING HOUSE

内 容 简 介

本书力求体现高等职业院校教材的特色,坚持实用性、科学性、创新性原则,根据货运代理岗位实际业务,分为 8 个任务,即国际货运岗位认知、国际货物运输路线设计、杂货班轮运输、集装箱班轮运输、航空货物运输、国际多式联运、国际陆路货物运输和国际货运代理风险分析与规避,每一任务下设有若干子任务。

本书内容全面,体例新颖,适用于高职高专院校物流管理、报关与国际货运、航运管理、交通运输、集装箱运输管理等专业,也可作为外贸、货运代理、物流等行业从业人员的职业培训教材和业务参考用书。

图书在版编目(CIP)数据

货运代理实务/马三生,马辉主编. —北京:
中国铁道出版社,2014.6
"十二五"高职高专规划教材. 精品系列
ISBN 978-7-113-18278-6

Ⅰ.①货… Ⅱ.①马… ②马… Ⅲ.①货运代理—高
等职业教育—教材Ⅳ.①U294.1

中国版本图书馆 CIP 数据核字(2014)第 064123 号

书　　名:	"十二五"高职高专规划教材·精品系列 **货运代理实务**
作　　者:	马三生　马　辉　主编

策　　划:	左婷婷	电话:	400-668-0820
责任编辑:	张丽娜　贾淑媛		
封面设计:	刘　颖		
封面制作:	白　雪		
责任校对:	张玉华		
责任印制:	李　佳		

出版发行:	中国铁道出版社(100054,北京市西城区右安门西街 8 号)
网　　址:	http://www.5leds.com
印　　刷:	北京市昌平开拓印刷厂
版　　次:	2014 年 6 月第 1 版　2014 年 6 月第 1 次印刷
开　　本:	787 mm×1 092 mm　1/16　印张:13.75　字数:340 千
印　　数:	1～3 000 册
书　　号:	ISBN 978-7-113-18278-6
定　　价:	30.00 元

前言
货运代理实务
Freight Forwarding Agent
Preface

　　货运代理被称为国际货运、国际多式联运和国际物流的组织者、设计师和建筑师。随着中国对外经济与贸易的迅速发展，国际货运代理业的地位愈来愈重要。目前，国际货运代理人员所从事的业务已超越了原来狭义的概念范围，大量的国际货运代理人员开始从事第三方物流业务。这一方面说明现代物流服务是国际多式联运发展的必然趋势，现代物流业务是国际货运代理业务的最高形式；另一方面也说明传统的货运代理业务以及多式联运业务是现代物流业务的一个重要组成部分。因此，对于物流管理专业及相关专业物流从业人员而言，"货运代理实务"是一门十分重要的专业课程。

　　"货运代理实务"是一门新兴的边缘性学科，是多专业、多学科知识与理论的有机融合。本书在编写上，突出职业教育的特性，引用大量的实例、合同、单证样本进行实践教学，避免以往教材重理论、轻实践的做法，提供了一种切实的职业帮助。在编写过程中，力求体现以下特色：

　　（1）注重学生能力的培养，对于高职高专学生，不追求理论知识的全面，以"必需""够用"为度，只要学生会用、能解决实际问题即可。

　　（2）基于工作过程和行动导向，以任务驱动的方式编排体例，增强学生学习的乐趣和成就感。从货运代理岗位实际业务出发，设置学习任务，其下分为若干子任务，通过任务引领、实战演练、任务小结、任务模拟演练等达到提高学生实践技能的目的。

　　（3）时效性强，将最新的典型案例和前沿研究成果融入其中。

　　本教材根据货运代理岗位实际业务，将全书分为 8 个任务，即国际货运岗位认知、国际货运地理、杂货班轮运输、集装箱班轮运输、航空货物运输、国际多式联运、国际陆路货物运输和国际货运代理风险分析与规避。

　　本书由秦皇岛职业技术学院马三生教授、马辉副教授任主编，张媛、李娜任副主编。参加本书编写的人员及分工如下：学习任务一、二由马三生、张媛共同编写，学习任务三、四由马辉和中外运秦皇岛分公司杨涛共同编写，学习任务五、八由李娜与中外运空运发展股份有限公司刘海涛共同编写，学习任务六、七由秦皇岛职业技术学院曹萍编写。

　　本书在编写过程中参考了大量的资料，在此，谨向有关著作的作者表示衷心的感谢！由于编写时间仓促，编者水平有限，书中不足或疏漏之处在所难免，敬请读者批评指正。

编　　者

目 录 *Contents*

货运代理实务
Freight Forwarding Agent

学习任务 1　国际货运岗位认知

能力目标

通过本任务的学习，应该能够：

(1)明确国际货运代理的含义、作用和业务范围

(2)了解国际货运代理的岗位职责

(3)了解国际货运代理企业外部运行环境

(4)了解国际货运代理企业内部运行机制

(5)能够区分货代、船代和无船承运人

核心能力

(1)掌握国际货运代理的工作任务

(2)了解货运代理的岗位职责和能力要求

学习导航

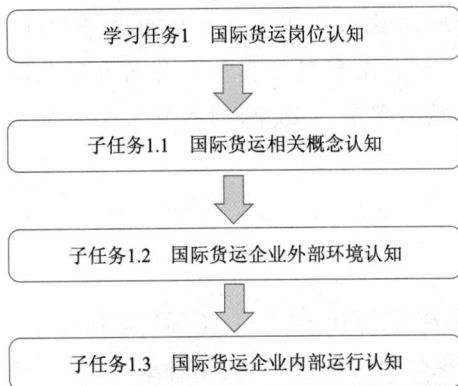

学习任务1　国际货运岗位认知

⬇

子任务1.1　国际货运相关概念认知

⬇

子任务1.2　国际货运企业外部环境认知

⬇

子任务1.3　国际货运企业内部运行认知

案例导入

我国货运代理行业发展实践

据相关部门统计,截至 2010 年底,我国经中华人民共和国商务部(以下简称商务部)批准的国际货代企业已达 6 000 多家,挂靠在这些正规货运代理(简称"货代")企业的二代、三代,保守估计的实际数量应该有 3 万家,从业人员超过 50 万人。其中:国有国际货代企业占了近 70%,外商投资国际货代企业占了近 30%;沿海地区国际货代企业占了 70%,内陆地区国际货代企业占了 30%;从事国际航空货代业务的企业 361 家,占大约 9.6%。目前,我国 80% 的进出口贸易货物运输和中转业务、90% 的国际航空货物运输业务都是通过国际货代企业完成的。

在 2005 年 12 月 11 日,由商务部发布了《外商投资国际货物运输代理企业管理办法》。按照该办法,中国允许设立外商独资国际货运代理企业,注册资本的最低要求实行国民待遇。此举标志着外商投资货代服务最后一道防线也被解除,允许外商完全独资经营货代业务。我国国际货代业务对内对外完全放开,成为了真正的竞争性市场。

从货源结构看,国内货代企业尤其是中小企业主要以承揽出口预付货为主,营销手段主要是靠比拼低运价和社会关系,而对已超过我国对外贸易比重 80% 的 FOB(free on board)指定货物(这些货物运输主要由具有全球网络优势的跨国货代公司所控制),由于缺乏海外代理网络因素,往往力不能及。目前中小货代企业在运价、舱位等方面对承运人过分依赖,以赚取差价和订舱佣金为主要收入来源。企业忽视了对市场需求的细分,造成中小货代业务的可替代性强,客户稳定性差,专业化服务程度低,市场竞争力低下。

当前,全球的货代业都在向现代物流业转变。要实现这种转型,必须根据自身条件,把握市场变化,不断挖掘潜力,开发不同层次的物流增值服务。在这种形势下,中国大多中小货代企业管理理念仍然落后,提供的服务简单且范围小,服务方式单一,更没有主动细分市场、研究市场变化和客户需求心理,进行市场定位,并制定企业发展战略,一直处于低层次的经营状态,无法为客户提供个性化的物流方案,更不用说供应链的组织能力。

由于货运代理属于服务业,基本上不存在行业壁垒,市场进入门槛低。我国很多货代公司的规模都不大,企业的所谓信息化往往只是使用电子邮件、即时通信软件以及利用办公室软件制作简单的表单文档。而利用计算机进行信息的收集、存储、管理和利用方面的能力较弱,未能形成自己的核心优势。另外,制约货代公司发展缓慢的一个重要因素是缺乏专业人才。

学习任务描述

本任务将引领学生学习国际货物运输方式、国际货运代理相关概念,以及作为国际货运代理人员应该从事的工作内容有哪些,工作职责是什么,如何成为一名合格的国际货运代理人员。

子任务模块剖析

子任务 1.1　国际货运相关概念认知

任务引领

本任务将引领学生了解国际货物运输方式，认知国际货运代理行业在外贸行业中的作用，以及国际货运代理的责任和业务范围，以便建立起清晰的学习框架和目标。

1.1.1　国际货物运输方式

1. 海洋运输方式

在国际货物运输中，运用最广泛的是海洋运输(ocean transport)。目前，海运量在国际货物运输总量中占 80% 以上。海洋运输之所以被如此广泛采用，是因为它与其他国际货物运输方式相比，主要有下列明显的优点：

(1)通过能力大。海洋运输可以利用四通八达的天然航道，它不像火车、汽车受轨道和道路的限制，故其通过能力很大。

(2)运量大。海洋运输船舶的运输能力，远远大于铁路运输车辆。如一艘万吨船舶的载重量一般相当于 250～300 个车皮的载重量。

(3)运费低。按照规模经济的观点，因为运量大、航程远，分摊于每货运吨的运输成本就低，因此运价相对低廉。

海洋运输虽有上述优点，但也存在不足之处。例如，海洋运输受气候和自然条件的影响较大，航期不易准确，而且风险较大。此外，海洋运输的速度也相对较低。

2. 铁路运输方式

在国际货物运输中，铁路运输(rail transport)是仅次于海洋运输的主要运输主式，海洋运输的进出口货物，也大多是靠铁路运输进行货物的集中和分散的。

铁路运输有许多优点，一般不受气候条件的影响，可保障全年的正常运输，而且运量较大，速度较快，有高度的连续性，运转过程中风险也较小。办理铁路货运手续比海洋运输简单，而且发货人和收货人可以在就近的始发站(装运站)和目的站办理托运和提货手续。

3. 航空运输方式

航空运输(air transport)是一种现代化的运输方式，它与海洋运输、铁路运输相比，具有运输速度快、货运质量高、不受地面条件的限制等优点。因此，它最适宜运送急需物资、鲜活商品、精密仪器和贵重物品。

4. 公路、内河和邮包运输

(1)公路运输：公路运输(road transportation)是一种现代化的运输方式，它不仅可以直接运进或运出对外贸易货物，而且也是车站、港口和机场集散进出口货物的重要手段。

(2)内河运输：内河运输(inlandwater transportation)是水上运输的重要组成部分，它是连接内陆腹地与沿海地区的纽带，在运输和集散进出口货物中起着重要的作用。

(3)邮包运输:邮包运输(parcelpost transportation)是一种较简便的运输方式,各国邮政部门之间订有协定和合约,通过这些协定和合约,各国的邮件包裹可以相互传递,从而形成国际邮包运输网。由于国际邮包运输具有国际多式联运和"门到门"运输的性质,加之手续简便,费用也不高,故其成为国际贸易中普遍采用的运输方式之一。

1.1.2 国际货运代理

1. 国际货运代理的定义

(1)国际上对国际货运代理所下的定义。国际货运代理协会联合会(FIATA)将其定义为:"根据客户的指示,并为客户的利益而揽取货物运输的人,其本身不是承运人。"货运代理也可以依据这些条件,从事与运输合同有关的活动,如储货、报关、验收、收款等。

(2)我国国际货运代理的概念。在我国,国际货运代理具有两种含义:其一是指国际货运代理业;其二是指国际货运代理人。

根据1995年6月6日国务院批准的《中华人民共和国国际货物运输代理业管理规定》第二条规定"国际货物运输代理业,是指接受进出口货物收货人、发货人的委托,以委托人的名义或者以自己的名义,为委托人办理国际货物运输及相关业务并收取服务报酬的行业。"

国际货运代理人:是指接受进出口货物收货人、发货人或其代理人的委托,以委托人的名义或者以自己的名义,为委托人办理国际货物运输及相关业务并收取服务报酬的企业。

我们通常所说的货代更多的是指国际货运代理企业。

2. 国际货运代理的性质

(1)国际货运代理业的性质:国际货运代理业在社会产业结构中属于第三产业,性质上属于服务行业。

(2)国际货运代理人的性质:国际货运代理人从本质上属于运输关系人的代理,是联系发货人、收货人和承运人的运输中间人。

1.1.3 国际货运代理的作用

国际货运代理企业通晓国际贸易环节,精通各种运输业务,熟悉有关法律、法规,业务关系广泛,信息来源准确、及时,与各种承运人、仓储经营人、保险人、港口、机场、车站、堆场、银行等相关企业,海关、商检、卫检、动植检、进出口管制等有关政府部门存在着密切的业务关系,不论对于进出口货物的收、发货人,还是对于承运人和港口、机场、车站、仓库经营人都具有重要的桥梁和纽带作用。这不仅可以促进国际贸易和国际运输事业发展,而且可以为国家创造外汇来源,对于本国国民经济发展和世界经济的全球化都有重要的推动作用。对委托人而言,主要发挥以下作用:

1. 组织协调作用

国际货运代理人历来被称为"运输的设计师","门到门"运输的组织者和协调者。凭借其拥有的运输知识及其他相关知识,组织运输活动,设计运输路线,选择运输方式和承运人(或货主),协调货主、承运人及其与仓储保管人、保险人、银行、港口、机场、车站、堆场经营人和海关、商检、卫检、动植检、进出口管制等有关当局的关系,可以为委托人节省时间,减少许多不必要的麻烦,使其专心致力于主营业务。

2. 专业服务作用

国际货运代理人的本职工作是利用自身专业知识和经验,为委托人提供货物的承揽、交运、拼装、集运、接卸、交付服务,接受委托人的委托,办理货物的保险、海关、商检、卫检、动植

检、进出口管制等手续,甚至有时要代理委托人支付、收取运费,垫付税金和政府规费。国际货运代理人通过向委托人提供各种专业服务,可以使委托人不必在自己不够熟悉的业务领域花费更多的心思和精力,使不便或难以依靠自己力量办理的事宜得到恰当、有效的处理,有助于提高委托人的工作效率。

3. 沟通控制作用

国际货运代理人拥有广泛的业务关系、发达的服务网络、先进的信息技术手段,可以随时保持货物运输关系人之间,以及货物运输关系人与其他有关企业、部门的有效沟通,对货物进行运输的全过程进行准确跟踪和控制,保证货物安全、及时运抵目的地,顺利办理相关手续,准确送达收货人,并应委托人的要求提供全过程的信息服务及其他相关服务。

4. 咨询顾问作用

国际货运代理人通晓国际贸易环节,精通各种运输业务,熟悉有关法律、法规,了解世界各地有关情况,信息来源准确、及时,可以就货物的包装、储存、装卸和照管,货物的运输方式、运输路线和运输费用,货物的保险、进出口单证和价款的结算,领事、海关、商检、卫检、动植检、进出口管制等有关当局的要求等向委托人提出明确、具体的咨询意见,协助委托人设计、选择适当处理方案,避免、减少不必要的风险、周折和浪费。

5. 降低成本作用

国际货运代理人掌握货物的运输、仓储、装卸、保险市场行情,与货物的运输关系人、仓储保管人、港口、机场、车站、堆场经营人和保险人有着长期、密切的友好合作关系,拥有丰富的专业知识和业务经验,有利的谈判地位,娴熟的谈判技巧,通过国际货运代理人的努力,可以选择货物的最佳运输路线、运输方式,最佳仓储保管人、装卸作业人和保险人,争取公平、合理的费率,甚至可以通过集运效应使所有相关各方受益,从而降低货物运输关系人的业务成本,提高其主营业务效益。

6. 资金融通作用

国际货运代理人与货物的运输关系人、仓储保管人、装卸作业人及银行、海关当局等相互了解,关系密切,长期合作,彼此信任,国际货运代理人可以代替收、发货人支付有关费用、税金,提前与承运人、仓储保管人、装卸作业人结算有关费用,凭借自己的实力和信誉向承运人、仓储保管人、装卸作业人及银行、海关当局提供费用、税金担保或风险担保,可以帮助委托人融通资金,减少资金占压,提高资金利用效率。

1.1.4　国际货运代理的责任

目前,国际货运代理由于其经营业务的特殊性,其法律地位通常被分成两类:第一类是指作为代理人的法律地位;第二类是指作为当事人的法律地位。两者所承担的法律责任不同。传统意义上的国际货运代理开展的业务是纯代理性质的业务,就法律地位而言,代理仅对其业务范围内的过失承担代理责任。而随着代理业务的发展与拓宽,国际货运代理除了以代理人的身份从事纯代理业务外,还以当事人身份开展业务,这时也就理所应当地承担当事人的法律责任。从国际上发生的法律纠纷来看,在从事国际货运业务时,弄清自己是以何种身份进行操作将直接关系到企业在法律纷争中的成败。

作为国际货运代理人,主要负责代发货人订舱、保管货物和安排货物运输等业务,并代他们支付运费、海关税等,然后收取一定比例的代理手续费,而因货物的运送、保管,以及为发货人提供服务所引起的一切费用,均由发货人承担,代理人通常仅对本人及雇员的过失承担责任。而作为当事人在为客户提供服务时,是以本人的名义承担责任的独立合同人,他要为因履行合同而雇佣的承运人、分运代理的行为和不行为负责。

1.1.5　国际货运代理的业务范围

根据《中华人民共和国国际货运代理业管理规定实施细则》的规定,国际货运代理企业的经营范围如下:

(1)揽货、订舱(含租船、包机、包舱)、托运、仓储、包装。

(2)货物的监装、监卸、集装箱的拆箱、分拨、中转及相关的短途运输服务。

(3)报关、报检、报验、保险。

(4)缮制签发有关单证、交付运费、结算及交付杂费。

(5)国际展品、私人物品及过境货物运输代理。

(6)国际多式联运、集运(含集装箱拼箱)。

(7)国际快递(不含私人信函)。

(8)咨询及其他相关国际货运代理业务。

但是,这些并不是每个国际货运代理企业都具有的经营范围。由于各个国际货运代理企业的具体情况不同,商务主管部门批准的国际货运代理业务经营范围也有所不同。

实战演练

以班为单位给学生进行分组,以 5～6 人为一个团队,进行讨论,针对海运运输方式、货代企业的作用和货代企业的业务范围进行深入讨论,加深印象。可以通过一人提问、其他人回答的方式进行,力争理解所有概念。

子任务 1.2　国际货运企业外部环境认知

任务引领

本任务引领学生了解我国国际货运代理行业发展的情况,我国政府对货代行业的监管方式,货代企业成立应具备的条件。

1.2.1　我国国际货运代理的发展情况

我国货代行业的发展可以追溯到 20 世纪 40 年代,其具体发展阶段如下:

(1)由帝国主义和资本主义国家的洋行所垄断和控制阶段(1949 年前)。

(2)私营报关行和中国对外贸易运输总公司兼营阶段(1949 年到 1956 年)。

(3)由中国对外贸易运输总公司独家垄断经营阶段(1956 年到 1984 年)。

(4)由中国外运公司和中远公司两家经营阶段(1984 年到 1988 年)。

(5)1985 年中国外运代表我国的货运代理作为一般会员,加入了 FIATA(国际货运代理协会联合会)。

(6)国内市场经济下多家企业经营阶段(1988 年到 1992 年)。

(7)国际货运代理业对外国投资者也开放,国内外多家企业经营阶段(1992 年至今)。

(8)1994年,对外贸易经济合作部作出了筹建中国国际货运代理协会(CIFA)的决定,并于2000年9月6日成立了CIFA这一全国性的货运代理行业组织。

(9)2001年9月,CIFA成为了FIATA的国家级会员。CIFA的成立,标志着我国政府对货运代理行业的管理进入了一个政府监管和行业自律并重的新阶段。

(10)2004年1月1日起,允许自然人和其他经济组织投资设立货运代理企业;允许我国香港服务提供者和我国澳门服务提供者在内地以合资、合作、独资的形式设立国际货运代理企业,且与我国大陆投资者基本相同的待遇。

(11)2004年5月,取消了对国际货运代理企业的行政审批,改为备案登记制,但对外商投资设立国际货运代理企业仍然实行审批制度。

(12)自2005年12月11日起,允许设立外商独资国际货运代理企业。

总体而言,我国国际货运代理业虽起步较晚,但发展十分迅速。我国国际货运代理企业分布区域广泛,多种经济成分并存。据统计,截至2010年底,我国注册的货运代理企业达2万多家,且规模仍在逐渐扩大。随着国际贸易运输方式的发展,国际货运代理已渗透到国际商务活动的各领域,成为国际贸易中不可或缺的重要组成部分。国际货运代理人是国际运输的组织者,被誉为国际贸易的桥梁和国际货物运输的设计师,在国际贸易运输和国际物流的实践过程中起着举足轻重的作用。

1.2.2 我国对国际货运代理的管理现状

1. 国际货运代理企业的行政管理部门

(1)商务部是我国国际货运代理行业的主管部门。

(2)地方商务主管部门,在商务部的授权下,负责对本行政区域内的国际货运代理业实施监督管理。

(3)中国国际货运代理协会,在商务部和地方商务主管部门的监督和指导下,协助政府有关部门加强行业管理。

中国国际货运代理协会(China International Freight Forwarders Association,CIFA),2000年9月6日宣告成立。协会是在民政部登记注册的,由中国境内的国际货运代理企业自愿组成的,非营利性的,以民间形式代表中国货代业参与国际经贸运输事务并开展国际商务往来的全国性行业组织,是社团法人。协会是政府与企业沟通的桥梁;反映企业的意愿和要求;保护会员合法权益;制定、推进行业自律准则,维护货代行业正常经营秩序。

(4)国务院公路、水路、铁路、航空、邮政运输、联合运输等主管部门,根据与本行业有关的法律、法规和规章对国际货运代理企业的设立及其业务活动进行不同程度的管理。

2. 我国对国际货运代理行业的管理体制

我国目前货运代理的管理体制实行的是商务部门为主,其他相关部门依职权参与管理,政府主管部门行政管理和行业协会自律并重的货运代理行业管理体制。

(1)货运代理备案制代替审批制。自2004年4月1日开始,由政府对国际货运代理企业的经营资格进行审批的管理方式目前已经正式结束。凡是想设立国际货代企业的法人和自然人,只需要在工商部门注册登记即可,国际货代行业取消审批制度。在此制度出台之前,除政府部门审批的正规货代企业之外,市场上实际存在的"非审批"货代企业数是"审批"货代企业的3倍。长期以来,"非审批"货代企业通过挂靠、承包等形式从事着货运代理业务,有的已经形成一定规模,但由于此类企业整体游离于政府的管理和行业组织的自律之外,形成了不正常的"二代"现象,这一直是导致国际货代市场无法规范、秩序混乱的重要原因。通过降低设立货代企业的门槛和简化设立程序,使所有货代企业都纳入政府和行业组织监管,有利于货代行业的健康稳步发展。

(2)行业组织辅助监管。2005年3月23日商务部办公厅专门发出《关于委托中国国际货运代理协会组织实施货代企业业务备案有关事宜的通知》,委托中国国际货运代理协会具体组织实施货运代理企业业务备案工作。国际货运代理企业于每年3月底前填写《国际货运代理企业业务备案表》,将上年业务经营情况报送注册所在地国际货运代理行业中介组织或商务主管部门;各地国际货运代理行业中介组织或商务主管部门负责核对本地区国际货运代理企业备案表的有关内容,并汇总分析本地区国际货运代理行业发展动态,通过商务部国际货运代理企业信息管理系统报送中国国际货运代理协会。

1.2.3 设立货运代理企业的条件

中资企业设立货代条件:

1. 对企业名称、标志的要求

国际货运代理企业的名称、标识应当符合国家有关法律、法规和规章,与业务性质、范围相符合,并能体现行业特点。其中,名称中应当含有"货运代理""运输服务""集运"或"物流"等相关字样。

2. 对企业组织形式的要求

国际货运代理企业必须依法取得中华人民共和国企业法人资格,组织形式限于有限责任公司或股份有限公司。

3. 对申请人的要求

申请人应当是与进出口贸易或国际货物运输有关并有稳定货源的单位,符合此条件的投资者应占大股。且自申报之日前5年内,没有因非法从事代理活动而被处罚。

> **注意:**禁止具有行政垄断职能的单位申请投资经营国际货运代理业务。承运人以及其他可能对国际货运代理行业构成不公平竞争的企业不得申请经营国际货运代理业务。

4. 对注册资本最低限额的要求

国际货运代理企业的注册资本最低限额应当符合下列要求:

(1)经营海上国际货物运输代理业务的,注册资本最低限额为500万元人民币。

(2)经营航空国际货物运输代理业务的,注册资本最低限额为300万元人民币。

(3)经营陆路国际货物运输代理业务或者国际快递业务的,注册资本最低限额为200万元人民币。

(4)经营上述两项以上业务的,注册资本最低限额为其中最高一项的限额。

5. 对扩大经营范围或经营地域以及设立分支机构或非营利性办事机构的要求

(1)均要求企业成立并经营货运代理业务1年以上,并形成一定经营规模。

(2)对于设立分支机构,要求增加注册资金,每申请设立一个分支机构,相应增加注册资本50万元人民币。但对企业注册资本已超过最低限额的,超过部分可作为设立分支机构的增加资本。

6. 对营业条件的要求

(1)具有至少5名以上从事国际货运代理业务3年以上的业务人员。

(2)有固定的营业场所。

(3)有必要的营业设施(电话、传真、计算机,甚至短途运输工具、装卸设备、包装设备)。

(4)申报地区进出口货运量较大,且申报企业能够揽到足够的进出口货源。

7. 对于申请国际多式联运业务的附加条件

1997年10月《国际集装箱多式联运管理规则》规定:从事前述经营范围中有关货运代理业务3年以上、有相应的国内外代理网络、申请经营多式联运业务的货代企业,注册资金不低于1 000万元人民币,且每增加一个经营性分支机构,应增加注册资本100万元人民币;人员是5名以上。且需在交通运输部、铁道部(现为"中国铁路总公司")登记、注册,并在单据右上角注明许可证编号。外商独资企业不得从事国际多式联运业务。境外企业未经批准,也不得从事国际多式联运。

目前,可以分别从交通运输主管部门和外经贸主管部门申请从事国际多式联运业务。

实战演练

以班为单位给学生进行分组,以5~6个人为一个团队,创建虚拟货代企业,按照政府监管条例和行业企业相关规定,在网上搜集真实的文件和相关材料。可由教师进行审核,或是由学生组成评价团队,最终对每一个团队进行评价和总结。

子任务 1.3　国际货运企业内部运行认知

任务引领

本任务引导学生认知国际货运代理企业的运营机制,货代员的操作内容和岗位职责。

1.3.1　国际货代企业的盈利机制

在国际货物运输方式中,海上运输占比例很大,因此我们主要介绍为海上运输提供服务的货运代理。海上货运代理按其服务对象的不同可以分为货代、船代、无船承运人等多种形式,下面介绍典型的三类货运代理角色的盈利机制。

(1)货代即充当货主的代理人,为其货物组织拼装、安排货物抵达转运港集装箱站,代向承运人租船或订舱、办理有关通关和单证手续、运费结算,代货主领取由承运人签发的提单,并不对货物的安全运输承担责任。

货代的盈利方式之一是向货主收取代理费或劳务费。货代的另一项经营收入来自承运人所支付的订舱佣金。在国际海运市场整体滑坡的大环境下,各船公司纷纷转向依靠货代机构揽货,这样货代就能从承运人那里获得相应的佣金。

(2)船代,即充当承运人的当地代理人。通过取得授权,以承运人名义揽货、接受订舱、代收运费,以代理的身份签发承运人提单。船代往往实际上就是集装箱班轮公司本身在各地的揽货或代理机构。

船代一方面有船公司订舱佣金的支配权;另一方面当某一航线行情看好或舱位紧张之时,就有获取双重厚利的机会,将订舱佣金与运费差价双双归于囊中。

(3)无船承运人(Non-Vessel Operating Common Carrier,NVOCC)即以承运人身份接受

货主的货载。同时以托运人身份委托班轮公司完成国际海上货物运输,根据自己为货主设计的方案路线开展全程运输,签发经过备案的无船承运人提单。无船承运人购买船公司的运输服务,再以转卖的形式将这些服务提供给货主、其他运输服务需求方。其按照船公司的运价本或其与船公司签订的服务合同支付运费,并根据自己运价本中公布的费率向货主收取运费,从中赚取运费差价。在直达运输的情况下,无船承运人还负责安排内陆运输并支付内陆运输费用;在提供国际多式联运服务中,国际货代实际上以无船承运人的身份承运货物并收取运费。

无论国际货运代理以什么身份或名义介入市场,赚取运费差价和从提供承运服务的班轮公司或其代理人那里获取订舱佣金始终是境内企业盈利的主要途径,提供高附加值的全程物流服务向货主收取服务费或是经营驳船承运业务对于国内货运代理企业来说所占比例极少。

1.3.2 国际货运代理职业岗位要求

1. 公司组织结构

目前我国90%的中小型货代公司都采用直线职能制的组织结构形式。即在各级直线指挥机构下设置相应职能机构从事专业管理,明确规定职能机构只对下级部门进行业务指导,而直接指挥仍属于直线机构。

直线组织结构形式是把企业管理机构和人员分为两类:一类是直线领导机构和人员,按命令统一原则对各级组织形式指挥权,具体有总经理、运输部组长、业务部组长等这一类领导机构;另一类是职能机构和人员,按专业化原则,从事组织的各项职能管理工作,例如要有车队人员、业务员、报关报检员以及单证员等。不同的货代企业会根据自身的需要而略有变动。

图1.1所示为货代企业组织结构图。

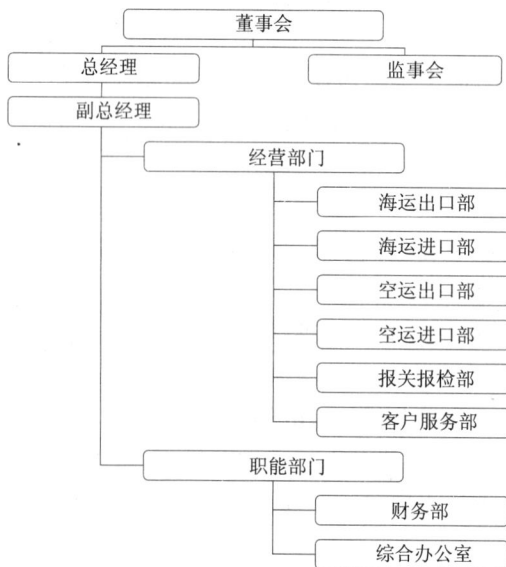

```
                    ┌─────────┐
                    │  董事会  │
                    └────┬────┘
          ┌──────────────┴──────────────┐
     ┌─────────┐                    ┌─────────┐
     │  总经理  │                    │  监事会  │
     └────┬────┘                    └─────────┘
     ┌─────────┐
     │ 副总经理 │
     └────┬────┘
          │          ┌─────────┐
          ├──────────│ 经营部门 │
          │          └────┬────┘
          │               ├──────│ 海运出口部 │
          │               ├──────│ 海运进口部 │
          │               ├──────│ 空运出口部 │
          │               ├──────│ 空运进口部 │
          │               ├──────│ 报关报检部 │
          │               └──────│ 客户服务部 │
          │          ┌─────────┐
          └──────────│ 职能部门 │
                     └────┬────┘
                          ├──────│ 财务部 │
                          └──────│ 综合办公室 │
```

图1.1 货代企业组织结构图

直线组织结构形式保证了企业管理体系的集中统一,又可以在各级行政负责人的领导下,

充分发挥各专业管理机构的作用。但是此种组织结构,其权力集中于最高管理层,下级缺乏必要的自主权,而且各职能部门之间横向联系较差。

2. 国际货运代理的操作内容

企业组织结构仅仅是让我们从宏观的角度了解国际货代企业的基本运行情况,接下来从具体的业务操作上了解一下国际货运代理的操作内容。

货代日常工作主要划分为"接单、订舱、拖车和内装、报关、文件、收费和其他"各环节,各环节之间协调合作,相辅相成。

(1)接单。接单工作原则上应该成为日常中"最优先"的工作环节,一般要求接单必须快捷、高效,用最短时间确认业务的可操作性并予以安排。接单人员一般要求自接到委托书后15分钟内完成以下三部分基本信息的确认:对于部分无法短时间内确认的信息,依然必须及时安排并予以跟踪,如根据客户需要,业务流程要进入下一环节,则要先安排流转后跟进处理,以保证下一环节的有序操作。

①审核客户委托内容和确认客户服务要求。客户发来的订舱单一般显示以下信息:托运人、船公司、船期、起运港、目的港、中转港、货名、柜型柜量、运价条款与运价、托运人的签字或盖章等。接单人员必须预先确认客户服务要求是否能够满足。

②运价核对。客服人员收到订舱单后,必须对运价和其他服务费用进行确认,核实总体的盈利空间。

③舱位确认。根据客户委托,确认是否有符合要求的舱位并把信息及时反馈给客户。

(2)订舱。一般要求预计开航日7天前必须安排订舱,对可以提前接受委托的船公司应争取头批订舱,旺季时候根据市场情况适当提前;一般要求在预定开航日的5个工作日前完成订舱,对于有时间限定的业务一般要求在接单日内完成订舱,最迟一个工作日内完成订舱。

(3)拖车和内装。客户委托的拖车、内装或者报关等要求,必须根据船公司、码头、货物性质和市场环境等情况予以预先审核,对于存在隐患的不合理安排尽量同客户协商调整并告知理由和风险。

(4)报关。根据船公司、码头、航线和货物等情况,前瞻判断合适的报关时间。如同客户具体情况有冲突,必须同客户友好协商并告知可能的风险。最迟在同客户约定报关日期的前一工作日,再次同客户确认报关资料的发送情况。收到报关资料后的第一时间对报关资料进行预审,有问题立即处理。在约定的报关日期前一工作日下班前,把完整的报关资料送报关行。对于报关资料,要求复印留底;对于重要报关资料如核销单等,必须做登记。

(5)文件。提单确认件的膳制和发送要及时,一般预定开航日2个工作日前必须发送。催促提单确认件,一般预定开航日前一工作日必须从客户获取完整、正确的提单确认件。

(6)收费和其他。

3. 国际货运代理岗位要求

(1)了解业务知识,做到"六知":

①知线,了解国际班轮航线现状与构成。

②知港,了解装、卸港口情况。

③知船,了解船舶情况。

④知货,了解货物对运输的要求。

⑤知价,了解运价市场。

⑥知规程，了解业务操作规程。

（2）了解世界地理和各地法律法规与政策。货运代理须熟知海运地理方面的常识以及世界各地的法规政策。首先，由于国际货运船舶进出于不同国家，故而应熟知世界地理及航线、港口所处位置，转运地及其内陆集散地。其次，一流的货运代理应熟知航运法规。除应了解《海牙规则》《威斯比规则》《汉堡规则》以外，还应适当了解货物出口地或目的港国家（或地区）的海运法规、港口操作习惯等。如果一旦出现事故或者纠纷，也能够及时应对，灵活处理，必要时可以诉诸法律。

（3）加强责任风险防范的职业敏感性。货运代理人作为代理人时，其代理行为应当在托运人的委托范围内，如果超越了委托范围，擅自行事，则由货运代理人自行承担责任。在业务实践中，货运代理人处处为托运人着想，为了货物及时出运不惜超越代理权限代行托运人的权利，比如签发各类保函、承诺支付运费、同意货装甲板、更改装运日期、将提单直接转给收货人等，这些行为有的可能托运人一无所知，有的可能事先得到托运人的默许或口头同意，但一旦出现问题，托运人便会矢口否认。由于没有证据证明托运人的认可，货运代理人往往要为自己超越代理范围的行为承担责任。明确托运人的权利和责任，分清货运代理人与托运人权利和责任的界限，不要越俎代庖，替人受过。

（4）敬业、责任心强、抗压能力强。货代业务人员除了要具备这些业务知识，还应该具有高水平的心理素质和高度的责任心。在进行业务推销时被拒绝是避免不了的，使失败转为成功才是关键。货代业务员需要及时调整自己的情绪，保持积极、乐观、向上的心态，从而具备"要取得1%成功，前面99%的拒绝无法避免"的心理承受力。然而推销不是乞讨，客户在很多时候是需要帮助的，既要了解和尊重客户的要求，但也不是要一味满足客户的所有要求。业务员应先挑出可能接受或需要服务的准客户，再选择推销效率最佳的准客户，然后对这群推销效率最佳的准客户展开销售活动。业务员应该施展各种推销方法，使顾客充分了解企业的服务，以便争取顾客的合作。

实战演练

王力去应聘某家物流集团公司国际货代部业务员的岗位。物流公司人力主管提问：

请结合几家物流公司谈谈物流公司开展货代业务的现状，作为业务员应该怎样做才能给物流公司带来更大的效益？货代公司经营的产品是什么？怎样才能做好国际货代的工作？最后讲讲你对货代公司的了解。

假如你是王力，你如何回答？

任务小结

在本任务中，让学生明确了国际货运代理的定义、国际货运代理的作用和业务范围；深刻地了解国际货运代理岗位职责、货运代理企业外部运行环境、国际货运代理企业内部运行机制，同时掌握了货代、船代和无船承运人的相关概念。

本任务的重点内容是了解国际货运代理的定义，明确国际货代的业务范围和岗位职责，掌握建立货运代理企业的条件、内部运行机构和部门之间的关系；能够有效区分货代、船代和无船承运人的概念和内涵。

任务模拟演练

实训演练项目:地区货代企业调研

【演练目的】

(1)了解货代企业组织结构和岗位设置情况。

(2)了解货代企业对物流专业人才能力与素质要求。

(3)培养社会调研能力,以及问题分析能力、外联沟通能力。

【演练任务】

(1)对地区所在货代企业进行调研。

(2)撰写地区货代企业组织结构、岗位设置及物流人才需求报告。

【演练步骤】

(1)实训分组:每5人为一组共同完成实训项目。

(2)设计访谈调研提纲和方案。

(3)设计调研问卷。

(4)初选调研公司。

(5)前往初选公司调研。

(6)分析汇总调研资料。

(7)撰写调研报告。

【演练要求】

(1)小组成员共同参与并独立完成实训内容。

(2)问卷设计科学全面。

(3)报告内容充实,有一定的参考性。

【成果检验】

实训成果是每组撰写一份调研报告,并附带调研问卷;将检验成果填入表1.1中。

表1.1 实训成果检验表

项目 组别	调研报告 (50%)	调研提纲 (20%)	调查问卷 (10%)	团队合作 (20%)	总分
1					
...					
n					

学习任务 2 国际货物运输路线设计

能力目标

通过本任务的学习,应该能够:

(1)设计国际海上货物运输路线

(2)设计国际陆上货物运输路线

(3)设计国际航空货物运输路线

(4)设计集装箱与大陆桥运输路线

核心能力

国际航线的设计和安排

学习导航

学习任务2　国际货物运输路线设计

↓

子任务2.1　设计国际海上货物运输路线

↓

子任务2.2　设计国际陆上货物运输路线

↓

子任务2.3　设计国际航空货物运输路线

↓

子任务2.4　设计集装箱及大陆桥运输路线

案例导入

运输是物流的一个核心流程,物流成本的多少关系到整个物流环节运营的优劣。运输活

动是使物资发生位移,提供运输劳务,而不是创造实物产品。交通运输成本在整个经济发展中起着越来越大的作用。降低运输成本,能对整个供应链产生较大的影响。最终产品和中间产品均承担10%的从价运费(从价运费是指按货物装运港上交货价收取一定百分比作为运费),会使得生产国的产品增加值减少20%,如果从价运费增加至20%,生产国的产品增加值将减少40%,从价运费增加至30%,生产国的产品增加值将减少60%。所以针对运输路线的有效设定是降低企业成本的一大有效方法。

案例:北京某外贸企业出口一批工艺品到美国的芝加哥,计划采用集装箱运输方式。请参照国际集装箱主要航线设计一条运输路线。

解析:首先,工艺品出口可以采用国际空运和国际海运两种方式,利用空运可以直接采用"北京—芝加哥"国际空运路线,只是费用偏高。利用海运,可以利用北太平洋航线做"陆—海—陆"多式联运,既可以是"远东—美西口岸",也可以是"远东—墨西哥湾(或美东口岸)",装货港一般是天津、青岛、上海,目的港为洛杉矶或纽约等。

学习任务描述

本任务引导学生了解不同运输方式下的国际和国内运输路线,同时包括国际贸易地理知识的认知,如世界主要港口、世界主要航空站,与我国铁路、公路接壤的国家和进出口口岸。通过这些知识的积累,完成国际货运路线的设计。

子任务模块剖析

子任务 2.1　设计国际海上货物运输路线

任务引领

本任务引领学生了解世界上的主要航线分类,其中包括中国近洋航线,国际远洋货物运输航线,以及我国从中东地区进口石油的运输路线。

2.1.1　设计近洋货物运输路线

海运活动是在非常广阔的范围内进行的。地球表面的水体本是连为一体的,由于陆地的分隔,分为四大洋。

现在,世界上国际航运意义较大的海域有:日本海、东海、黄海、南海、爪哇海、孟加拉湾、阿拉伯海、波斯湾、红海、地中海、黑海、北海、波罗的海、墨西哥湾和加勒比海等。

海峡是船舶运输的重要通道,对国际航运具有十分重要的意义。

世界海运航线根据航运范围可分为沿海航线、地区性国际海上航线和国际大洋航线。沿海航线专指供本国船舶在该国港口之间使用的航线,一般又称为国内航线。地区性国际海上航线指航行通过一个或数个海区的航线,又称近洋航线,如地中海区域航线、波罗的海区域航线等。

中国近洋航线主要有:

(1)中国至朝鲜、韩国航线:清津,仁川,釜山。

(2)中国至日本航线:神户,大阪,东京,横滨,千叶,门司。

(3)中国至俄罗斯远东地区航线:纳货德卡,东方港,海参崴,苏维埃港。

(4)中国至越南航线:胡志明市。

(5)中国内地至中国香港地区航线。

(6)中国至菲律宾航线:马尼拉,宿务。

(7)中国至新加坡、马来西亚航线:新加坡,巴生港,槟城,马六甲等。

(8)中国至泰国、柬埔寨航线:曼谷,宋卡,磅逊等。

(9)中国至印度尼西亚航线:雅加达,苏腊巴亚(泗水),三宝垄。

(10)中国至北加里曼丹航线:文莱,米里,古晋。

(11)中国至孟加拉湾航线:主要港口仰光,吉大港,加尔各答,马德拉斯等。

(12)中国至阿拉伯海、波斯湾航线:孟买,卡拉奇,阿巴斯,迪拜,哈尔克岛,科威特,多哈,巴士拉等。

(13)中国至澳新航线:悉尼,墨尔本,阿得雷德,布里斯班,奥克兰,惠灵顿,苏瓦,韦里曼特尔等。

2.1.2 设计远洋货物运输路线

远洋货物运输路线是指贯通大洋的航线,它包括太平洋航线、大西洋航线、印度洋航线、北冰洋航线,以及通过巴拿马运河或苏伊士运河连接两大洋的航线等,又称为远洋航线。

目前世界三大洋上的航线密布,其中,航运界和地理学界公认的国际大洋航线可归纳为以下几条:

1. 太平洋航线

(1)"远东—北美西海岸"航线。从中国、朝鲜、日本、俄罗斯等国家的太平洋沿岸港口横跨太平洋,到加拿大的温哥华,美国的西雅图、旧金山、洛杉矶和圣迭戈,以及墨西哥的马萨特兰的航线。

(2)"远东—巴拿马运河—加勒比、北美洲东岸"航线。从远东各港口出发,经夏威夷,过巴拿马运河,到加勒比海沿岸港口,如科隆、哈瓦那及美国、加拿大的大西洋岸的各港口。

(3)"远东—南美西海岸"航线。从远东各港口出发,向东经过琉球群岛等,到南美洲西岸的瓦尔帕莱索等港口。

(4)"远东—澳新"航线。从中国北方各港口出发,经琉球群岛、加罗林群岛到澳大利亚的悉尼、墨尔本和新西兰的惠灵顿、奥克兰等港口。一般集装箱船多在中国香港中转或加载。去澳大利亚西岸的弗里曼特尔港,需经望加锡海峡,进入印度洋。

(5)"远东—东南亚"航线。该航线主要是指从中国、朝鲜、日本去东南亚各港口,或者经过马六甲海峡去印度洋、大西洋的航线。

(6)"澳、新—北美洲西岸"及"巴拿马—北美洲东岸"航线。从澳大利亚、新西兰东岸各港口出发,经苏瓦、檀香山,至北美洲西岸或经巴拿马运河至北美洲东岸的航线。

2. 大西洋航线

(1)"西北欧—北美洲东岸及加勒比"航线。该航线是西欧和北美洲两个经济发达地区之间的原料、燃料和产品运输线,两岸拥有全世界五分之二的港口,运输繁忙。但冬季风大浪高,多浓雾冰山,对船只航行不利。或从西北欧和北美洲东岸各港口出发,横跨或南下大西洋,经莫纳或向风海峡进入加勒比海沿岸各港,或过巴拿马运河至北美洲西岸各港口。

(2)"西北欧、北美洲东岸—地中海、苏伊士运河至亚太地区"航线。这是北大西洋东西两岸至亚太地区的海上运输捷径,是运输最繁忙的航线之一,中途经过亚速尔群岛和马德拉群岛。

(3)"西北欧、地中海—南美洲东岸"航线。该航线是指从西北欧和地中海沿岸各港,向南经加那利群岛、佛得角群岛跨大西洋到南美洲东岸的桑托斯、蒙得维的亚、布宜诺斯艾利斯等港口的航线。

(4)"西北欧、北美洲东岸—好望角、远东"航线。这是一条巨型油轮航行的路线。

(5)"南美洲东岸—好望角—远东"航线。从南美洲东岸各港向东跨大西洋,经好望角到远东各港口的航线,主要运送燃料和矿石。

3. 印度洋航线

印度洋航线主要是石油运输航线,除此之外,还有大量的过境货物运输。

石油运输线有三条:

(1)"波斯湾—好望角—西欧、北美"航线。

(2)"波斯湾—东南亚—日本"航线。

(3)"波斯湾—苏伊士运河—地中海—西欧、北美"航线。

2.1.3　世界主要港口

1. 港口分类

基本港口:指定班轮公司的船一般要定期挂靠、设备条件比较好、货载多而稳定并且不限制货量的港口。

非基本港口:凡基本港口以外的港口都称为非基本港口。

世界主要港口见表 2.1。

表 2.1　世界主要港口

大洲	国家与地区	港口	大洲	国家与地区	港口	大洲	国家与地区	港口
亚洲	俄罗斯	海参崴	亚洲	印度尼西亚	雅加达	非洲	埃及	亚历山大
	日本	横滨		马来西亚	柔佛			苏伊士港
		神户		文莱	文莱		南非	开普敦
		东京		泰国	曼谷	北美洲	美国	亚特兰大
		名古屋		印度	孟买			波士顿
		大阪			加尔各答			芝加哥
		广岛		斯里兰卡	科伦坡			底特律
	韩国	釜山		也门	亚丁			休斯顿
	中国	大连	欧洲	荷兰	鹿特丹			纽约
		连云港			阿姆斯特丹			费城
		福州		比利时	安特卫普			旧金山
		广州		希腊	雅典			洛杉矶
		海口		西班牙	巴塞罗那		加拿大	温哥华
		上海		德国	汉堡	南美洲	阿根廷	布宜诺斯艾利斯
		香港		土耳其	伊斯坦堡		委内瑞拉	马拉开波
		珠海		英国	利物浦		巴西	里约热内卢
		北海			伦敦	大洋洲	澳大利亚	悉尼
		花莲港			曼彻斯特			墨尔本
		高雄港		葡萄牙	里斯本			
	越南	海防		法国	马赛			
		胡志明市		瑞典	斯德哥尔摩			
	新加坡	新加坡						

世界主要港口分布如图 2.1 所示。

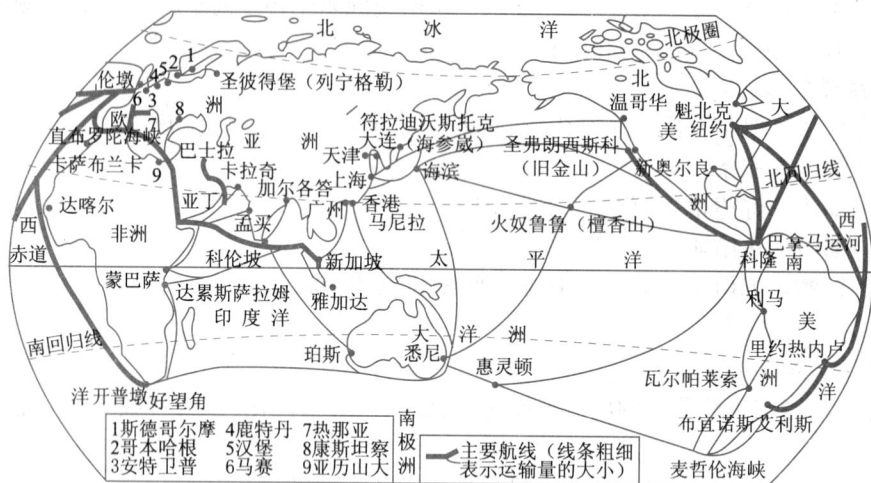

图 2.1　世界主要港口分布

2. 港口介绍

(1)亚洲—上海。上海港位于上海市境内,地处太平洋西岸、我国东海之滨;居大陆海岸线中部、长江入海口处,地理位置优越。以上海市为依托,长江流域作后盾,经济腹地广阔,水陆空交通便利,是国际知名的通商口岸之一,已与 200 多个国家和地区的 500 多个港口有贸易往来。在国际航运中,距巴拿马 9 270 海里、旧金山 5 400 海里、温哥华 5 100 海里、横滨 1 040 海里、神户 820 海里、海参崴 990 海里、新加坡 2 571 海里、悉尼 6 500 海里。上海港位于我国沿海的中部,北起丹东、大连,南迄湛江、防城,均有定期或不定期航班;由上海港溯长江而上,可达沿江各港,是长江沿线地区与南北沿海地区水上运输的交汇点和货物中转换装的要地。沿黄浦江上溯,经蕴藻浜、苏州河、申苏外港线,可通内河航运网,接南北大运河,四通八达。

(2)亚洲—新加坡:

地理位置:位于马来半岛南端,新加坡岛南岸,临马六甲海峡东端,西南经马六甲海峡、南印度洋。

港口介绍:有 13 个集装箱泊位;泊位线总长 3 433 米,码头水深 10~14 米,码头面积 121公顷(1 公顷=10 000 平方米),堆场能力为 6 万个标准箱;该码头装卸 424 万个标准箱,6 464万吨,占该港年总吞吐量 436 万标准箱的 97%。

(3)亚洲—中国香港:

类型:河口港,自由港,基本港。

地理位置:珠江口外东侧,香港岛和九龙半岛之间。香港地处我国与临近亚洲国家的要冲,珠三角入口处。

港口服务特点:香港港采用系船浮筒进行船舶的过驳倒载作业,集装箱装卸和客运方面都有较高水平。香港港有 72 个远洋船系船浮筒。其中 44 个可系泊 137~183 米长的船舶,28个可系泊长 137 米以下的船舶。57 个为台风时系船浮筒。此外,还有我国香港当局和私人的系船浮筒 2 000 多个。这些浮筒可系泊待靠码头船舶,也可进行海上过驳倒载作业。浮筒作业周转期仅 2.7 天。

(4)亚洲—东京：

地理位置：位于本州南部东京湾西北岸,日本交通中心。

类型：商港,基本港。

港口介绍：东京港是西太平洋和远东的国际集装箱枢纽港之一,港湾水域面积 5 453 公顷,临港地区面积 1 080 公顷,防波堤长 7 070 米。以进口为主,定期班轮码头 11 个,该码头后方建有日本最大的物流中心。

(5)欧洲—鹿特丹：

港口类型：河口港。

地理位置：鹿特丹港位于莱茵河与马斯河河口,西依北海,东溯莱茵河、多瑙河,可通至里海,有"欧洲门户"之称。

地形：河口三角洲平原,为港口基础建设提供可能;同时是天然避风深水港。

港区分布：有 7 个港区,40 多个港池,共有 650 多个泊位,可同时供 600 多艘千吨及万吨级轮船停泊作业。港区面积 100 多平方千米,码头岸线总长 37 千米。

吞吐量：港口水域 277.1 平方千米,水深 6.7～21 米,航道无闸,冬季不冻,泥沙不淤,常年不受风浪侵袭,最大可泊 54.4 万吨超级油轮。海轮码头总长 56 千米,河船码头总长 33.6 千米,实行杂货、石油、煤炭、矿砂、粮食、化工、散装、集装箱专业化装卸,同时可供 600 多艘千吨船和 30 多万艘内河船舶,年吞吐货物 3 亿吨左右。

服务特点：鹿特丹港区服务最大的特点是储、运、销一条龙。通过一些保税仓库和货物分拨中心进行储运和再加工,提高货物的附加值,然后通过公路、铁路、河道、空运、海运等多种运输路线将货物送到荷兰和欧洲的目的地。

(6)大洋洲—悉尼：

国家：澳大利亚。

港口性质：基本港。

航线：澳新线。

港口介绍：澳大利亚主要港口,也是澳大利亚的首府,港区水深港阔,位置隐蔽,为海港设立了天然屏障,挡住了太平洋上的狂风巨浪。港区码头有 120 个泊位和长达 18 千米的装卸区,拥有现代化港口设施,为一个优越的天然良港。悉尼港与近 200 个国家和地区的港口有贸易联系,也是一个客运港口,有定期往返于英国、加拿大、美国、日本、菲律宾和中国香港等地的旅游客船。主要进出口货物为煤、铁矿石、石油及钢材等。其中进口以石油产品为主,其次为木材和日用杂货;出口物资有煤炭、羊毛和小麦。

(7)非洲—开普敦：

港口性质：湾颈港、基本港。

位于南非西南沿海桌湾的南岸入口处,南距好望角 52 千米,濒临大西洋的东南侧。它是南非的立法首都,是南非的主要港口之一。始建于 1652 年,是南非第二大城市。该港地理位置重要,是欧洲沿非洲西海岸通往印度洋及太平洋的必经之路,有海上生命线之称。

装卸设备有各种岸吊、浮吊、装船机、拖船及滚装设施等,其中岸吊最大起重能力为 40 吨,浮吊达 200 吨,还有直径为 203.2 米的输油管供装卸使用。港区有装卸面积 5 万平方米,谷仓容量约 3 万吨,冷库容量为 2.7 万吨,最低达零下 60 ℃,集装箱堆场面积 97 万平方米;主要出口货物为羊毛、皮张、酒、干鲜果、饲料、蛋品、玉米、鱼油及矿砂等,进口货物主要有木材、机械、小麦、汽车、纺织品、原油及杂货等。

(8)北美—旧金山：

港口性质：峡湾港、设有对外贸易区、基本港。

地理位置：美国西部加利福尼亚州的北端,在圣弗朗西斯科湾口的西岸。它是北美大陆桥的桥头堡之一,是横贯美国东西的主要干线——联合太平洋铁路的终点站,东部的起点站为纽约,它还是美国西部最大的金融中心。

港口介绍：装卸设备有各种岸吊、可移式吊、集装箱吊、浮吊、汽车吊及滚装设施等,其中集装箱吊最大起重能力为 40 吨,浮吊达 100 吨。港区可以同时停靠 200 艘船舶。主要出口货物为石油制品、大麦、小麦、机械、水果、蔬菜、金属制品、轿车、罐头肉、奶粉及工业品等,进口货物主要有原油、茶叶、羊毛、橡胶、椰干、椰油、香蕉、玻璃、糖、可可豆、酒精、罐头及调味品等。

(9)北美—纽约：

港口性质：海湾河口港、设有对外贸易区、基本港。

地理位置：位于美国东北部纽约州东南沿海哈德孙河口东西两岸,在长岛西端的上纽约湾内,濒临大西洋的西北侧,是美国第一大城市和主要海港之一。它是美国第三大集装箱港,又是美国出口废金属的最大港口。它是美国最大的交通枢纽,是两条横贯美国东西大陆桥的桥头堡,即北太平洋铁路东起纽约,西至西雅图;联合太平洋铁路东起纽约西至旧金山。纽约还是全美最大的工商业和世界金融中心。它拥有资本主义世界最大的垄断组织,如埃克森石油公司、国际电话电报公司、德士古石油公司等的总公司均设在纽约。

本港包括三部分：纽约、新泽西、纽瓦克。主要出口货物为废金属、钢材、机械、纸张、有机化学制品、废纸、纺织废料及杂货等,进口主要货物有车辆、木材、塑料、橡胶、酒精、咖啡、香蕉、蔬菜、碳化氢、纺织品、服装及畜产品等。

(10)北美—温哥华：

港口性质：峡湾河口港、基本港。

地理位置：位于加拿大的弗雷泽河口,在巴拉德湾内,濒临乔治亚海峡的东南侧,是加拿大最大的港口,也是世界主要小麦出口港。

港口介绍：温哥华为吸引集装箱货物,在码头费方面采取奖励制度,并对集装箱货物的码头费实行简化,将原来按价格收费改为按集装箱的长度收费,只简单地将集装箱分为"40 英尺以上"和"不足 40 英尺"两种情况(1 英尺 = 0.304 8 米),对输出货物的集装箱实行低收费,对空箱则不收费,以保持在北美西岸的竞争能力。主要出口货物为小麦、机械、纸浆、铜矿、粮谷、面粉、林木产品、煤、肥料、焦炭、鱼、水果及硫碘等,进口货物主要有盐、茶叶、水泥、钢材、糖、铁及磷酸石等。

📋 **实战演练**

以班为单位给学生进行分组,以 5～6 个人为一个团队,完成以下任务：

(1)找张白纸,粗略画出世界地图,然后用铅笔在图上画出国际海上运输航线。然后,不同团队之间交换作业,如有错误,进行标注。

(2)以小组为单位讨论世界上有名的港口,并清楚港口的特点。然后由一名同学提出港口的特征,其他的同学猜测具体是哪个港口,小组对于每位同学的成绩进行记录。

子任务 2.2 设计国际陆上货物运输路线

任务引领

本任务引领学生了解国际铁路运输路线，熟悉我国铁路运输路线和站点，以及国际公路货物运输路线和口岸。

2.2.1 设计国际铁路运输线路

铁路运输的特点是运输速度快、运载量大、安全可靠、运输成本低、运输的准确性和连续性强并且受气候因素影响较小。其作用表现在：通过铁路把欧、亚大陆联成一片，从而为发展我国与亚洲、欧洲各国之间的经济贸易联系提供十分有利的条件。铁路也是我国大陆与港、澳地区进行贸易的重要运输方式，同时也是进出口货物集散和省与省之间外贸物资集散的重要运输工具。国际铁路运输线路主要由以下几条：

1. 西伯利亚铁路

西伯利亚铁路，又称西伯利亚大铁路，是世上最长的铁路，全长 9 288 千米。共穿越 8 个时区，全程需时 7 天。1891 年动工兴建，1916 年完成；1929 年开始电气化工程，至 2002 年完成。在中国新疆与哈萨克之间的铁路在 1991 年通车之前，是唯一横跨欧亚大陆的铁路，也是至今唯一贯通西伯利亚的交通路线。西伯利亚铁路有两条传统支线：一由乌兰乌德附近分出，经蒙古到北京；另一支由赤塔出发，经满洲里、哈尔滨到北京。第三条支线即贝阿铁路在 1991 年通车。由于中国采用标准轨距 1 435 毫米，而俄蒙两国采用阔轨，故列车抵达在中蒙、中俄边界需要换轨，需数小时。

（1）北线：由哈萨克斯坦阿克套北上与西伯利亚大铁路接轨，经俄罗斯、白俄罗斯、波兰通往西欧及北欧诸国。

（2）中线：由哈萨克斯坦往俄罗斯、乌克兰、斯洛伐克、匈牙利、奥地利、瑞士、德国、法国至英吉利海峡港口转海运或由哈萨克斯坦阿克套南下，沿吉尔吉斯斯坦边境经乌兹别克斯坦塔什乾及土库曼斯坦阿什哈巴德西行至克拉斯诺沃茨克，过里海达阿塞拜疆的巴库，再经格鲁吉亚第比利斯及波季港，越黑海至保加利亚的瓦尔纳，并经鲁塞进入罗马尼亚、匈牙利通往中欧诸国。

（3）南线：由土库曼斯坦阿什哈巴德向南入伊朗，至马什哈德折向西，经德黑兰、大不里士入土耳其，过博斯普鲁斯海峡，经保加利亚通往中欧、西欧及南欧诸国。

2. 加拿大太平洋铁路

加拿大太平洋铁路（Canadian Pacific Railway）是加拿大的一级铁路之一，由加拿大太平洋铁路公司营运。其网络横跨西部温哥华至东部蒙特利尔，并设有跨境路线，通往美国的明尼阿波利斯、芝加哥、纽约市等大型城市。公司总部设于艾伯塔省卡尔加里。

该铁路系统的前身是加拿大东部至不列颠哥伦比亚省之间的铁路线，于 1881 年至 1885 年间兴建，用以连接渥太华谷及格鲁吉亚湾两地的既有铁路，实现了不列颠哥伦比亚于 1871 年加入加拿大邦联的回报承诺。这条铁路也是加拿大首条越洲铁路，现时主要行驶货运列车，在之前曾有一段长时间作为全加拿大唯一的长途客运运输工具，也为加拿大西部地区发发展带来贡献。

3. 加拿大国家铁路

途经:鲁珀特港—埃德蒙顿—温尼伯—魁北克。

4. 美国北太平洋铁路

途经:西雅图—斯波坎—俾斯麦—圣保罗—芝加哥—底特律。

太平洋铁路,第一条横贯北美大陆的铁路,被英国媒体评为自工业革命以来世界七大工业奇迹之一。太平洋铁路为美国的经济发展做出了巨大的贡献,从一定意义上说,正是这条铁路成就了现代美国。它全长 3 000 多千米,穿越了整个北美大陆,是世界上第一条跨洲铁路,这条在美国人心目中被看成是奇迹的铁路,在当时的条件下,建设过程极其艰难。其中西拉内华达山地势险峻,是修筑太平洋铁路的最难关。

5. 美国南太平洋铁路

途经:洛杉矶—阿尔布开克—堪萨斯城—圣路易斯—辛辛那提—华盛顿—巴尔的摩(圣菲铁路)—洛杉矶—图森—帕索—休斯顿—新奥尔良。

南太平洋铁路线至今仍是美国最长的传统铁路线,跨越超过 15 000 英里(1 英里=1.609 3千米),从西北的俄勒冈州一直延伸到西南的路易斯安那州。

6. 圣菲铁路

途经:洛杉矶—阿尔布开克—堪萨斯城—圣路易斯—辛辛那提—华盛顿—巴尔的摩。

7. 联合太平洋铁路

途经:旧金山—奥格登—奥马哈—芝加哥—匹兹堡—费城—纽约。

从美国东海岸至西海岸横贯大陆,全长 4 850 千米。根据 1862 年美国国会的《太平洋铁路法案》,联合太平洋铁路公司开始从奥马哈城向西修建铁路;中央太平洋铁路公司从萨克拉门托城向东修建铁路。两路段于 1869 年 5 月 10 日在犹他州的普罗蒙特里接轨。之后又继续建成萨克拉门托到旧金山的路段,并修整了奥马哈至纽约的铁路,从而使横贯美国大陆的铁路全线通车。这条铁路是横贯美国大陆东西重要城市的交通干线,方便了美国内、外贸易,对促进西部地区经济的发展有重要作用。

8. 中东—欧洲铁路

从伊拉克的巴士拉、向西经巴格达、摩苏尔、叙利亚的穆斯林米亚、土耳其的阿达纳、科尼亚、厄斯基色希尔至博斯普鲁斯海峡东岸的于斯屈达尔。过博斯普鲁斯大桥至伊斯坦布尔,接巴尔干铁路,向西经索菲亚、贝尔格莱德、布达佩斯至维也纳,联接中、西欧铁路网。

2.2.2 设计我国铁路运输线路

1. 从中国出境的国际铁路联运主要线路

(1)经我国满洲里口岸出运至俄罗斯的路线:

满洲里是我国边境口岸城市,行政上属我国内蒙古自治区,满洲里车站是滨州线的终点站。滨州线自哈尔滨起向西北至满洲里,全长 935 千米。满洲里车站是哈尔滨铁路局管辖的客货一等站。

与我国满洲里边境口岸相邻的是俄罗斯的后贝加尔斯克。后贝加尔斯克位于俄罗斯赤塔州内,上行 85 千米到达博尔集亚,再北上到达卡雷斯克亚连接西伯利亚铁路网络至俄罗斯各地及欧洲内陆。

满洲里车站距中俄国境线有 9.8 千米,相邻的后贝加尔斯克车站距中俄国境线 1.3 千米。由于两国铁路轨道宽度不同,进出口货物需要在国境站换装后才能运送。我国出口货物在后

贝加尔斯克车站换装,进口货物则在满洲里车站换装。

近年来,随着中俄贸易的快速增长,满洲里口岸是我国对俄进出口货物的重要集散地。滨州线也是我国通往邻国的几条铁路干线中最重要的铁路。

(2)经我国阿拉山口口岸出运至中亚五国的路线:

阿拉山口位于我国新疆博尔塔拉蒙古自治州博乐县境内,距乌鲁木齐公路 570 千米。铁路有北疆线,从乌鲁木齐到阿拉山口,全长 460 千米。阿拉山口是我国仅次于满洲里的第二大陆路口岸。2007 年,阿拉山口口岸进出口货物通过量达 1 248 万吨。

与阿拉山口口岸相邻的是哈萨克斯坦的多斯特克车站,多斯特克以前称德鲁日巴,于 2007 年改名为多斯特克车站。北疆线经阿拉山口口岸出境至哈萨克斯坦土西铁路支线的终端多斯特克车站,连接中亚国家运输网络。

阿拉山口处于著名的艾比风区,全年多风,年平均风速为 2.1 米/秒,8 级以上的大风多达 160 余天。但风期山口能见度良好,口岸全年均可通行。

因中哈两国铁路轨距不同,进出口货物需要在国境站换装才能运送。我国出口货物在多斯特克车站换装,进口货物则在阿拉山口车站换装。

阿拉山口是我国对哈萨克斯坦等独联体国家经济贸易的重要口岸,也是欧亚大陆桥上重要的交通运输枢纽。随着中国西部地区经济的发展及中国与中亚经济贸易活动的加强,阿拉山口口岸将担当更加重要的角色。

(3)经我国二连浩特口岸出运至蒙古共和国的路线:

二连浩特位于内蒙古自治区中北部,是我国与蒙古共和国接壤的口岸城市,全市面积 450 平方千米,人口 1.6 万。二连浩特车站在我国京包线上,自集宁站向西北延伸至二连浩特站,集二线全长 333 千米。

二连浩特车站是集二线的终点站,距中蒙国境线 4.8 千米,距蒙古国境站扎门乌德 9.3 千米。它是我国通往蒙古的重要铁路干线,也是我国通往俄罗斯、欧洲地区的铁路路径。从北京经由二连浩特到莫斯科比经由满洲里要缩短了 1 141 千米的路程。但由于目前俄蒙边境口岸通行能力不足等原因,从中国至俄罗斯的货物大多仍是经满洲里口岸出运。

由于两国铁路轨距不同,进出口货物需要在国境站换装才能运送。我国出口货物在扎门乌德车站换装,进口货物在二连浩特车站换装。

(4)经我国丹东口岸出运至朝鲜的路线:

丹东车站是沈丹线的终点站,自沈阳至丹东的铁路全长 274 千米,越过鸭绿江与朝鲜铁路相连。丹东相邻的是朝鲜的新义州车站。丹东车站距中朝国境线 1.4 千米,新义州车站距中朝国境线 1.7 千米,两国国境站间的距离仅为 3.1 千米。

中朝两国铁路轨距相同,车辆可以原车过轨,货物无须在国境站换装。

(5)经我国凭祥口岸出运至越南的路线:

凭祥车站是我国铁路对越南货物运输的国境交接站。它北起湖南衡阳,途经广西柳州、南宁到达终点站凭祥,全长 1 013 千米,凭祥车站距中越边境线 13.2 千米,与凭祥相邻的是越南国境站同登车站。

越南连接我国凭祥的一段铁路,为通用标准轨道和米轨(1 000 毫米轨距)混合轨,车辆可以直接过轨,所以货物无须换装即可运送。

2.2.3 设计国际公路运输路线

公路运输的特点决定了它最适合于短途运输。它可以将两种或多种运输方式衔接起来实现多种运输方式联合运输,做到进出口货物运输的"门到门"服务。公路运输可以配合船舶、火车、飞机等运输工具完成运输的全过程。是港口、车站、机场集散货物的重要手段。尤其是鲜活商品,集港疏港抢运往往能够起到其他运输方式难以起到的作用。可以说其他运输方式往往要依赖汽车运输来最终完成两端的运输任务。公路运输也是一种独立的运输体系,可以独立完成进出口货物运输的全过程。公路运输是欧洲大陆国家之间进出口货物运输的最重要的方式之一。我国的边境贸易运输、港澳货物运输,其中有相当一部分也是靠公路运输独立完成的。集装箱货物通过公路运输实现国际多式联运。我国内地通过香港地区的多式联运都可以通过公路运输来实现。

1. 国际公路运输路线

(1)中蒙国际道路运输线路主要包括:

新疆哈密市—老爷庙口岸(中)—布尔嘎斯台口岸(蒙)和阿尔泰市—布尔嘎斯台口岸(蒙)—老爷庙口岸(中)的国际道路旅客运输线路。

新疆青河县—塔克什肯口岸(中)—布尔干口岸(蒙)—布尔根县国际道路旅客运输线路。

青河县—塔克什肯口岸—布尔根县国际道路旅客运输线路。

(2)中国与哈萨克斯坦的国际客货运输线路主要包括:

伊宁—都拉塔口岸(中)—科里扎特口岸(哈)—琼扎。

伊宁—都拉塔口岸(中)—科里扎特口岸(哈)—阿拉木图。

阿勒泰—吉木乃口岸(中)—迈哈布奇盖口岸(哈)—谢米巴拉金斯克。

霍尔果斯口岸(中)—霍尔果斯口岸(哈)—雅尔肯特。

塔城—巴克图口岸(中)—巴克特口岸(哈)—阿拉木图。

乌鲁木齐—吉木乃口岸(中)—迈哈布奇盖口岸(哈)—兹里亚诺夫斯克。

乌鲁木齐—吉木乃口岸(中)—迈哈布奇盖口岸(哈)—利德热。

乌鲁木齐—阿拉山口口岸(中)—多斯蒂克口岸(哈)—塔尔迪库尔干。

乌鲁木齐—霍尔果斯口岸(中)—霍尔果斯口岸(哈)—琼扎。

乌鲁木齐—霍尔果斯口岸(中)—霍尔果斯口岸(哈)—塔尔迪库尔干。

乌鲁木齐—巴克图口岸(中)—巴克特口岸(哈)—阿拉木图。

以上线路为客运、货运并运线路,各11条,合计为22条,中哈两国开通的直达国际道路运输线路将达64条,其中,旅客运输线路33条,货物运输线路31条,哈萨克斯坦将成为中国在中亚地区开通国际道路运输线路最多的国家。

(3)中国与俄罗斯的国际道路运输线路主要包括:

牡丹江—绥芬河—波格拉尼奇内—乌苏里斯克。

佳木斯—同江—下列宁斯科耶—比罗比詹。

鹤岗—萝北—阿穆尔捷特—比罗比詹。

鸡西—密山—图里罗格—乌苏里斯克客货运输线路。

伊春—嘉荫—巴什科沃—比罗比詹客货运输线路。

哈巴河—喀纳斯山口。

哈尔滨—牡丹江—绥芬河—乌苏里斯克—海参崴。

哈尔滨—佳木斯—抚远—哈巴罗夫斯克—共青城。

哈尔滨—佳木斯—同江—下列宁斯科耶—比罗比詹—哈巴罗夫斯克。

哈尔滨—双鸭山—饶河—波克罗夫卡—哈巴罗夫斯克。

哈尔滨—鸡西—密山—乌苏里斯克—海参崴。

伊春—嘉荫—巴什科沃—比罗比詹。

鸡西—密山—图里罗格—乌苏里斯克。

鸡西—虎林—马尔科沃—乌苏里斯克。

（4）中国与巴基斯坦的国际运输公路主要包括：

喀什—红其拉甫口岸—苏斯特口岸—卡拉奇港/卡西姆港和喀什—红其拉甫口岸—苏斯特口岸—卡拉奇港—瓜达尔港。

塔什库尔干—红其拉甫口岸—苏斯特口岸。

喀什—红其拉甫口岸—苏斯特口岸—吉尔吉特。

（5）中国与吉尔吉斯斯坦的国际运输公路主要包括：

比什凯克—奥什—伊尔克什坦—喀什（中国）。

比什凯克—纳伦—吐尔尕特—喀什（中国）。

乌鲁木齐—阿拉山口口岸—阿克斗卡（哈）—卡拉干达（哈）—阿斯塔纳（哈）—彼得罗巴甫洛夫斯克（哈）—库尔干（俄）。

乌鲁木齐—霍尔果斯口岸—阿拉木图（哈）—比什凯克（吉）—希姆肯特（哈）—突厥斯坦（哈）—克孜勒奥尔达（哈）—阿克套（哈）—欧洲。

乌鲁木齐—库尔勒—阿克苏—喀什—伊尔克斯坦口岸—奥什（吉）—安集延（乌）—塔什干（乌）—布哈拉（乌）—捷詹（土）—马什哈德（伊）—德黑兰（伊）—伊斯坦布尔（土耳其）—欧洲。

喀什—卡拉苏口岸—霍罗格（塔）—杜尚别（塔）—铁尔梅兹（乌）—布哈拉（乌）。

卡拉奇港（巴）—白沙瓦（巴）—伊斯兰堡（巴）—红其拉甫口岸—喀什—吐尔尕特口岸—比什凯克（吉）—阿拉木图（哈）—塔尔迪库尔干（哈）—塞米巴拉金斯克（哈）—巴尔瑙尔（俄）。

（6）中国与越南的国际道路运输线路：

昆明—河内国际公路，全长664千米，其中云南境内400千米，越南境内264千米。从中国昆明到越南河内，再延伸到海防和广宁，即占据了"两廊一圈"中的一廊。高等级公路全线贯通后，极大地促进旅游业和沿线贸易的繁荣发展，并形成了云南的另一条国际公路运输品牌线路。

（7）中国与老挝、泰国的国际运输公路：

昆明—磨憨—南塔—会晒—清孔—清莱—曼谷。这是目前由我国大西南陆路连接泰国最直接、最便捷的路径，全长约1 796千米。昆明至曼谷公路全线通车后，昆明到泰国北部城市清莱只有800多千米，一天多的车程；昆明到达曼谷陆路只需要两天时间；到达马来西亚、新加坡也只需要四天时间。公路客运将会成为最便捷的交通方式。公路货运将可以承载20尺或40尺大型集装箱运输，因此陆路运输将会成为中国与东盟市场的主要运输方式。昆曼公路将实现大西南高等级公路网与亚洲公路网的对接和融合，将中、老、泰、马、新等国家连为一体，形成中国—老挝—泰国—马来西亚—新加坡国际公路运输商贸及旅游的黄金线路，有利于推动沿线各国经济社会的发展，昆明也将成为东盟国际运输线路的起发站和终点站。

（8）中国与缅甸的国际运输公路：

昆明至仰光公路，昆明—瑞丽—腊戍—仰光，全长约1 917千米。国内昆明—瑞丽段全长约 760 千米,瑞丽—仰光段约 1 157 千米,均为三、四级公路,需要进行改扩建,还不能形成大通道格局。

2. 我国对外贸易公路运输及口岸的分布

(1)对独联体公路运输口岸:

新疆:吐尔戈特,霍尔果斯,巴克图,吉木乃,艾买力,塔克什肯。

东北地区:晖春;东宁;绥芬河;室韦;黑山头;满洲里;漠河。

(2)对朝鲜公路运输口岸:中朝之间原先仅我国丹东与朝鲜新义州间偶有少量公路出口货物运输。1987 年以来,吉林省开办晖春、图门江与朝鲜咸镜北道的地方贸易货物的公路运输。外运总公司与朝鲜已于 1987 年签订了由我吉林省的三合、沙坨子口岸经朝鲜的清津港转运货物的协议。

(3)对巴基斯坦公路运输口岸:新疆的红其拉甫和喀什市。

(4)对印度,尼泊尔,不丹的公路运输口岸:主要有西藏南部的亚东、帕里、樟木等。

(5)对越南地方贸易的主要公路口岸:主要有云南省红河哈尼族彝族自治区的河口和金水河口岸等。

(6)对缅甸公路运输口岸:云南省德宏傣族景颇自治区的畹町口岸是我国对缅甸贸易的主要出口陆运口岸,还可通过该口岸和缅甸公路转运部分与印度的进出口贸易货物。

(7)对香港、澳门地区的公路运输口岸:位于广东省深圳市的文锦渡和香港新界相接,距深圳铁路车站 3 千米,是全国公路口岸距离铁路进出口通道最近的一个较大公路通道。通往香港的另两口岸是位于深圳市东部的沙头角及皇岗。对澳门公路运输口岸是位于珠海市南端的拱北。

实战演练

1. 目前有 100 吨煤炭需要进行承运,请根据以下情况设计运输路线:

(1)始发地:洛杉矶;目的地:新奥尔良。请选择运输方式,并设计运输路线。

(2)始发地:西雅图;目的地:底特律。请选择运输方式,并设计运输路线。

(3)始发地:满洲里;目的地:莫斯科。请选择运输方式,并设计运输路线。

2. 请问,在中国的周边的联运铁路线中,由于存在轨距宽窄不同,需要转装换乘的国家有哪些?

3. 请列举能够与我国运用公路进行货物运输的国家有哪些?

子任务 2.3 设计国际航空货物运输路线

任务引领

本任务引领学生认知航空运输路线、世界航区的划分,了解国际航空路线和世界主要的航空站。

航空货物运输是航空运输业的重要组成部分。早期航空货运只作为填补客运剩余吨位的一种附属的运输业务。20 世纪 60 年代国际航空运输的高增长率诱导和激发很多航空公司开

辟定期全货运航线,逐渐使航空货运成为一种独立的业务,从客运中脱离出来。货运的独立发展首先引起了机型的改革。过去那种窄体客运飞机已难以提供足够的货物运输能力,应运而生的全货运型飞机有利于大型集装货物和笨重货物运输,并促使货运引进专业化设备。国际航空运输协会为了便于对运价进行调整,将世界分为三个主区域。

2.3.1　世界航空区划

1. IATA 大区

(1)IATA 一区(Area1 或 TC1):指南北美洲大陆及其邻近的岛屿,格陵兰、百慕大、西印度群岛及加勒比海群岛,夏威夷群岛。

一区由南北美洲大陆及其邻近岛屿组成。美洲大陆东临大西洋,西濒太平洋。大洋天堑阻隔了美洲和其他大洲之间的陆路交通,只有通过海洋运输和航空运输来实现与其他各州之间的交通联系。

北美是世界航空运输最发达的地区之一。全美有近 700 个民用机场。北美许多的航空公司在世界的航空公司中占有重要的地位。而中美、南美的一些国家,虽然经济上不是十分发达,但由于其特殊的地理位置,航空运输是其主要的交通工具。如南美,地处安第斯山脉与亚马逊河流域,主要交通工具是水路与航空。南美的一些内陆国家,类似玻利维亚等国,四面不临海,国际运输必须通过智利、巴拉圭或阿根廷等国,国际交通运输方面非常受限。

(2)IATA 二区(Area2 或 TC2):指欧洲和邻近的岛屿,冰岛,亚速尔群岛,非洲及其临近的岛屿,阿松申岛以及亚洲的一部分,即伊朗以西。

二区的欧洲、非洲、中东地区在政治、经济、种族、宗教、发展历史等方面有着较大的差异,在航空运输的发展水平上也很不平衡。

欧洲一直是航空运输的发达地区。其定期航班完成的运输周转量仅次于北美,而不定期的航班业务也很发达,其业务量与定期航班相当。但是,由于航空资源的不足,机场容量、航路使用等已经接近饱和的状态。因此,欧洲和北美一样,都存在航空运输发展速度减慢的趋势,它们在世界航空运输中所占的比重将比过去有所下降。高速列车、高速公路等地面交通方式将在其洲内运输中被高度重视。

中东是连接欧亚大陆的必经之地,有优越的地理位置和丰富的石油资源,航空运输比较发达。中东是世界文化的发源地之一,伊斯兰教的圣地也在此:这一带面积虽小,但航线分布密集,航空运输业务量较大,像伊斯兰堡、卡拉奇等城市还是世界上重要的中继站之一。

非洲地域辽阔、物产丰富、人口较多。非洲在殖民时期留下的铁路系统较为发达,但不能适应非洲现有的经济网络,急需投资改造。在南非,20 世纪 70 年代后建成的高速公路比较发达,但是航空运输方面,非洲仍属于比较落后的地区之一。

(3)IATA 三区(Area3 或 TC3):指伊朗以东的亚洲部分及其邻近的岛屿,东印度群岛,澳大利亚,新西兰及其邻近的岛屿,太平洋岛屿中除去属于一区的部分。

三区主要包括亚太地区。除日本、新加坡、中国台湾、中国香港,以及澳大利亚、新西兰等国家经济比较发达之外,这一地区绝大多数国家为发展中国家。但是亚太地区是未来经济发展的重要地区,其航空运输具有很大的发展潜力。

2. IATA 次区

(1)IATA 一区中的次区(IATA Aarel-Sub Areas):

①北美(North America)。地区中的国家:加拿大、墨西哥、美国、法属圣皮埃尔和密克

隆岛。

②中美(Central America)。地区中的国家：伯利兹、哥斯达黎加、萨尔瓦多、危地马拉、洪都拉斯、尼加拉瓜。

③加勒比地区(Caribbean Area)。地区中的国家：巴哈马、百慕大、加勒比群岛、圭亚那、法属圭亚那、苏里南。

加勒比群岛指：安圭拉、安提瓜和巴布达、阿鲁巴、巴巴多斯、开曼群岛、古巴、多米尼加、多米尼加共和国、格林纳达、瓜德罗普岛、海地、牙买加、马考、英属蒙特塞拉特岛、荷属安地列斯群岛、圣基茨—尼维斯、圣卢西亚、英属圣文森特和格林纳达岛、特立尼达和多巴哥、英属特克斯和凯科斯群岛、英属维尔京群岛。

④南美(South America)。地区中的国家：阿根廷、玻利维亚、巴西、智利、哥伦比亚、厄瓜多尔、法属圭亚那、圭亚那、巴拿马、巴拉圭、秘鲁、苏里南、乌拉圭、委内瑞拉。

(2)IATA 一区的第二类次区(The second classification of TC1 sub-areas)

①北大西洋地区(North Atlantic sub-area)：包括加拿大、格陵兰岛、墨西哥和美国。

②大西洋中部地区(Mid Atlantic sub-area)：包括所有加勒比海地区、中美、南美和巴拿马运河区域，不包括阿根廷、巴西、智利、巴拉圭和乌拉圭。

③南大西洋地区(South Atlantic sub-area)：只包括阿根廷、巴西、智利、巴拉圭和乌拉圭。

(3)IATA 二区中的次区(IATA Area2-Sub Areas)：

①欧洲(Europe)。IATA 定义中的欧洲指：阿尔巴尼亚、阿尔及利亚、安道尔、亚美尼亚、奥地利、阿塞拜疆、白俄罗斯、比利时、波斯尼亚、保加利亚、克罗地亚、塞浦路斯、捷克共和国、丹麦、爱沙尼亚、法罗群岛、芬兰、法国、格鲁吉亚、德国、直布罗陀、希腊、匈牙利、冰岛、爱尔兰、意大利、拉托维亚、列支敦士登、立陶宛、卢森堡、马其顿、马耳他、摩尔多瓦、摩纳哥、摩洛哥、荷兰、挪威、波兰、葡萄牙、罗马尼亚、俄罗斯联邦、圣·马利诺、塞尔维亚、斯洛伐克共和国、斯洛文尼亚、西班牙、瑞典、瑞士、突尼斯、土耳其、乌克兰、英国。

②中东(Middle East)。IATA 定义中的中东指：巴林、埃及、伊朗、伊拉克、以色列、约旦、科威特、黎巴嫩、阿曼、卡塔尔、沙特阿拉伯、苏丹、叙利亚、阿拉伯联合酋长国、也门。

③非洲(Africa)。非洲指中非、东非、印度洋群岛、利比亚、南非和西非。其中：中非指马拉维、赞比亚、津巴布韦；东非指布隆迪、吉布提、厄立特里亚、埃塞俄比亚、肯尼亚、卢旺达、索马里、坦桑尼亚和乌干达；印度洋群岛指科摩罗、马达加斯加、毛里求斯、马约特、留尼汪岛和塞舌尔群岛；南非指博茨瓦纳、莱索托、莫桑比克、南非共和国、纳米比亚、斯威士兰和乌姆塔塔；西非指安哥拉、贝宁、布基那法索、喀麦隆、佛得角、中非共和国、乍得、刚果人民共和国、科特迪瓦、刚果、赤道几内亚、加蓬、冈比亚、加纳、几内亚、几内亚比绍、利比里亚、马里、毛里塔尼亚、尼日尔、尼日利亚、圣多美和普林西比、塞内加尔、塞拉利昂、多哥。

(4)IATA 三区中的次区(IATA AREA3-Sub Areas)：

①南亚次大陆 SASC(South Asian Sub-area)。南亚次大陆包括：阿富汗、孟加拉、不丹、印度、马尔代夫、尼泊尔、巴基斯坦、斯里兰卡。

②东南亚 SEA(South East Asia Sub-area)。东南亚包括：文莱达鲁萨兰国、柬埔寨、中国、中国台北、圣诞岛、关岛、中国香港、印度尼西亚、哈萨克斯坦、吉尔吉斯斯坦、老挝、中国澳门、马来西亚、马绍尔群岛、密克罗尼西亚、蒙古、缅甸、北马里亚纳群岛、帕劳、菲律宾、俄罗斯联邦、新加坡、塔吉克斯坦、泰国、土库曼斯坦、乌兹别克斯坦、越南。

③西南太平洋 SWP(South West Pacific-Sub area)。西南太平洋包括：美属萨摩亚、澳大利亚、库克群岛、斐济群岛、法属波利尼西亚、基里巴斯、瑙鲁、新喀里多尼亚、新西兰、萨摩亚、所罗门群岛、汤加、图瓦鲁、瓦努阿图、瓦利斯和富图纳群岛。

④日本、朝鲜(Japan,Korea Sub-area)。即指日本、朝鲜和韩国。

2.3.2　主要国际航线介绍

民航从事运输飞行,必须按照规定的线路进行,这种路线称做航空交通线,简称航线。航线不仅确定了航行的具体方向、经停地点,还根据空中管理的需要规定了航路的宽度和飞行的高度层,以维护空中交通秩序,保证飞行安全。

航线按飞机飞行的路线分为国内航线和国际航线。飞机飞行的线路起讫点、经停点均在国内的称为国内航线;飞机飞行的线路跨越本国国境,通达其他国家的航线称为国际航线。

国际航线主要有如下几条:

(1)西半球航线。西半球航线是指航程中的所有点都在西半球的航线。西半球航线是连接南北美洲的航线,又称拉丁航线。国际航协客运运价计算中为代号为 WH 航线。如:RIO—MIA;LAX—MEX—SCL;YMQ—R1O—BUE。

西半球航线北美地区的点主要是美国南部的迈阿密、达拉斯以及西岸和东岸的门户点,墨西哥的墨西哥城,中美的圣何塞、太子港;航线在南美的点主要在哥伦比亚的波哥大,巴西的巴西利亚、里约热内卢、圣保罗,智利的圣地亚哥,阿根廷的布宜诺斯艾利斯等城市。

西半球航线不长,除自成体系外,还常常与太平洋航线和大西洋航线相连,成为这些航线的续程航段。南美洲的美丽风光正被人们所认同,越来越多的亚洲人取道美国来南美。太平洋航线中转西半球航线的城市主要是迈阿密、圣何塞、洛杉矶、墨西哥城等地。大西洋航线多取道波哥大或巴西的城市中转。

(2)东半球航线。东半球是世界上航线最多的区域。东半球航线指航程中的点都在东半球,或者航程中的点都在二区或三区,或航程经欧亚大陆飞行二区和三区间的航线。国际航协客运运价计算中代号为 EH 的航线。如:GVA—JNB;SIN—KBL;BJS—BUD—LON;HKG—KUL—KHI—ISB—DXB—BUH；CAN—SIN—KUL—BKK—CAN；CAN—SIN—AKL—CHC—BNE—SYD—MEL—CAN。

(3)北大西洋航线。北大西洋航线历史悠久,是连接欧洲与北美之间最重要的国际航线。北美和欧洲是世界上航空最发达的地区,欧洲的中枢机场如伦敦、巴黎、法兰克福、马德里、里斯本等和北美的主要城市相连,使北大西洋航线成为世界上最繁忙的国际航线。国际航协客运运价计算中代号为 AT 的航线。由于这条航线历史悠久,飞行的航空公司多,竞争非常激烈,因此这条航线虽然经济意义和政治意义都十分重大,但却不是世界上经济效益最好的航线。

这条航线的经典线路如下所示:LON—NYC;PAR—WAS;ZRH—NYC—R10;NYC—LON—PAR—DXB。

在国际运价计算中,按照国际航协的航线方向定义,北大西洋航线属于 AT 方向代号,具体指航协定义下的一区和二区之间的航线。上面第三个航程中的目的地点虽然是南美的城市,但是也符合 AT 方向的定义。在上面最后一个航程中,巴黎和迪拜之间虽然飞行的是欧亚大陆,但由于迪拜也是二区中的城市,所以整个航程仍符合一区和二区间旅行的航程,它在国际运价计算中,航程方向代号也为 AT。

(4)南大西洋航线。相对北大西洋航线而言,南大西洋航线开辟时间较晚,它是指航程经过南部大西洋的航线。在国际航协的定义中它属于 SA 航线。具体指航线在南大西洋地区和东南亚间,经过大西洋和中非、南非、印度洋岛屿,或直飞的航线。如:RIO—HKG;SIN—MRU—JNB—SAO。

随着南美旅游和经济的开发,南美地区的门户城市和目的地城市越来越多,传统经北美到南美的航线已经不能满足需要,南大西洋航线正是应市场需要开辟的航线。值得注意的是,这条航线是经印度洋和大西洋南部的航线,并没有经过欧亚大陆。

(5)北太平洋航线。北太平洋航线是连接北美和亚洲之间的重要航线。它穿越浩瀚的太平洋以及北美大陆,是世界上最长的航线。国际航协客运运价计算中为代号 PA 的航线。

这条中枢航线通常以亚洲的东京、首尔、香港、北京、广州等城市集散亚洲各地的客货,以北美的温哥华、洛杉矶、旧金山、芝加哥、西雅图等城市集散美洲大陆的客货。

从东南亚出发的航班经北太平洋航线通常直飞美国西岸门户城市,如果目的地为美国东岸的门户城市,则通常选择安克雷奇、圣何塞以及西岸的一些机场中转。如果目的地在南美,则这些北太平洋航线北美目的地通常选择在奥兰多、坦帕、劳德代尔堡、迈阿密和圣胡安等中转。

美国很多城市的中转能力都非常强,能有效地集中和分散其周边航线的客货运输。不少航空公司推出联运运价吸引客货源,其运价制订成本主要覆盖跨北太平洋的成本和利润,其他的联运航线只收取极少甚至忽略其运输成本。由此可见,这条越洋运输的利润是相当可观的。不少美国的航空公司甚至宣称在如此众多的经营航线中,真正营利的只有北太平洋航线。

这条航线航程非常长,航空公司一般选择具有越洋飞行能力的波音公司 B747、B777 或空中客车工业公司的 A330、A340 飞行。在飞行路线上一些航空公司选择直飞,不选择直飞的航空公司一般选择太平洋上的火奴鲁鲁或北部安克雷奇等城市中继飞行。

(6)南太平洋航线。按照国际航协的规则,南太平洋航线是连接南美和西南太平洋地区经过北美的航线,但航线不经过北部和中部太平洋。国际航协客运运价计算中为代号 PN 的航线。如:SYD—LAX—MEX—SCL;SYD—MIA—BUE;SCL—LAX—AKL。

这些航线中的城市大都具有典型的自然风光,是目前推崇生态旅游而新开辟的航线。

(7)俄罗斯航线。俄罗斯航线是指俄罗斯欧洲部分和三区之间的航线,在俄罗斯、日本和韩国间有一段不经停航线。如:MOW—TYO;HKG—SEL—MOW—LED。

(8)西伯利亚航线。指二区和三区之间的航线,在欧洲、日本和韩国之间有一段不经停航线。如:STO—TYO;BKK—TYO—FRA;HKG—SEL—MOW—LCA;MOW—PAR—OSA。

(9)远东航线。指俄罗斯欧洲部分、乌克兰和三区之间的旅行,在俄罗斯欧洲部分、乌克兰与三区之间(不包括日本/韩国)有不经停的航线。这三种航线也称为欧亚航线,它是连接欧洲和远东的航线。如:MOW—SIN;IEV—MOW—BJS—TYO。

(10)北极航线或南极航线。北极航线或南极航线也称极地航线,是穿越北极上空的重要航线,用于连接北美和欧洲、亚洲的城市。欧洲与北美之间的跨极地飞行早在 20 世纪 20 年代就已拉开序幕,商业飞行历史已超过 40 年。北极航路飞行条件比较复杂,需要考虑多方面因素,如:航路备降机场的选定,备降救援计划,防止燃油结冰的措施,燃油温度监控,导航、通信的特点,太阳耀斑影响,机载设备的考虑、航空公司机组签派、机务等人员的培训、区域运行批

准对验证飞行的要求等。

2001 年 2 月 1 日,北极航路正式开通,标志着从北美东海岸到亚洲之间空运市场的发展迈出了重要的一步。

2001 年 7 月 15 日,南航北极航路验证飞行成功。中国南方航空公司的大型 B777 型 2055 号飞机在纽约起飞,往北飞过美国和加拿大领空,经过北极区域,再飞过俄罗斯和蒙古的新航路,经过 14 小时的飞行到达北京。2001 年 8 月 16 日至 19 日,中国国际航空公司使用 B747-400 型飞机跨越北极,圆满完成了北京至纽约极地飞行验证任务。

新极地航线穿越北极地区,将北美洲与亚洲城市连接起来。例如,纽约—香港,传统航线的飞行距离是 47 900 海里以上,超出了现役喷气机的正常航程范围。但极地航线使航程缩短了 350 英里,使 B747-400、B777-200ER 等现役飞机都可以直飞目的地。

传统东南亚与美国东岸城市的连接,需要中转停留。如原北京—纽约的航线,选择安克雷奇或旧金山转机,全程时间长达 17 小时。国航开通的北极航线,纽约至北京,单程仅需 13 小时,比过去减少了 3 个多小时的飞行时间。由于北京至纽约航线是直飞,免除了过去中途经停的诸多不便,另外,这条航线飞机较少,不存在其他航路空中通道拥挤的状况,同时也为航空公司节省了燃油,降低了飞行成本。

极地航线为直飞国际航班的航空公司提供了比以前更多的直飞航路选择。与传统航线相比,极地航线不仅在缩短航程时间和减少油耗方面更具优势,而且为开通新的直飞航班提供了可能。如:TYO—ANC—LON;HKG—NYC;TYO—ANC—STO;PEK—NYC。

2.3.3　世界重要航空站

目前世界上主要的国际航空港共 175 个,其中亚洲 44 个、非洲 40 个、欧洲 41 个、拉丁美洲 29 个、北美洲 8 个、太平洋岛屿及其他地区 13 个。

北美:华盛顿、纽约、芝加哥、蒙特利尔(加拿大)、亚特兰大(美国东南)、洛杉矶、旧金山、西雅图。

欧洲:伦敦、巴黎、法兰克福、苏黎世、罗马、维也纳、柏林、哥本哈根、华沙、莫斯科、布加勒斯特(罗马尼亚首都)、雅典(希腊首都)。

非洲:开罗、喀土穆(苏丹首都)、内罗毕(肯尼亚首都)、约翰内斯堡(南非)、布拉柴维尔(东刚果)、拉各斯(尼日利亚)、达喀尔(塞内加尔首都)、阿尔及尔(阿尔及利亚首都)。

亚洲:北京、上海、东京、香港、马尼拉(菲律宾首都)、曼谷(泰国首都)、新加坡、仰光(缅甸首都)、加尔各答(印度)、孟买(印度)、卡拉奇(巴基斯坦)、贝鲁特(黎巴嫩首都)。

拉美:墨西哥城、加拉加斯(委内瑞拉首都)、里约热内卢(巴西)、布宜诺斯艾利斯(阿根廷首都)、圣地亚哥(智利首都)、利马(秘鲁首都)。

大洋洲及太平洋岛屿:悉尼、奥克兰(新西兰)、楠迪(斐济)、火努鲁鲁。

世界主要航空站的主要情况:

(1)美国芝加哥奥黑尔国际机场:这是世界上最大的飞机场,距离芝加哥市 27 千米,总共有 6 个跑道,并且有高速公路穿梭其中,美国所有的航空公司在这都有自己的登机口,在这里,平均不到 3 分钟就有一班航班起降,这里也是全球第五大航空公司美国联合航空公司的总部之一。

(2)美国亚特兰大哈兹菲德国际机场:距离亚特兰大市 19 千米,这是世界上登机口最多的机场,共有 6 个航站楼,拥有将近 100 个近机位,这里是全球飞机数量最多的航空公司美国达美航空公司的总部。

（3）美国纽约约翰·肯尼迪国际机场:距离纽约市 27 千米,是世界上最繁忙的机场,它由美国达美航空公司、美国西北航空公司、美国航空公司、美国大陆航空公司、美国环球航空公司五大航空公司、英国航空公司及其他国际航空公司的一共七个候机厅组成。各候机厅之间有公路相连,形成一个长达八千米的环。它是全球第九大航空公司美国西北航空公司和美国大陆航空公司的总部。

（4）英国伦敦希斯罗国际机场:距伦敦市中心 20 千米,是整个欧洲空中交通的中心,同时它也是世界第一大航空公司英国航空公司的总部。另外,英国米特兰航空公司,英国不列颠航空公司的总部也在这里。

（5）日本东京成田国际机场:距离东京市区 68 千米,是世界上离城市最远的大机场,是整个亚洲的航空枢纽,也是日本航空和全日空的总部所在地。

（6）法国巴黎查尔斯·戴高乐国际机场:距离巴黎市 23 千米,戴高乐国际机场在设计上是一个创举,把停机坪安排在一个圆圈内,沿圆的外环建了个庞大的环形候机厅,分为 24 个小厅供不同航空公司使用。而且,它是全球第 2 大航空公司法国航空公司的总部。

（7）美国洛杉矶国际机场:距离洛杉矶市 20 千米,它是太平洋上的航空枢纽,平均不到两分钟就有一班航班起降的频率使得它成为了世界上第二繁忙的机场。它也是美国联合航空公司的总部之一。另外,全球第五大航空公司美国航空公司的总部也坐落于此。

（8）德国法兰克福国际机场:位于德国美因河畔法兰克福。它是德国最大的机场和欧洲第二大机场,是全球各国际航班重要的集散中心。

（9）中国香港国际机场(又称"赤鱲角国际机场"):外貌呈丫型的国际机场,客运大楼不但是全球最大的单一机场客运大楼,更是世界上最大的室内公众场所。

（10）荷兰阿姆斯特丹斯西霍普国际机场:距离阿姆斯特丹 15 千米,是世界上距离市中心第二近的大型国际机场,是荷兰皇家航空公司的所在地。

实战演练

1. 有新设计的即将上市的服装一批,请根据以下情况选择运输方式、设计运输路线并确定运输时间:

（1）始发地:北京;目的地:莫斯科。

（2）始发站:纽约;目的地:迪拜。

（3）始发地:北京;目的地:加拿大。

2. 请确定以下几个城市所在的航区:美国、古巴、智利、荷兰、叙利亚、法国、丹麦、尼日利亚。

子任务 2.4　设计集装箱与大陆桥运输路线

任务引领

本任务引领学生了解集装箱运输和大陆桥运输的路线,并能够知道各条路线的运输特点。

2.4.1　设计集装箱运输路线

集装箱运输是一种现代化的先进运输方式。集装箱运输具有许多优点,在海洋运输中作用尤其明显。

(1)运输量大。事先把要运输的零散货物装在箱子里,便于机械化装卸,大大缩短了船只在港口停泊的时间和货物在仓库里存放的时间,加快了货物运送的速度,降低了运输费用;箱子规格统一,在同容积船上装的货物也多,增加了运输量。

(2)减少物品的破损。集装箱装卸,可以保证货运时完整无损,几乎可以完全消除物品的耗损量,大大减少物品损坏,避免后续的赔偿。如平时运送玻璃板,损坏率达 15%,采用集装箱运输,仅损坏 0.2%~1%。

(3)节约包装材料。散装运输和采取简单包装的包装材料多一次性使用;而集装箱则可多次使用,并可减少装箱和拆箱费用,降低货运费用,对顾客有利。

总之,集装箱运输可以加快运输速度,降低运费,便于海陆联运。而为了便于集装箱运输,海运航线中出现了多条集装箱运输航线。

1."远东—北美"航线

"远东—北美"航线实际上又可以分为两条航线,即"远东—北美西岸"航线和"远东—北美东海岸、海湾"航线。该航线包括从中国、朝鲜、日本苏联远东海港到加拿大、美国、墨西哥等北美西海岸各港的贸易运输线。从我国的沿海地各港出发,偏南的经大隅海峡出东海;偏北的经对马海峡穿日本海后,或经清津海峡进入太平洋,或经宗谷海峡,穿过鄂霍茨克海进入北太平洋。

这条航线主要由"远东—加利福尼亚"航线和"远东—西雅图、温哥华"航线组成。它涉及的港口主要包括远东和高雄、釜山、上海、香港、东京、神户、横滨和北美西海岸的长滩、洛杉矶、西雅图、塔科马、奥克兰和温哥华等。涉及的国家和地区包括亚洲的中国(包括中国香港、台湾地区)、韩国、日本以及北美的美国和加拿大西部地区。这两个区域经济总量巨大,人口特别稠密,相互贸易量很大。近年来,随着中国经济总量的稳定增长,在这条航线上的集装箱运量越来越大。目前,仅上海港在这条航线上往来于美国西部海岸的班轮航线就多达四十几条。

该航线指东南亚国家、中国、东北亚国家各港,沿大圆航线横渡北太平洋至美、加西海岸各港。该航线随季节也有波动,一般夏季偏北、冬季南移,以避免北太平洋的海雾和风暴。本航线是"二战"后货运量增长最快、货运量最大的航线之一。

这条航线主要由"远东—纽约"航线等组成,涉及北美东海岸地区的纽约—新泽西港、查尔斯顿港和新奥尔良港等。这条航线将海湾地区也串了起来。在这条航线上,有的船公司开展的是"钟摆式"航运,即不断往返于远东与北美东海岸之间;有的则是经营环球航线,即从东亚开始出发,东行线为:太平洋—巴拿马运河—大西洋—地中海—苏伊士运河—印度洋—太平洋;西行线则反向而行,航次时间为 80 天。

该航线不仅要横渡北太平洋,还越过巴拿马运河,因此一般偏南,横渡大洋的距离也较长,夏威夷群岛的火奴鲁鲁港是它们的航站,船舶在此添加燃料和补给品等,本航线也是太平洋货运量最大的航线之一。

优点:区域经济总量巨大,人口特别稠密,相对贸易量很大。

劣势:随着季节波动,航线不是很固定,海上有海雾和风暴,给航行带来风险。

2. "北美—欧洲、地中海"航线

处于北美、欧洲、远东三大地域与经济板块另一极的,是"北美—欧洲、地中海"航线。"北美—欧洲、地中海"航线实际由二三条航线组成,分别为"北美东海岸、海湾—欧洲"航线、"北美东海岸、海湾—地中海"航线和"北美西海岸—欧洲、地中海"航线。这一航线将世界上最发达与富庶的两个区域联系起来,船公司之间在集装箱海运运输方面的竞争最为激烈。

"北美—欧洲,地中海"航线的主要港口:西欧(鹿特丹、汉堡、伦敦、哥本哈根、圣彼得堡;北欧的斯德哥尔摩、奥斯陆等)—北大西洋—北美洲东岸(纽约、魁北克等)、南岸(新奥尔良港,途经佛罗里达海峡)。

优势:连接世界上最发达与富庶的两个区域,是两个区域经济交往的重要航线。

劣势:竞争激烈,集装箱公司经营环境相对恶劣。

航线经过苏伊士运河,运力受到限制。

3. "远东—欧洲、地中海"航线

"远东—欧洲、地中海"航线也被称为欧洲航线。它又可分为"远东—欧洲"航线和"远东—地中海"航线两条。

这条航线是世界上最古老的海运定期航线。这条航线在欧洲地区涉及的主要港口有荷兰的鹿特丹港,德国的汉堡港、不来梅港,比利时的安特卫普港,英国的费利克斯托斯等。这条航线大量采用了大型高速集装箱船,组成了大型国际航运集团开展运输。这条航线将中国、日本、韩国和东南亚的许多国家与欧洲联系起来,贸易量与货运量十分庞大。与这条航线配合的,还有亚欧大陆桥、新欧亚大陆桥等欧亚之间的大陆桥集装箱多式联运。

这条航线由远东,经过地中海,到达欧洲。与这条航线相关的欧洲港,主要有西班牙南部的阿尔赫西拉斯港、意大利的焦亚陶罗港和地中海中央马耳他南端的马尔萨什洛克港。

优势:贸易量与货运量十分庞大。

劣势:周边地区政治环境不是很稳定,给海洋运输带来影响。

这条航线也经过苏伊士运河,客观上限制了船舶的运力。

2.4.2 设计大陆桥运输路线

欧亚大陆桥为将欧洲与亚洲两侧海上运输线联结起来的便捷运输铁路。现有两条:第一条亚欧大陆桥是从俄罗斯的海参崴通向欧洲各国,最后到荷兰鹿特丹港的亚欧大陆桥;第二条亚欧大陆桥是由中国陇海和兰新铁路与哈萨克斯坦铁路接轨的新亚欧大陆桥,是目前亚欧大陆东西最为便捷的通道。

1. 新亚欧大陆桥

新亚欧大陆桥,又名"第二亚欧大陆桥"。是从中国的江苏连云港市和山东日照市等港群,到荷兰鹿特丹港口、比利时的安特卫普等港口的铁路联运线。大陆桥途经山东、江苏、河南、安徽、陕西、甘肃、山西、四川、宁夏、青海、新疆11个省、区,89个地、市、州的570多个县、市,到中俄边界的阿拉山口出国境。出国境后可经3条线路抵达荷兰的鹿特丹港。中线与俄罗斯铁路友谊站接轨,进入俄罗斯铁路网,途经阿克斗亚、切利诺格勒、古比雪夫、斯摩棱斯克、布列斯特、华沙、柏林达荷兰的鹿特丹港,全长10 900千米,辐射世界30多个国家和地区。

新亚欧大陆桥东端直接与东亚及东南亚诸国相连,并进而与美洲西海岸相通;它的中国段西端,从新疆阿拉山口站换装出境进入中亚,与哈萨克斯坦德鲁日巴站接轨,西行至阿克斗卡站与土西大铁路相接,分北、中、南三线接欧洲铁路网。

（1）北线：哈萨克斯坦与西伯利亚大铁路接轨，经俄罗斯、白俄罗斯、波兰通往西欧及北欧诸国。

（2）中线：哈萨克斯坦往俄罗斯、乌克兰、斯洛伐克、匈牙利、奥地利、瑞士、德国、法国至英吉利海峡港口转海运或由哈萨克斯坦阿克斗卡南下，沿吉尔吉斯斯坦边境经乌兹别克斯坦塔什干及土库曼斯坦阿什哈马德西行至克拉斯诺沃茨克，过里海达阿塞拜疆的巴库，再经格鲁吉亚第比利斯及波提港，越黑海至保加利亚的瓦尔纳，并经鲁塞进入罗马尼亚、匈牙利通往中欧诸国。

（3）南线：由土库曼斯坦阿什哈巴德向南入伊朗，至马什哈德折向西，经德黑兰、大不里士入土耳其，过博斯鲁斯海峡，经保加利亚、南斯拉夫通往中欧、西欧及南欧诸国，同时还可经过土耳其埃斯基谢基尔南下中东及北非。

2. 新亚欧大陆桥的优势

第一，它使亚欧之间的货运距离缩短得更为显著，从日本、韩国至欧洲，通过新亚欧大陆桥，水陆全程仅为 12 000 千米，比经苏伊士河少 80 00 多千米，比经巴拿马运河少 11 000 多千米，比绕道好望角少 15 000 多千米。

第二，它使东亚与中亚、西亚的货运距离大幅度减少。日本神户、韩国釜山等港至中亚的哈萨克、乌兹别克、吉尔吉斯、塔吉克、土库曼五个国家和西亚的伊朗、阿富汗，通过亚欧大陆桥和新亚欧大陆桥，海上距离相近，陆上距离相差很大。如到达伊朗、德黑兰，走亚欧大陆桥，陆上距离达到 13 322 千米，走新亚欧大陆桥，陆上只有 9 977 千米，两者相差 3 345 千米，到达中亚的阿雷西，走亚欧大陆桥，陆上距离是 8 600 千米，走新亚欧大陆桥，陆上距离只有 5 862 千米，相差 2 774 千米。

第三，由于运距的缩短，它在运输时间和运费上将比亚欧大陆桥又有所减少，更有利于同海运竞争。

第四，它的东端桥头堡自然条件好，位置适中，气候温和，一年四季可不间断地作业。

3. 新亚欧大陆桥的作用

新亚欧大陆桥中国段全长 4 213 千米，由陇海铁路和兰新铁路组成。以亚欧大陆桥为纽带，它将中国与独联体国家、伊朗、罗马尼亚、保加利亚、匈牙利、捷克、斯洛伐克、波兰、德国、奥地利、比利时、法国、瑞士、意大利、英国紧密相连。它对环太平洋经济圈的协调发展起到重要作用，也使中国与世界大市场的距离更近。它将亚欧两个大陆原有的陆上运输通道缩短了 2 000 千米运距。比绕道印度洋和苏伊士运河的水运距离缩短了一万千米。

实战演练

（1）一美国客户向上海新华玩具厂订购了一批玩具，客户要求交货时间非常紧迫，要在规定的时间内进行生产并安排装运，请思考可能的运输方式有哪些，并确定运输航线。

（2）四川宏阳调料厂向荷兰鹿特丹某贸易公司出口调料 5 吨，请确定运输方式和运输路线。

任务小结

本任务通过给出国际运输航线和国际航区的内容，让学生根据不同的任务进行航空路线的设计，从而掌握不同国际航运的路线和航空区域划分，为以后航空运费的计算奠定基础。了解不同航空货运站的基本情况,知道哪些航空站适合承运哪些货物,为后面项目内容的讲授进行铺垫。

了解集装箱和大陆桥运输的基本情况,能够设计集装箱航线和大陆桥航线进行货物的运输。

任务模拟演练

实训演练项目:比较不同企业提供的运输路线和服务

【演练目的】

(1)了解货物运输地理情况。

(2)了解货代企业设定运输路线的基本思路和方法。

(3)培养分析问题能力和沟通能力。

【演练任务】

北京朝阳科技有限公司有一批计算机需要出口,目的地是英国的伦敦,假定你是该公司的业务人员,需要和几个不同的国际货运代理公司进行联系,确定货物运输方式、运输路线和运价,并通过网络、电话等多种渠道了解货运代理公司的服务质量,获取信息之后准确地填好表2.2,并试着比较各货代企业的优劣势。

表2.2 国际货运代理公司调查表

公司名称	运输方式	运输路线	报价	服务质量	联系方式和地址

【演练步骤】

(1)实训分组:每5人为一组共同完成实训项目。

(2)选择货代企业,确定联系方式。

(3)通过打电话和货代企业进行联系。

(4)获取对方的运输路线,了解对方的服务水平。

(5)分析不同货代企业之间的服务和运输费用的差异;

【演练要求】

(1)小组成员共同参与并独立完成实训内容。

(2)内容真实可信。

作为附加内容,表2.3所示为国际机场三字代码。

表2.3 国际机场三字代码

TC1:	北美洲	中南美洲	南美洲	
TC2:	欧洲	西亚(中东)	非洲	
TC3:	亚洲	大洋洲		

注:一区(TC1)包括北美、中美、南美、格陵兰、百慕大和夏威夷群岛

\-	\-	\-	\-	\-
		北美洲		
国　家	COUNTRY	机场	AIRPORT	三字代码
加拿大	CANADA	渥太华(首都)	OTTAWA	YOW
加拿大	CANADA	蒙特利尔	MONTREAL	YMQ
加拿大	CANADA	温哥华	VANCOUVER	YVR
墨西哥	MEXICO	瓜达拉哈拉	GUADALAJARA	GDL
美国	UNITED STATES	哈特福德	BRADLEY APO OF HARTFORD	BDL
美国	UNITED STATES	伯明翰	BIRMINGHAM	BHM
美国	UNITED STATES	纳什维尔	NASHVILLE	BNA
美国	UNITED STATES	博伊西	BOISE	BOI
美国	UNITED STATES	波士顿	BOSTON	BOS
美国	UNITED STATES	布朗斯韦尔	BROWNSVILLE	BRO
美国	UNITED STATES	巴吞鲁日	BATON ROUGE	BTR
美国	UNITED STATES	巴特尔克里克	BATTLE CREEK	BTL
美国	UNITED STATES	布法罗	BUFFALO	BUF
美国	UNITED STATES	巴尔的摩	BALTIMORE	BWI
美国	UNITED STATES	哥伦比亚	COLUMBIA	CAE
美国	UNITED STATES	阿克伦肯顿	AKRON CANTON	CAK
美国	UNITED STATES	查塔诺加	CHATTANOOGA	CHA
美国	UNITED STATES	芝加哥	CHICAGO	CHI/ORD
美国	UNITED STATES	查尔斯顿	CHARLESTON	CHS
美国	UNITED STATES	锡达拉皮兹	CEDAR RAPIDS	CID
美国	UNITED STATES	克利夫兰	CLEVELAND	CLE
美国	UNITED STATES	夏洛特	CHARLOTTE	CLT
美国	UNITED STATES	格林斯伯勒	GREENSBORO	GSO
美国	UNITED STATES	格林维尔	GREENVILLE	GSP
美国	UNITED STATES	格林贝	GREEN BAY	GRB
美国	UNITED STATES	哈里斯堡	HARRISBURG	HAR
美国	UNITED STATES	休斯敦	HOUSTON	HOU/IAH
美国	UNITED STATES	亨茨维尔	HUNTSVILLE	HSV

		中南美		
国　家	COUNTRY	机场	AIRPORT	三字代码
洪都拉斯	HONDURAS	特古西加尔巴	TEGUCIGALPA	TGU
萨尔瓦多	SALVADOR	圣萨尔瓦多	SAN SALVADOR	SAL
尼加拉瓜	NICARAGUA	马拉瓜	MANAGUA	MGA
哥斯达黎加	COSTA RICA	圣何塞	SAN JOSE	SJO

国 家	COUNTRY	机场	AIRPORT	三字代码
巴拿马	PANAMA	巴拿马城（首都）	PANAMA CITY	PTY
巴哈马	BAHAMAS	拿骚	NASSAU	NAS
古巴	CUBA	哈瓦那	LA HABANA	HAV
古巴	CUBA	圣地亚哥	SANTIAGO	SCU
牙买加	JAMAICA	金斯敦	KINGSTON	KIN
海地	HAITI	太子港	PORT-AU PRINCE	PAP
多米尼加	DOMINICA	圣多明各	SANTO DOMINGO	SDQ
波多黎各	PUERTO RICO	圣胡安	SAN JUAN	SJU
多米尼克	DOMINICA	罗索	ROSEAU	ROX
格林纳达	GRENADA	圣乔治	ST. GEORGES	GND
巴巴多斯	BARBADOS	布里奇顿	BRIDGETOWN	BGI
特立尼达和多巴哥	TRINIDAD & TOBAGO	西班牙港	PORT OF SPAIN	POS

南美洲

国 家	COUNTRY	机场	AIRPORT	三字代码
哥伦比亚	COLOMBIA	圣菲波哥达	STA. FE DE BOGOTA	BOG
圭亚那	GUYANA	乔治敦	GEORGETOWN	GEO
苏里南	SURINAME	帕拉马里博	PARAMARIBO	PBM
法属圭那亚	FRENCH GUIANA	卡宴	CAYENNE	CAY
巴西	BRAZIL	巴西利亚（首都）	BRASILIA	BSB
巴西	BRAZIL	库里蒂巴	CURITIBA	CWB
巴西	BRAZIL	阿雷格里港	PTO ALEGRE	POA
巴西	BRAZIL	马卤斯	MANAUS	MAO
巴西	BRAZIL	里约热内卢	RIP DE JANEURO	RIO
巴西	BRAZIL	圣保罗	SAOPAULO	SAO
厄瓜多尔	ECUADOR	基多	QUITO	UIO
厄瓜多尔	ECUADOR	瓜尔基尔	GUAYAQUIL	GYE
秘鲁	PERU	利马（首都）	LIMA	LIM
玻利维亚	BOLIVIA	苏克雷	SUCRE	SRE
巴拉圭	PARAGUAY	亚松森	ASUNCION	ASU
乌拉圭	URUGUAY	蒙得维的亚	MONTEVIDEO	MVD
阿根廷	ARGENTINA	布宜诺斯艾利斯	BUENOS AIRES	BUE
智利	CHILE	安托法加斯塔	ANTOFAGASTA	ANF
智利	CHILE	圣地亚哥（首都）	SANTIAGO	SCL

学习任务 3 杂货班轮运输

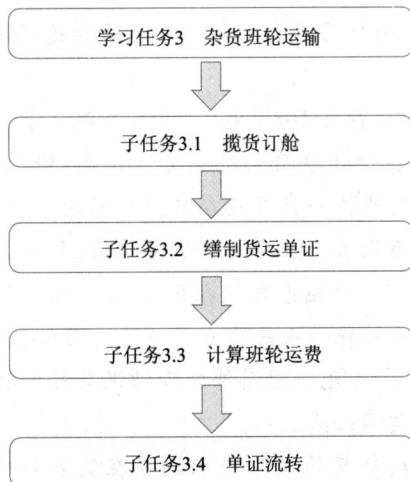

能力目标

通过本任务的学习,应该能够:

(1)揽货订舱

(2)计算班轮运费

(3)进行各项业务的处理

核心能力

(1)缮制货运单证

(2)各项业务的组织

学习导航

```
学习任务3  杂货班轮运输
        ↓
子任务3.1   揽货订舱
        ↓
子任务3.2   缮制货运单证
        ↓
子任务3.3   计算班轮运费
        ↓
子任务3.4   单证流转
```

案例导入

1985 年 3 月 29 日,福建省宁德地区经济技术协作公司作为买方,与日本国三明通商株式会社签订进口东芝牌空调机 3 000 台的合同。合同约定 6 月底交货 1 500 台,7 月底交货 1 500 台。后日本国日欧集装箱运输公司作为货物承运人接受了三明通商株式会社托运的第一批 1 496 台空调机(另 4 台样机已空运),于 6 月 30 日签发了 WO15CO90 号联运提单,而实际装船日期为同年 7 月 1 日。货到福建后,进行了销售。

7 月 22 日、23 日,日欧集装箱公司在日本横滨大黑码头收取了三明通商株式会社托运的第二批 1 500 台空调机,7 月 25 日在日本东京签发了 WO15CO97 号联运提单(下称"97 号"提单),列明日欧公司为承运人,在"本提单装船后生效"栏内注明"1985 年 7 月 25 日"。宁德公司在 7 月 27 日接到三明通商株式会社的电传,得知第二批货物已付运,便于 8 月上旬持"97 号"提单到福州港提货,但未提到。

货物为何逾期运到? 原因在于日欧公司是无船承运人,其所订舱位的"大仓山"轮(属福建省轮船公司)是在 1985 年 6 月 16 日离开福州港,7 月 1 日在横滨大黑码头装了第一批货物,7 月 7 日返回福州港时遇上第 7 号台风,在横滨大黑码头避风 1 天,以致逾期到达。至 8 月 13 日卸货完毕,8 月 14 日又开航横滨。第二批货物于 8 月 20 日才装上"大仓山"轮,比"97 号"提单签发日晚了 20 多天。"大仓山"轮船东福建省轮船公司在日本的代理商日立物流株式会社签发"大仓山"轮已装船提单的日期为 8 月 21 日。这时又遇上第 11 号台风,"大仓山"轮又在横滨避风 2 天,直至 8 月 23 日才抵达福州马尾港卸货。

综上可见,日欧公司所签发的提单日期早于货物实际装船日期;同时卖方三明通商株式会社已将"97 号"提单作为即期信用证所规定的单据(即已装船提单),向银行收取了宁德公司所支付的全部货款。

宁德公司在收到第二批货物已付运的电传后,即于 7 月 27 日将"97 号"提单项下的 1 500 台空调机,以每台售价人民币 2 000 元与福建省福安县企业供销公司签订了购销合同,约定交货期限为同年 8 月 20 日前。如逾期交货,宁德公司要承担货款总值 20% 的违约金,且对方有权解除合同。由于以上原因宁德公司不能按期交货而承担违约责任,福安县企业供销公司依约解除合同。

此后,宁德公司从 1985 年 9 月至 1986 年底,曾与国内 7 个省市的数十个单位联系销售此批空调机,均因错过旺销季节售价猛跌而未能成交。直至 1986 年 12 月才以每台 1 700 港元全部出口我国香港。在此期间,货物一直存放在日欧公司的集装箱内。

纠纷发生后,宁德公司作为原告向上海海事法院起诉,要求判令被告日欧公司赔偿货款和货款利息损失计 4 840 万余日元,营业损失计人民币 75 万元,须支付给福安县企业供销公司的违约金人民币 60 万元以及差旅费等人民币 6.7 万元。日欧公司提出反诉,要求判处宁德公司赔偿租箱费和搬运费 1.5 万余美元。因案件处理结果与福安县企业供销公司有法律上的利害关系,该公司被依法列为本案诉讼第三人。

上海海事法院审理后认为:集装箱运输的承运人在集装箱堆集场地只能签发待运提单。被告日欧公司作为承运人在货物装船前签发已装船提单是对原告宁德公司的侵权行为,应对

由此产生的后果承担责任。由于被告这一侵权行为导致原告支付了全部货款,被告应赔偿原告的货款损失和营业利润损失。此外,原告与第三人约定的违约金超过了法定幅度,应按不能交货的货款总值 5% 计,并从违约之日起至判决执行日止每月计以 1.5‰ 的利息,此项违约金额由被告赔付。上海海事法院还认为:原告在诉讼期间已将货物完好地复出口以减少损失,履行了应尽的责任,故被告的反诉理由不足。据此判决被告赔付原告"97 号"提单项下的货款损失 3 972 万日元,营业利润损失 6 133 万余日元,利息损失人民币 34 万余元,违约金损失人民币 15.8 万余元。

一审判决后,日欧公司不服,以其签发的提单是"待运提单"等为由,向上海市高级人民法院提起上诉,并要求追加福建省轮船公司为本案第三人。

问:该案该如何处理? 该提单是什么性质的提单?

学习任务描述

海洋运输是国际贸易中最主要的运输方式,占国际贸易总运量中的 2/3 以上。我国绝大部分进出口货物,都是通过海洋运输方式运输的。海洋运输的运量大,海运费用低,航道四通八达,是其优势所在。但速度慢,航行风险大,航行日期不易准确,是其不足之处。

按照船舶的经营方式,海洋运输可分为班轮运输和租船运输。根据装货方式的不同,班轮运输又分为杂货班轮和集装箱班轮。

杂货班轮运输流程如图 3.1 所示。

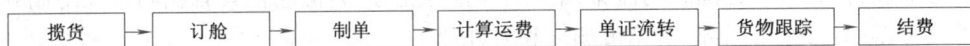

揽货 → 订舱 → 制单 → 计算运费 → 单证流转 → 货物跟踪 → 结费

图 3.1 杂货班轮运输流程

子任务模块剖析

子任务 3.1 揽货订舱

任务引领

本任务将引领学生学习向客户揽货,签订货代合同,选择合适的船公司并订舱。

3.1.1 向货主揽货

1. 揽货基础

货代服务的销售是指国际货代公司从船东市场取得运输代理服务资格后,集中精力把些服务销售出去,以形成企业的利润。这里所指的"销售"具体来说是指开发和维护稳定的发货人和收货人向他们销售货代服务,由此谋取利润。国际货代企业服务的销售,实际上就是一个揽货、货代合同磋商与签订的过程,而这些工作通常是由国际货运代理企业的业务部门来完成的。

1）揽货业务

揽货就是招揽货源的意思，是指国际货代企业通过一定的营销手段争取对货物的承运权，以期获得最好的经营效益的行为，所以又称为揽载。揽货有广义和狭义之分。狭义的揽货是指，货代公司的业务人员到货主单位进行业务联系，承接进出口货物运输工作。广义的揽货是指货运代理公司所做的各种宣传，包括广告宣传、传送船期表、电话咨询、网站发布、信息咨询等。揽货业务是国际货代公司重要的业务环节，也是第一个业务环节。

国际货代企业服务的一切来自货物的承揽，有了货物的承运权才有国际货代业务的开始。如果没有货源，国际货代公司就没有经营活动，就谈不上对货代业务的管理。因此，各国际货代公司都把货源作为自己业务的争夺对象。国际货代公司从揽货开始，直到把货物安全、无误地运送到目的地，要经历许多业务环节。揽货和货运操作的成功与否，取决于国际货代公司的实力、素质和服务态度。这种综合能力决定国际货代公司在市场竞争中的优劣。

2）揽货员和业务部门的职能

按行业习惯，通常揽货员被称为业务人员或业务代表，而其所在部门则称为业务部。一方面，国际货代企业的一切市场营销活动都以增加货源为目标，揽货成绩直接关系企业的兴衰存亡，其重要性不言而喻；另一方面，企业是个整体，揽货员就像冲锋陷阵的骑兵，旨在争取核心客户群。要赢得客户信任及建立长久的伙伴关系，业务部门所发挥的作用非常重要。"人人都是揽货员"的说法不无道理。揽货员的收入一般是基本工资加业务提成。

国际货代公司其他部门都是为业务部服务的。当然业务部的具体名称会因公司而异。例如，中远国际货运有限公司设置了市场部，并把特别运输组织方式的业务分离出来分别设置成多式联运部和拼箱部；华运国际物流集团虽然设置有业务部，但它把具有相同特征的业务集中为另外三个部门：整箱市场部、拼箱市场部和海外部。

3）国际货代企业开发客户的方式及特点

一般而言，国际货代企业招揽货源、开发客户（货主）有以下几种方式：

（1）人员揽货。人员揽货是指国际货代企业利用揽货员推销服务产品，这是国际货代企业与客户建立业务联系、取得客户信任的最有效的方式之一，但它并非揽货的全部。其特点是揽货员可以同客户直接接触，信息双向传递；揽货员可以根据客户的态度、反应及时调整营销策略，并准确了解客户的真实需求；有利于揽货员与客户培养感情、增进友谊，便于企业与客户建立长期稳定的业务联系。

（2）广告宣传。国际货代企业可以通过网络、杂志、报纸、电视、广告牌及其他信息载体形式向目标客户传递企业的产品、商标、服务、企业文化等信息。广告可以促进客户和公众对国际货代企业及其服务的认识，同时也能提高企业的知名度，加快揽货速度，是国际货代企业品牌策略的一部分。其优点是可以在揽货员到达前或到达不了的地方宣传企业和服务产品，传递服务信息。

（3）销售促进。销售促进是指国际货代企业为了正面吸引有需求的客户而采取的各种促销措施，包括有奖销售、点数赠送或优惠折扣、路线折扣或货类折扣、推广会等。其共同特点是可以有效吸引客户或使客户转换代理，因而促销的短期效果显著。

（4）公共关系。公共关系是指为了使公众理解企业的经营方针和让经营策略符合公众利益，有计划地加强与公众联系，建立和谐的关系，树立企业信誉的一系列活动。其特点是不以直接的短期促销效果为目标，通过公共关系的宣传报道使潜在客户对企业及其产品产生好感，

并在社会上树立良好的企业形象。

广告宣传、销售促进和公共关系是吸引上门客户的重要手段,许多指定货的来源就是客户慕名而来的,买方会提供货物供方的名称、联系人、电话和地址。企业的知名度提高了,使国际货代企业的柜台推销和会议推销更加方便。

4)货源信息收集的渠道

在信息时代,揽货员应该学会在浩瀚的信息中查寻到有用的货源资料。货源资料包含客户名称、联系电话、地址、客户简介等,如果有公司网页、E-mail、部门负责人联络方式等将对工作更有帮助。

(1)电话簿。电话簿因其常用黄纸印制又称黄页,对揽货员有用的是目标货源区的黄页。

(2)互联网。充分利用国际互联网,查找合适的货源企业,特别是一些专业网页如中国香港付货人委员会网、中国外经贸企业网、中国企业网、中华大黄页网等;目标货源区的企业网最重要。

(3)海报、报纸、电视等各种媒体。外贸工厂和外贸公司从来不会刊登需要国际货代的广告,揽货员要像情报人员一样善于从公开的信息中找到有用的资料,许多看似无关的材料在有经验揽货员眼里可能是十分有用的。例如,一则急聘销售人员的广告可能传递该外贸企业处在高速增长期,或者企业处在销售旺季或是产品推广期的信息,对国际货代企业来说就是该企业有更多的货物运往世界各地,也许以往的国际货代业务已经满足不了该企业的要求。

(4)各种会展。展销会、交易会或博览会等各种会展往往商家云集,这些会展不仅是外销员的战场,同样也是揽货员的战场。因为交易的双方就是国际货代企业的直接委托人。会展上大量散发的宣传资料是货物信息的最好载体,是揽货员研究货物运输方式、判断货物销售季节的分析资料。如果潜在客户在场,揽货员要及时为自己公司的国际货代服务作推介。

(5)社会关系、业务关系网。社会关系是揽货员重要的货源信息来源,多参加一些社会交际活动,如同学会、同乡会、某某协会等,在这些聚会上可以认识许多合作伙伴。货源信息也可以来自老客户的引荐,或把其竞争者或相关产品公司纳人潜在客户。相关业务单位,如报关行、拖车行、码头公司、仓储公司、海关、出入境检验检疫局、税务局、外汇管理局等单位的客户同样也可能成为本企业的客户。

> **特别提示:**在实际业务操作中,一些有经验的揽货员还会通过查询每个进出口公司的"定舱单"或船代公司的"舱单"来寻找货源,因为这些舱单上会详细记录着相关公司的联系人及联系方式。

2. 揽货程序

国际货代企业揽货的最终目的就是要与货主签订货代合同,因此揽货的过程实质上就是国际货代企业与货主进行货代合同磋商并签订委托代理合同的过程。

国际货代企业揽货程序和方法:

1. 确定开发客户的目标

开发客户就是抓货源,是揽货程序的开始,也是决定揽货成败的关键所在。货源的目标很广,有同行、外贸工厂、国际贸易公司等,任何能提供货源的委托人都是揽货目标。外贸工厂、国际贸易公司本身是货主,业界称之为直接客户,简称直客;而同行则是间接客户,拥有较多的同行客户是因为国际货代企业在某运输线路有较大的价格优势,如果货代A将揽的货物转给同行货代B,则货代B称为货代A的拼装人。

2. 接触前的准备

(1)与客户初次电话沟通。通过一定的方式(电话、E-mail、QQ、MSN 等)与有意向的客户交流,了解到货运要求后,马上电话联系客户。联络过程中要学会找出货运决策关键人以提高交易成功概率。在实际揽货时可这样提问:"请问贵公司是谁在负责进出口货运?"

(2)进一步了解客户要求。了解客户要求是很重要的一个环节,向关键负责人介绍本公司服务流程和讨论出运要求,不要把时间浪费在无关人员或说不清楚的下属人员身上,具体询问以下细节:

①货物的目的或来源国家、出货时间、是否指订货。

②货物性质:数量、品名、价值、包装,是否危险品(注意危品级别)或特种货物监管要求及特殊保管要求。

③运输方式:海运、空运、公路、铁路等。

④时限要求:特别是国际速递要问清楚。

⑤操作质量要求:货差率、货损率、接货及时性、包装等。

⑥财务要求:付款方式、保险、发票、代收款等。

当客户问到一些业务员不明白的具体操作问题,要根据对方语气来判断客户的耐性,耐性较好的可以请他稍等;耐性较差的跟他说待会回复他,记得请客户留下电话、姓名等联系要素。放下电话后马上请教相关部门人员或资深业务员,在尽可能短的时间内回复。如果客户没有时间在电话里同业务员谈以上细节,把这些内容留到见面时详谈。

(3)客户询价与业务员报价。

①客户询价。询价可以是口头的,也可以是书面的,如打电话、发 E-mail、商业广告、要求寄送价目表等。

②业务员报价。业务员不但要报价准,对市场行情也要随时了解,对于自己没有的价格要善于向同行询价。

按对象不同,报价可分为直客报价、同行报价和网络报价。

按环节划分,报价可分为分项报价与全包价(如多式联运报价)。分项报价对各环节,如海运、空运、驳船、拖车、报关、报检、仓储、保险等分别计费;全包价中分整箱价和散货价。

按公司价格管理层次不同,报价分为底价(或称成本价)、对外标准报价和合同客户报价。各种服务的底价管理由业务主管负责,有的公司专设市场价格员来具体负责;特殊价格或同行报价需要由上述负责人来决定,普通业务员无权决定。

报价内容包括运杂费、船期或航班、运价走势等。不同的客户,报价方式不同,价格会不同。报价必须慎重,同时需要灵活发挥,看情况报价,注意客户的出价并存档。合适的报价是从竞争对手手中"抢"客户的重要手段之一。业务员在应付客户的询价时对市场价、公司底价、报价方式及佣金给付方式要相当清楚。大部分公司都会给不同等级业务员一个谈价的幅度,第一次报价要留有余地,可以是试探性的,为面谈做好铺垫。

报价技巧:初入行的揽货员往往根据承运人给定的底价拟定了报价单给客户,客户要求更低的价格,他再找承运人要更低的价格。这种做法是错误的。不要一开始就报最低价格,揽货员要以该线路的行情价及竞争对手的报价作为基础参照,再根据客户的货量来决定全盘抛出还是留有余地;留意旺季运价上调和爆舱,注意承运人要求的最低运量。

(4)营销环境调查:正式约见客户前,揽货员要做许多准备:具体准备工作包括,收集对方

资料,如公司的营业状况、需要及货运特性等,并建立档案;收集竞争对手特别是对方以前的国际货代的信息并建立竞争者档案,制订访问计划。揽货员必须准确预测市场未来动向的能力,可以与同行、同事交换情报并讨论市场趋势,也可以和老客户讨论未来发展方向,这样才能作出最切合客户需要的决定,挖掘合作的商机。

3. 电话预约

初步了解后,揽货员应试探性地预约有合作机会的客户,如对方同意,就立即确定见面时间、地点。约定时间应该在双方都方便的基础上,尽量主随客便,以客户为尊。见面必须准时。如对方同意见面,但没有确定具体时间,应保持联系尽快拜访。

> **提示:**打电话是为了安排一次约会,而不是完成这次交易,不要在电话中传递太多的信息,应该保留一些关键问题,见面时再进行充分的揽货陈述。

4. 业务洽谈

业务洽谈是整个揽货工作的核心内容,直接关系到揽货的成败,因此每位揽货员都应高度重视洽谈的技巧和艺术性。与直客及同行洽谈的技巧是有很大区别的,揽货员应根据客户的具体情况作出具体分析,灵活机动地搞好洽谈。首先,揽货员在同客户的商谈中要善于把握谈话的气氛,及时调整自己,注意得体的称呼、穿着、礼貌的举止和交谈距离。融洽的谈话就算成功了一半,幽默的揽货员往往较受欢迎。揽货员要善于倾听,注意对方肢体语言如表情、姿势,适时地给予回应。通过交谈可以知道客户关心的是什么,这是得到客户信息的重要途径。揽货员要善于把握关键点,如优惠的运价、通关能力、良好的服务、信用等。最后,要懂得必要的告辞,不要浪费在不必要的谈话上。不易于应付的客户实际上并不热衷与你合作,但也不要轻言放弃,一次的面谈并不能说明一切,每隔一段时间就应找机会和客户电话沟通或登门拜访,感情投入有助于客户在将来需要的时候想到你。客户主动表示有兴趣的例子是甚为稀少的,揽货员通常需要向准客户提出交易,才有望成功。如果在揽货过程中,揽货员没有抓住客户意愿,错过交易机会,所做的一切便白费了。

5. 合同签订

客户还没与公司签约前,揽货员要与客户反复接触,进行多次短时间面谈,这称为客户跟踪或业务跟踪。经过一番询价还盘之后,在双方意见趋于一致的情况下,揽货员应及时把握机会,与客户签订服务合作协议。国际货代企业接单就是接受客户委托,签订国际货代服务协议书。接单是揽货的目的,也意味着国际货代操作的开始。国际货代服务协议书也是一份客户服务方案计划书,包括航线要求、时限要求、运价要求、通关要求、拖车要求等。与客户签订合同是整个揽货工作中最重要的环节,合作关系应建立在双赢的基础上,并适当留有余地,这样便于客户保持良好的合作关系,最终从客户揽取更多的货物。

国际货代服务协议书格式是多种多样的,大部分是以一份货物托运单来代替,也有比较正式地签订一份委托运输代理合同。这就是委托方提出的"要约",一经被委托方书面确认,意味着"承诺",双方之间的契约行为成立。因此,委托书应由委托单位签字盖章,使之成为有效的法律文件。进口货物委托人同货运代理人签订《海运进口货物国内港口货运委托代理合同》,委托人可直接向代理人签订长期或临时委托代理合同。长期委托的委托期可以为一年、两年或三年,如终止委托代理合同,须根据合同规定提前一定期限以书面形式通知代理人。临时委托以合同注明的委托事项和有效期为准。双方义务履行完毕,有关费用均已结清,合同即视为终止。凡是委托人已委托某国际货代公司为国内某港口货代的,委托人应通知有关单位,对同一委托事项,同一时期不得另行委托其他单位做同样的货代业务。双方委托代理关系建立,货运代理人即表示接受委托,开始履行货物的进出口代理业务。货运代理人在港口办理进出口货物的代理业务,委托人必须提供有关单证资料,作为货运代理人办理货运代理的依据。

6. 售后服务

业务员填好货物托运单后,接着填写工作流程单详细记录客户的要求,然后传递给后续部门,即把客户的托运单转为内部工作单的工作。揽货的售后服务就是指从接受客户委托开始直至在目的地交付收货人并完成所有委托事项为止,所有国际货物运输相关服务的总称。它是揽货工作的"后勤工作",也是国际货代企业履行服务合同、提供国际货代服务产品最重要的内容之一。缔结服务合同只是表明客户接受服务的开始,售后服务质量决定了客户的满意度。售后服务质量的高低直接影响客户与国际货代企业未来的合作,直接关系到客户对国际货代企业的支持程度。

3.1.2 订立国际货代合同

经过交易磋商,一方的发盘或还盘被对方有效地接受后,就算达成了交易,双方之间就建立了合同关系。国际货代合同一般不采用正式文本的形式,而是通过办理运输委托书、托运单订舱单的形式来表现的。随着中国的"入世",在国际货代领域也将会步入一个崭新的发展时期。为了防止国际货代企业需承担法律责任的不合理扩大,有必要在国际货代企业与进出口货物收货人、发货人或其代理人签订的合同中,通过具体的约定,确定国际货代企业的法律地位,明晰国际货代企业在合同中实际的法律关系。

(1)法律:《中华人民共和国民法通则》《中华人民共和国合同法》《中华人民共和国海商法》。

(2)行政法规:《中华人民共和国国际海运条例》。

(3)部门规章:《中华人民共和国国际货物运输代理业管理规定》《中华人民共和国国际货物运输代理业管理规定实施细则(试行)》。

(4)国际公约:《国际货物销售代理公约》《国际货物销售合同成立的统一法公约》。对于代理人的权利与义务的条款,在中国国内法没有规定时,可以参考《国际货物销售代理公约》《国际货物销售合同成立的统一法公约》等国际公约的相关规定进行制作。

1. 国际货代合同的具体操作模式

针对目前大部分国际货代企业工作繁忙等现象,建议国际货代合同的具体操作模式为"基本代理合同+补充协议、数据电文"。首先,由国际货代企业与委托人签订基本委托合同,在该合同中约定国际货代企业的法律地位及其代理事务,委托人及国际货代企业的权利和义务,补充协议、数据电文的定义及其法律效力,争议解决等条款,作为日后业务操作中国际货代企业主张权利的基本依据。然后,由缔约各方之间日后达成合意的补充协议、数据电文等作为上述基本委托合同的补充法律文件,共同组成"基本委托合同+补充协议、数据电文"的合同模式。

2. 国际货代合同应包含的相关条款

1)国际货代企业的法律地位及其代理事务或独立经营事务条款

针对在发生纠纷后,如何确定国际货代企业的法律地位是解决当事人纠纷的关键难点的实际情况,国际货代企业应当正视"收取1%～3%的手续费,却要承担100%的风险"这个目前国际货代企业普遍存在的难题,在制作国际货代合同时,根据国际货代企业获得批准的业务经营范

围,在合同中明确约定其作为"进出口货物收货人、发货人的代理人",或者"作为独立经营人"的法律地位以及其法律责任的具体范围,从而为在纠纷出现后的争取合法权利奠定基础。另外,为了使缔约各方明确国际货代企业承担法律责任的范围,应当根据《中华人民共和国国际货物运输代理业管理规定》第十七条及《中华人民共和国国际货物运输代理业管理规定实施细则(试行)》第三十二条的规定,在国际货代合同中明确约定国际货代企业的代理事务内容或独立经营事务内容。同时,分别对国际货代企业承担法律责任的范围进行明确的约定,具体如下:

(1)揽货、订舱(个体户含租船、包机、包舱)、托运、仓储、包装。

(2)货物的监装、监卸、集装箱装拆箱、分拨、中转及相关的短途运输服务。

(3)报关、报检、报验、保险。

(4)缮制签发有关单证、缴付运费、结算及缴付杂费。

(5)国际展品、私人物品及过境货物运输代理。

(6)国际多式联运、集运(含集装箱拼箱)。

(7)国际快递(不含私人信函)。

(8)咨询及其他国际货运代理业务。

2)关于转委托条款

根据《合同法》第四百条的规定:"受托人应当亲自处理委托事务。经委托人同意,受托人可以转委托。转委托经同意的,委托人可以就委托事务直接指示转委托的第三人,受托人仅就第三人的选任及其对第三人的指示承担责任。"在国际货代业务中,为了提供令货主满意的服务,国际货代企业应当根据其依法获得的经营范围进行代理等活动,但出于经营成本等因素的考虑,往往需要国际货代企业将其受托事务进行转委托。因此,为了避免货主在出现纠纷后,不承认对国际货代企业进行转委托的口头许可,在制作国际货代合同时,应当书面明确约定:货主同意国际货代企业对一定范围内的具体业务进行转委托,并授权国际货代企业选任转委托人。

3)关于货代服务的收费条款

与货代服务有关的主要费用包括运费、包干费、佣金、货物索赔费、关税手续费、超期堆存费、银行手续费(代办费、速遣费等)。根据目前大多国际货代企业的收费做法,除佣金、手续费等代理业务收费形式外,还主要以运费、包干费等费用形式,依靠与实际费用之间存在的"剪刀差"形式,从船主以及货主两方获得利润。对于运费、包干费等费用形式,在审理案件中,难以摆脱被法院认定不包含代理费用的可能性,对于该问题,国际货代企业应当予以注意。也就是说,如果国际货代企业仅被认定作为"代理人",在合同被认定无效或者认定解除后,根据《合同法》的规定,履行返还义务时,由于包干费等的合同约定并非佣金或者业务代理费用,同时往往认定包干费中包含佣金或者代理费用也难以找到依据,因此经常出现只有货代企业为货主垫付的,应当由货主单独承担的费用被判决支持,其余运费、包干费不得不返还货主的情况。

由于货代市场混乱局面尚待进一步规范,在实际的业务操作中,难免存在一些不合法、不合理的收费形式。国际货代企业为了发展、壮大其自身的业务,应当恪守国家法律的规定,在合同以及实务操作中应用合法的收费方式。对于法律规定并不明确的,应当在基本委托合同中说明收费的原因以及计费方法,并在实际业务操作中切实贯彻合同的约定,尽量减少被错误解释为违法收费的可能性。

4)关于电子文件

《合同法》第十一条对数据电文的形式进行了明确的规定,包括电报、电传、传真、电子数据交换和电子邮件等可以有形地表现所载内容的形式。由于电子商务的发展,使用电子数据交换和电子邮件作为订立合同的书面形式的情况已经很普遍,但由于国内法律对电子证据并未作出特别规定,电子形式容易遭受篡改的特性,往往在诉讼中被抗辩电子文件不具有真实性、有效性以及已被提供方篡改等。由此,在制作国际货代合同时,建议增加确认电子文件的第三方认证效力的约定,或者确认经加密程序后的电子文件的有效性、真实性、未被篡改性等约定。

3.1.3 订舱

1. 订舱的含义

订舱(Booking)是指托运人(包括其货运代理人)在截单日前向承运人申请货物运输,承运人对该请求进行承诺的行为,是操作岗位最基本也是最为关键的环节。订舱单(Booking Note,Booking Forin,Booking Sheet,B/N)是国际货代企业向承运人订舱的单据。在国际贸易实践中,出口商通常会以 CIF 价格条件成交,所以订舱工作多数在装货港或货物运输地由出口商办理。此时,货运代理人可以直接和出口商联系,取得货物运输代理权。如果货物是以 FOB 价格成交的,则货物运输由进口商安排,此时订舱工作就可能在货物的卸货地或输入地由进口商办理,这就是所称的卸货地订舱(Home Booking)。此时,进口商的货运代理人通常会"指定"出口地有外资背景的大型国际货代公司代理装运港的运输代理业务。所以,卸货地订舱的货物在实践中也称为"指定货"。

2. 订舱的方式

(1)暂时订舱。暂时订舱是托运人或国际货代企业向承运人订舱时只是为了预订舱位而没有特定的货物要运载。在海运中,一般是在运输船舶到港这一段时间(如一个月)提出的订舱。采用暂时订舱的原因是担心舱位紧张。在许多国家,允许口头暂时订舱,危险品运输除外。

(2)确定订舱。确定订舱是委托人根据信用证或合同的要求和货物出运的时间,选择合适的船舶,在船期表或航空运输规定的截单日期之前,向承运人或其代理人以口头或书面形式提出的订舱。就海运来说,国际货代企业应该提交以下确切信息:订舱船名、接货地点、装货港、卸货港、交货地点、揽货代理名称、货名、数量、包装、重量、接货方式、交货方式、所需空箱数、装箱地点等。国际货代企业向船公司确定订舱一般是在截单日前几天,因为船公司到那个时候才放舱。

确定订舱主要有以下两种方式:

①在线订舱。在线订舱也称电子订舱(E-booking),它可以提供给客户一个交易平台,通过电子数据交换(EDI)或互联网等把客户询价和服务供应商的报价在网上进行对碰,使双方达成交易。

②离线订舱。离线订舱主要是通过电话、传真或者 E-mail 等途径实现的。网上离线订舱可以使用离线订舱软件来进行,然后发电子邮件给承运人完成订舱工作。订舱可以通过电子订舱系统来进行:登录承运人网站后,查找"定舱管理栏目",进入后按提示操作即可。

3. 订舱程序

(1)审单。操作部收到业务部转交的流程卡和客户托运单后,审核是否一致,如起运港、目的港、柜型、截关日、品名、价格、毛重、体积是否合理;运费是到付或预付。若两者一致即可以

向船公司订舱。

（2）订舱。备齐以下资料后可订舱：起运港、目的港（具体港口或堆场）、货量、船公司、截关日、货物品名、PP（预付）或 CC（到付）的价格。否则，需与客联系后再订舱。

（3）放舱。承运人在订舱单上确认订舱，随后国际货代企业可以向船公司取得装货单后，先审核资料与订舱信息是否一致，确认无误后准备下一步的有关工作。

实战演练

根据下列信息填写海运出口托运单。

(1)BUYER：ATAKA KENZAI CO. LID

4－4,3－CHOME,NIHOBASHI MUROMACHI

CHUO－KU TOKYO,JAPAN

(2)SELLER：JILIN CITY JIDONG WOOD INDUSTRY CO,. LIT.

(3)Issuing bank：UFJ BANK LIMITED TOLYO

(4)Amount of L/C：USD14650. 00

(5)L/C No：41－6530165－233

(6) Date of L/C：2014－03－12

(7)Description of Goods：ABOUT 30 m³ OF ALAMATSU FINGER JOINT AND LAMINATED BOARD AS PER CIF TOLYO,JAPAN

(8)Port of loading：DALIAN,CHINA

(9)Port of discharge：TOKYO,JAPAN

(10)Shipping mark：N/M

(11)Quantity and U/price：25. 2 m³ USD580/ m³；5. 04 m³ USD600/ m³

(12)Packing：In 12PALLETS

G. W15000KGS

N. W4550KGS

MEASUREMENT 30. 24 m³

(13)Invoice No. :2B0803021115

(14)Contract No. ：IMP－63339

(15)Insurance：FOR 110 PCT FO INVIOCE VALUE INCLUDING

INSTITUTE CARGO CLAUSES(ALL RISKS)

CLAIMS TOBE PAYABLE IN JAPAN IN THE CURRENCY OF THE DRAFTS

(16)Requirement for documents：

CLEAN ON BOARD OCEAN B/L MADE OUT TO ORDER OF ATAKA

KENZAI CO. ,LTD. MARKED FEIGHT

PERPAID,NOTFY APPLICANT

IMP－62229 TO BE STATED ON B/L

(17)Latest date of shipment：2013－05－16

(18)More or less：Total quantity and amount ＋/－10 allowed

(19)Partial shipment and transshipment：ALLOWED

(20)Payment：DRAFTS AT SIGHT FOR 100 PCT OF INVIOCE VALUE

海运出口托运单
SHIPPING LETTER OF INSTRUCTION

托运人＿＿＿＿＿＿＿＿＿＿＿＿＿
Shipper

编号：＿＿＿＿＿＿＿＿＿＿＿＿船名＿＿＿＿＿＿
No.   S/S

目的港＿＿＿＿＿＿＿＿
For

标记及号码 Marks & Nos.	件数 Quantify	货名 Description of goods	重量(千克) Weight Kilos	
			净 Net	毛 Gross
			运费付款方式 Method of Freight Payment	
共计件数(大写) Total Number of Packages in Writing				
运费计算 Freight			尺码 Measurement	
备注 Remarks				
抬头 Order of	可否转船 Whether transshipment allowed		可否分批 Whether partial shipment allowed	
通知 Notice	装期 Period of shipment		效期 Period of validity	提单张数 NO. of B/L
	金额 Monetary			
收货人 Receiver	银行编号 Bank NO.		信用证号 L/C NO.	

子任务 3.2　缮制货运单证

任务引领

本任务将引领学生学习缮制杂货班轮运输所需的货运单证。

在班轮运输中,办理货物托运、装船、卸货、交付货物的整个运输过程,都需要编制各种单证。这些单证是托运人、收货人与船方之间办理货物交换的的证明,也是货方、港方、船方联系工作及划分责任的依据。

3.2.1　装船单证

(1)托运单(Boohng Note,B/N):又称订舱单,是由托运人根据买卖合同和信用证条款的内容向承运人或其装货港代理办理货物运输的书面凭证。经承运人或其代理对该单证的签章确认,即视为已接受托运,承运人与托运人之间对货物运输的相互关系即告建立。实务中,托运人或其代理人与船公司或其代理人约定所需的舱位后,以书面的形式向船公司或其代理人提交详细记载有关货物情况及对运输要求等内容的托运单,船公司或其代理接受承运后,便在托运单上编号并指定装运的船名,将托运单留下副本退还托运人备查。托运单的主要内容包括:托运人名称,收货人名称,货物的名称、重量、尺码、件数、包装式样、标志及号码,目的港,装船期限,信用证有效期,能否分批装运,对运输的要求及对签发提单的要求等。

(2)装货单(Shipping Order,S/O):又称下货纸,是由托运人按照托运单的内容填制,交船公司或其代理人审核并签章后,据以要求船长将货物装船的承运凭证。装货单是国际航运中通用的单证,在我国通用的多数是由三联组成,称为"装货联单",主要是托运单、装货单和收货单。第一联是托运单留底,用于缮制其他货运单证;第二联是装货单,作用如上所述;第三联是收货单,是船方接受货物装船后由大副签发给托运人的收据。除这三联外,根据业务需要,还可增加若干份副本(Copy),如增加两联副本供计算运费和向付费人收取运费时作通知用。装货单上除应记载托运人名称、编号、船名、目的港及货物的详细情况等与托运单相同的内容外,还有在货物装船后由理货人员填写的货物装船的日期、装舱位置、实装货物数量及理货人员的签名等项内容。装货单的流转程序是:船公司或其代理接受货物托运后,将确定的载运船舶的船名及编号填入托运单,然后将装货联单发给托运人填写,填写完毕后交回船公司的代理人。经代理人审核无误后签章留下留底联,将装货单(第二联)和收货单(第三联)交给托运人前往海关办理出口货物报关手续,经海关查验后,在装货单上加盖海关放行章,表示该票货物已允许装船出口,便可凭此要求船长将货物装船承运。经船公司或其代理和海关签章的装货单,既是托运人办妥货物托运和出口手续的证明,又是船公司下达给船长接受货物装船承运的命令。货物装船时,托运人或其代理人必须向船长或大副提交这一单证。同时,船方还要详细核对实际装船货物的情况是否与装货单上记载的内容一致。如果需要修改装货单上所记载的内容,应及时编制更正单分送有关单位作修改;如果整票货物退关,除发更正单外,还要收回原装货单并注销。签发装货单后,船方、货方、港方等方面都需要有一段时间来进行编制装货清单、积载计划、办理货物报关、查验放行、货物集中等装船的准备工作。因此,对每一航次在装货开始前一定时间应截止签发装货单。若在截止签发装货单日之后,再次签发装货单,则称之为"加载"。通常,只要还没有最后编妥积载计划,或积载计划虽已编妥,但船舶的舱位尚有剩余,并且不影响原积载计划的执行时,船方都会设法安排"加载"。当每一票货全部装上船后,现场理货人员即核对理货计数单的数字,在装货单上签注实装数量、装舱位置、装船日期并签名,再由理货长审查和签名,证明该票货物如数装船无误,然后连同收货单一起送交船上大副,大副审核属实后在收货单上签字,下装货单,将经大副签字的收货单退给理货长转交给托运人或其代理人。

(3)收货单:是指某一票货物装上船后,由船上大副签署给托运人的作为证明船方已收到该票货物并已装上船的凭证。所以,收货单又称"大副收据"。托运人取得大副签署的收货单后,即可凭此向船公司或其代理人换取正本已装船提单。

收货单是装货联单的第三联,其格式内容除增加大副签署一栏外,其余与装货单完全一样。为便于识别,常用淡红色或淡蓝色制成,并在左侧纵向增加一较宽的线条。

大副在签署收货单时,应认真检查货物的实际情况与装货单的记载是否相符:如果货物外表状况不良,标志不清,货物有水渍、油渍或污渍等情况,或数量短缺,货物损坏时,大副就会将这些情况记载在收货单上。这种在收货单上记载有关货物外表状况不良或有缺陷的情况称为"批注",习惯上称为"大副批注"。有大副批注的收货单称为"不清洁收货单"(foul receipt);无大副批注的收货单则为"清洁收货单(clean recipt)。收货单是划分承运人、托运人双方责任的重要依据,也是据以换取已装船提单的凭证。

(4)提单(bill of lading,B/L):是船公司或其代理人签发给托运人,证明货物已经装上船舶并保证在目的港凭此交付货物,是可以转让的单证。提单在班轮运输中是一份非常重要的单证,既有规定船公司作为承运人的权利、义务、责任和免责的运输合同的作用,又是承运人收到货物的凭据,也是提单持有人转让货物所有权或凭以提取货物的物权凭证。托运人将货物交付装船后,大副经查验核对无误,即在收货单上签字确认,然后将收货单退回给托运人。托运人即可凭大副签字确认的收货单到船公司或其代理人处换取经船公司或其代理人签字的一份或数份正本已装船提单。托运人取得正本已装船提单后,即可持提单及其他有关单证到银行办理结汇,取得货款。

(5)装货清单:是指船公司或其代理人根据装货单留底联,将全船待装货物按目的港和货物性质归类,依航次靠港顺序排列编制的装货单的汇总单。装货清单是船舶大副编制船舶积载图的主要依据;也是现场理货人员进行理货、港方安排驳运、进出库场,以及掌握托运人备货及货物集中等情况的业务单据。

装货清单的内容包括:装货单号码、货名、件数及包装、毛重、估计立方米,以及特种货物对运输的要求或注意事项的说明等。

(6)载货清单:又称舱单,是在货物装船完毕后,根据大副收据或提单编制的一份按卸货港顺序逐票列明全船实际载运货物的汇总清单。其内容除应逐票列明货物的详细情况外(包括提单号、标志和号数、货名、件数及包装、重量、尺码),还应列明货物的装货港和卸货港。在单据的上方还记有装运船舶的船名及船长名、开船日期等内容。

载货清单是国际航运实务中一份非常重要的通用单证。船舶办理进出口报关手续时,必须提交载货清单。载货清单是海关对载货船舶进出国境进行监督管理的单证,若船载货物在载货清单上没有列明,海关有权依据海关法进行处理。载货清单还是港方及理货机构安排卸货的单证之一。在我国,载货清单是出口企业向海关申办货物出口退税手续的一个重要单证。

如果在载货清单上增加运费项目,包括运费吨、运费率、预付或到付运费额等项内容,则可制成载货运费清单(freigllt manifest,F/M)。很多国家的港口为了简化制单工作,常将"载货清单"和"载货运费清单"两单合并使用。作为载货清单使用时,不填单上有关运费计收的栏目;作为运费清单使用时,再将有关运费计收的栏目填入具体内容。

(7)货物积载图:是以图示的形式来表示货物在船舱内的装载情况,使每一票货物都形象具体地显示其在船舶内的位置。货物积载图可分为计划积载图和实际积载图。计划积载图是指在货物装船以前由大副根据船公司或其代理人送来的装货清单上记载的货物资料编制的积载图,又称货物积载计划。供港口和装卸公司、理货人员等有关方按计划要求安排装船作业。在实际装船过程中,由于各种客观原因无法完全依照计划装载,使货物实际在舱内的积载位置与原定计划不一致。所以,当每一票货物装船后,理货长都应重新标出货物在舱内的实际装载位置,并注明卸货港名,以及装货单号、货名及数量,最后再重新绘制一份货物在舱内的"实际积载图"。在装船过程中对原积载计划作出的改变,原则上必须征得船长或大副的同意方可实施,理货长及其他人员无权随意更改原积载计划。

(8)危险货物清单(dangerous cargo list):是专门列出船舶所载运全部危险货物的汇总清单。其记载的内容除装货清单、载货清单所应记载的内容外,特别增加了危险货物的性能和装船位置两项。为确保船舶、货物、港口及装卸、运输的安全,包括我国港口在内的国际上很多国家的港口都专门作出规定,凡船舶载运危险货物都必须另外再单独编制危险货物清单。该单常用具有警示性的颜色并附加特别标志制成,以便于识别。按照港口规定,凡船舶装运危险货物时,船方应向有关部门(海事局)申请派人员监督装卸。装船完毕后,由监装部门签发给船方一份"危险货物安全装载证书"。这是船舶载运危险货物必备的单证之一。此外,有些港口对装卸危险货物的地点、泊位,甚至每一航次载运危险品的数量,以及对危险货物的包装、标志等都有专门规定。因此,船公司和货主事先应对各国有关装运危险货物的规定有所了解,避免发生不必要的麻烦。

3.2.2　卸货单证

在不同国家和港口,用以证明卸货时所交接货物实际情况的单证名称有所不同,在国外称为"过驳清单""卸货报告"等。在我国,按照货物残损和溢短情况分别编制货物残损单和货物溢短单。就单证的编制方法而言,它们都是理货人员根据理货记录或日报汇总编制并经大副或船长签字确认的。内容上都包括能如实反映卸货过程及所卸货物实际状况的栏目。

(1)货物残损单(damage cargo list):是指卸货完毕后,理货员根据卸货过程中发现的货物破损、水湿、水渍、渗漏、霉烂、生锈、弯曲变形等情况记录编制而成的、证明货物残损情况的单据。货物残损单必须经船方签字确认。

(2)货物溢短单(overlande/shortlanded cargo list):是指卸下每票货物的数量与载货清单上记载的数量不符,发生溢卸或短卸的证明单据。货物溢短单由理货员编制,并且必须经船方和收货人、仓库管理员共同签字确认。

货物残损单和溢短单通常是收货人向船公司提出损害赔偿要求的证明材料,也是船公司处理收货人索赔要求的原始资料和依据。船方在签字时应认真核对。在各方对单证记载内容意见不一致,协商又不成功时,船方也可以在单证上做适当的保留批注,货主在获取单据时,应仔细检查船方的签字。

（3）提货单又称小提单，是收货人向或其代理人据此向现场（码头、仓库或船边）提取货物的凭证。提货单的性质与提单完全不同，它只不过是船公司或其代理人指令码头仓库或装卸公司向收货人交付货物的凭证而已，不具有流通和其他作用。一般在提货单上都记有"禁止流通（no negotiable）"字样。收货人或其代理人提取货物是以正本提单为交换条件的。所以，船公司在卸货港的代理人在签发提货单时，首先要认真核对所交提单和其他装船单证的内容是否相符，然后才详细地将船名、货物名称、件数、重量、包装标志、提单号、收货人名称等填入提货单上，并由船公司的代理人签字交给收货人或其代理人，收货人或其代理人先办理货物进口报关手续，然后持提货单到现场提货。

3.2.3 缮制提单

提单（B/L）是货物的承运人或其代理人收到货物后，签发给托运人的一种证件。提单说明了货物运输有关当事人，如承运人、托运人和收货人之间的权利与义务。提单的合法持有人就是货物的主人，因此提单是各项货运单中最重要的单据。

随着世界经济的发展，国际海上货物运输中所遇到的海运提单（ocean B/L）种类也越来越多。通常使用的提单为全式提单（或称为繁式提单），即提单上详细列有承运人和提单关系人之间权利、义务等条款的提单。此外，还有简式提单（short form B/L），即提单上印有"Short form"字样，而背面没有印刷有关承运人与提单关系人权利、义务条款，或者背面简单列有注明以承运人全式提单所列条款为准的提单。有时信用证会明确规定不接受简式提单。在此介绍实践中经常会遇到的一些提单基本种类和特殊情况。

1. 提单的分类

1）按货物是否已装船为标准分类

（1）已装船提单（shipped B/L）。已装船提单，是指整票货物全部装船后，应托运人要求、由承运人或其代理人签发的货物已经装船的提单。该提单上除了载明其他通常事项外，还须注明装运船舶名称和货物实际装船完毕的日期。

（2）收货待运提单（receited for shipment B/L）。收货待运提单简称待装提单或待运提单，是指承运人虽已收到货物但尚未装船，应托运人要求而向其签发的提单。由于待运提单上没有明确的装船日期，而且又不注明装运船的船名，因此在跟单信用证的支付方式下，银行一般都不接受这种提单。当货物装船后，承运人在待运提单上加注装运船舶的船名和装船日期，就可以使待运提单成为已装船提单。

2）按提单收货人一栏的记载为标准分类

（1）记名提单（straight B/L）。记名提单是指在提单"收货人"一栏内具体填上特定的收货人名称的提单。记名提单只能由提单上所指定的收货人提取货物，并不得转让。记名提单可以避免因转让而带来的风险，但也失去了其代表货物可转让流通的便利。银行一般不愿意接受记名提单作为议付的单证。

（2）不记名提单（open B/L；blank B/L；bearer B/L）。不记名提单是指在提单"收货人"一栏内记明应向提单持有人交付货物（to the bearer 或 to the holder）或在提单"收货人"一栏内不填写任何内容（空白）的提单。不记名提单无须背书即可转让。也就是说，不记名提单由出让人将提单交付给受让人即可转让，谁持有提单，谁就有权提货。

（3）指示提单（order B/L）指示提单是指在提单"收货人"一栏内只填写"凭指示"（to order）或"凭某人指示"（to the order of ×××）字样的提单。指示提单经过记名背书或空白背

书转让。指示提单除由出让人将提单交付给受让人外,还应背书,这样提单才得到了转让。如果提单的收货人一栏只填写"to order",则称为托运人指示提单。记载"to the order of the shipper"与记载"to order"是一样的托运人指示提单。在托运人未指定收货人或受让人以前,货物仍属于托运人。如果提单的收货人一栏填写了"to the order of ×××",则称为记名指示提单。这种情况下,由记名的指示人指定收货人或受让人。记名的指示人("×× * ")可以是银行,也可以是贸易商等。

3)按对货物外表状况有无批注为标准分类

(1)清洁提单(clean B/L)。清洁提单是指没有任何有关货物残损,包装不良或其他有碍于结汇的批注的提单。事实上提单正面已印有"外表状况明显良好"(in apparent good order and condition)的词句,若承运人或其代理人在签发提单时未加任何相反的批注,则表明承运人确认货物装船时外表状况良好的这一事实,承运人必须在目的港将接受装船时外表状况良好的同样货物交付给收货人。在正常情况下,向银行办理结汇时,都应提交清洁提单。

(2)不清洁提单(unclean B/L or fouI B/L)。不清洁提单指承运人在提单上加注有货物及包装状况不良或存在缺陷,如水湿、油渍、污损、锈蚀等批注的提单。承运人通过批注,声明货物是在外表状况不良的情况下装船的,在目的港交付货物时,若发现货物损坏可归因于这些批注的范围,从而减轻或免除自己的赔偿责任。在正常情况下,银行将拒绝以不清洁提单办理结汇。实践中,当货物及包装状况不良或存在缺陷时,托运人会出具保函,并要求承运人签发清洁提单,以便能顺利结汇。由于这种做法掩盖了提单签发时的真实情况,因此承运人将要承担由此而产生的风险责任。承运人凭保函签发清洁提单的风险有:

①承运人不能以保函对抗善意的第三方,因此承运人要赔偿收货人的损失,然后承运人根据保函向托运人追偿赔款。

②如果保函具有欺骗性质,则保函在承运人与托运人之间也属无效,承运人将独自承担责任,不能向托运人追偿赔款。

③承运人接受了具有欺骗性质的保函后,不但要承担赔偿责任,而且还会丧失责任限制的权利。

④虽然承运人通常会向"保赔协会"投保货物运输责任险,但如果货损早在承运人接受货物以前就已经发生,则"保赔协会"是不负责的,责任只能由承运人自负。

⑤如果承运人是在善意的情况下接受了保函,该保函也仅对托运人有效。但是,托运人经常会抗辩:货物的损坏并不是包装表面缺陷所致,而是承运人在运输过程中没有履行其应当适当、谨慎地保管和照料货物的义务所致。因此,承运人要向托运人追偿也是很困难的。当然,实践中承运人接受保函的情况还是时有发生的,这主要是因为当事人根据商业信誉,会履行自己的保证所致。

4)按不同的运输过程划分

(1)直达提单。直达提单是指由承运人签发的,货物从装货港装船后,中途不经过转船而直接运抵卸货港的提单。

(2)转船提单。转船提单是指在装货港装货的船舶不直接驶达货物的目的港,而要在中途港换装其他船舶运抵目的港,由承运人为这种货物运输所签发的提单。**转船提单记载有货物运输需要转船的事项。**

(3)多式联运提单(combined transport B/L;intermodal transport B/L;multimodal transport B/L；through B/L）。多式联运提单是指货物由水运、铁路、公路和航空等两种以上不同运输工具共同完成全程运输时所签发的提单，这种提单主要用于集装箱运输。多式联运提单一般由承担海运区段运输的船公司签发。

5）按提单签发人不同为标准分类

按照提单签发人不同为标准，提单可分为班轮公司所签发的提单和无船承运人所签发的提单。

（1）班轮提单。班轮提单是指在班轮运输中，由班轮公司或其代理人所签发的提单。在集装箱班轮运输中，班轮公司通常为整箱货签发提单。

（2）无船承运人提单。无船承运人提单是指由无船承运人或其代理人所签发的提单。在集装箱班轮运输中，无船承运人通常为拼箱货签发提单，因为拼箱货是在集装箱货运站内装箱和拆箱，而货运站又大多有仓库，所以有人称其为仓/仓提单（house B/L）。当然，无船承运人也可以为整箱货签发提单。

6）特殊情况的分类

这类提单是指在特殊情况下，可能是不符合法律规定或者对货运业务有一定影响时所使用的提单。这类提单也有多种情况。

按签发提单时间为标准分类：

（1）预借提单（advanced B/L）。预借提单是指由于信用证规定的装运期或交单结汇期已到，而货物尚未装船或货物尚未装船完毕时，应托运人要求而由承运人或其代理人提前签发的已装船提单，即托运人为能及时结汇而从承运人处借用的已装船提单。当托运人未能及时备妥货物，或者船期延误使船舶不能如期到港，托运人估计货物装船完毕的时间可能要超过信用证规定的装运期甚至结汇期时，就可能采取从承运人那里借出提单用以结汇的办法。但是，承运人签发预借提单要冒极大风险，因为这种做法掩盖了提单签发时的真实情况。许多国家法律的规定和判例表明，一旦货物引起损坏，承运人不但要负责赔偿，而且还要丧失享受责任限制和援用免责条款的权利。

（2）倒签提单（anti-date B/L）。倒签提单是指在货物装船完毕后，应托运人的要求，由承运人或其代理人签发的提单。但是该提单上记载的签发日期早于货物实际装船完毕的日期，即托运人从承运人处得到的以早于货物实际装船完毕的日期作为提单签发日期的提单。由于倒填日期签发提单，所以称为"倒签提单"。由于货物实际装船完毕的日期迟于信用证规定的装运日期，若仍按实际装船日期签发提单，肯定影响结汇，为了使签发提单日期与信用证规定的装运日期相吻合，以便结汇，托运人就可能要求承运人仍按信用证规定的装运日期"倒填日期"签发提单。承运人倒签提单的做法同样掩盖了真实的情况，因此也要承担由此而产生的风险责任。

（3）顺签提单（post date B/L）。顺签提单是指在货物装船完毕后，承运人或其代理人应托运人的要求而签发的提单，但是该提单上记载的签发日期晚于货物实际装船完毕的日期，即托运人从承运人处得到的以晚于该票货物实际装船完毕的日期作为提单签发日期的提单。由于顺填日期签发提单，所以称为"顺签提单"。由于货物实际装船完毕的日期早于有关合同中装运期限的规定，如果按货物实际装船日期签发提单将影响合同的履行，所以托运人就可能要求承运人按有关合同装运期限的规定"顺填日期"签发提单。承运人顺签提单的做法也掩盖了真实的情况，因此也要承担由此而产生的风险责任。

7）其他特殊提单

（1）舱面货提单。舱面货提单是指将货物积载于船舶露天甲板，并在提单上记载"on deck"字样的提单，也称甲板货提单。积载在船舱内的货物（under deck cargo）比积载于舱面的货物所可能遇到风险要小，所以承运人不得随意将货物积载于舱面运输。但是，按商业习惯允许装于舱面的货物、法律规定应装于舱面的货物、承运人与托运人协商同意装于舱面的货物可以装于舱面运输。另外，由于集装箱运输的特殊性，通常有三分之一以上的货物要装于甲板，所以不论集装箱是否装于舱面，提单上一般都不记载"on deck"或"under deck"，商业上的这种做法已为有关各方当事人所接受。

（2）并提单。并提单是指应托运人要求，承运人将同一船舶装运的相同港口、相同货主的两票或两票以上货物和并而签发的一套提单。托运人为节省运费，会要求承运人将属于最低运费提单的货物与其他提单的货物合在一起只签发一套提单，即将不同装货单号下的货物合起来签发相同提单号的一套提单。

（3）分提单。分提单是指应托运人要求，承运人将属于同一装货单号下的货物分开，并分别签发的提单（多套提单）。托运人为满足商业上的需要，会要求承运人为同一票多件货物分别签发提单，如有三件货物时，分别为每一件货物签发提单，这样就会签发三套提单，即将相同装货单号下的货物分开签发不同提单号的提单。

（4）交换提单。交换提单是指在直达运输的条件下，应托运人要求，承运人同意在约定的中途港凭起运港签发的提单换发以该中途港为起运港的提单，并记载有"在中途港收回本提单，另换发以中途港为起运港的提单"或"switch B/L"字样的提单。由于商业上的原因，为满足有关装货港的要求，托运人会要求承运人签发这种提单。签发交换提单的货物在中途港不换装其他船舶，而是由承运人收回原来签发的提单，再另签一套以该中途港为起运港的提单，承运人凭后者交付货物。

（5）交接提单。交接提单是指由于货物转船或联运或其他原因，在不同承运人之间签发的不可转让、不是"物权凭证"的单证。交接提单只是具有货物收据和备忘录的作用。有时由于一票货物运输会由不同的承运人来运输或承运，为了便于管理，更是为了明确不同承运人之间的责任，就需要制作交接提单。

（6）过期提单。过期提单是指由于出口商在取得提单后未能及时到银行议付的提单。因不及时而过期，形成过期提单，也称滞期提单。在信用证支付方式下，根据《跟单信用证统一惯例》的规定，如信用证没有规定交单的特定期限，则要求出口商在货物装船日起 21 天内到银行交单议付，也不得晚于信用证的有效期限。超过这一期限，银行将不予接受。过期提单是商业习惯的一种提单，但它在运输合同下并不是无效提单，提单持有人仍可凭其要求承运人交付货物。

2. 提单记载的内容

国际公约和各国国内立法均对提单需要记载的内容作了规定，以保证提单的效力。根据《中华人民共和国海商法》第七十三条的规定，提单内容包括下列事项：

（1）货物的品名、标志、包数或者件数、重量或者体积，以及运输危险货物时对危险性质的说明。

（2）承运人的名称和主营业所。

（3）船舶名称。

(4)托运人的名称。

(5)收货人的名称。

(6)装货港和在装货港接收货物的日期。

(7)卸货港。

(8)多式联运提单增列接收货物地点和交付货物地点。

(9)提单的签发日期、地点和份数。

(10)运费的支付。

(11)承运人或者其代表的签字。

提单缺少上述一项或几项并不影响提单的性质;但是,提单应当符合《中华人民共和国海商法》第七十一条的规定。实践中,为了满足业务上的需要,提单正面记载的内容还会增加一些项目:

(1)船名。若是已装船提单,须注明船名;若是收货待运提单,待货物实际装船完毕后记载船名。该项记载的意义在于万一发生货损货差或其他合同纠纷,法院因收货人的申请采取诉前保全或诉讼保全措施时,有确定的客体。

(2)承运人名称。承运人是运输合同的一方当事人,在提单中记载其名称,以便收货人明白谁是合同中的承运人。当然,一般提单上已印有船东的名称和公司地址,但还有些提单上看不出谁是承运人,即使在提单签字栏目中也只能看到代理人的签名。在诉讼中,这样的提单将给法院的审理造成诸多不便,对收货人或其保险人也不利。所以,提单记明承运人名称实属必要。

(3)托运人名称。托运人是运输合同的另一方当事人,这项记载的必要性更是不言而喻。正如以上所述,提单作为一种物权证书,如果是托运人指示提单,则提单必须由托运人背书后方可转让。

(4)收货人名称。收货人自取得提单之时起,便成了提单的关系人。有关收货人名称的记载方法因不同需要而有所不同,如记名提单直接载明收货人名称;指示提单只载明指示人名称,也可只记"指示"字样,即由托运人指示。

(5)通知人名称。几乎所有的提单上都有通知人名称这一项,但在记名提单上就没有必要再填上通知人名称了,因为记名提单上已经写明了具体收货人的名称。但在指示指单上,因没有写明具体收货人名称,这样,船公司在卸港的代理人无法与收货人联系,以及时办理报关、提货手续,托运人往往在通知人栏目中写明通知人的名称、地址或公司名称。通知人一般为预定的收货人或收货人委托的代理人。

(6)装货港、卸货港和转运港。从法律的角度来看,这些记载有利于确定法院的管辖权和确定解决争议的准据法,同时还明确了港口,如在哪个港口卸货等。

(7)货物名称标志、包装、件数、重量和体积等。以上记载事项一般都由托运人提供,应该说这些有关货物的说明是提单内容中比较重要的部分。因为在大多数情况下,提单受让人不可能通过亲自检验的方法来判断货物的数量和质量,而只能根据提单中对货物的说明支付货款。所以,为了维护提单的信用和效力,一方面托运人必须保证其所提供的货物与提单上的记载相吻合,不得有误述和虚报;另一方面承运人应将货物的实际状况与提单上的记载进行仔细核对,若发现有不符之处,应在提单上批注。

(8)运费的支付。运费是由货主对安全运送和交付货物向承运人支付的酬劳,也是运输合

同成立的对价条件。因此,有关运费由谁支付、何时支付,都应在提单上注明。若货主拒绝支付运费和其他有关的费用,根据提单条款规定,承运人对货物享有留置权。

(9)提单的签发日期、地点和份数。提单的签发日期应该是提单上所列货物实际装船完毕的日期,也应该与收货单上大副所签的日期是一致的。若违反这一原则,无论是提前或推迟,都将产生外贸合同中买卖双方、运输合同中承运人与货方的法律责任问题,这样不仅会导致贸易合同撤销的责任方的赔偿,而且可能会追究承运人签发倒签提单或预借提单的法律责任。提单签发的地点原则上应是装货地点,一般是在装货港或货物集中地签发。

提单签发的份数,按航运惯例通常是正本提单一式两至三份。每份具有同等效力,收货人凭其中一份提取货物后,其他各份自动失去其效力。但副本提单的份数可视托运人的需要而定。不过,副本提单不能作为物权凭证或背书转让,只能供有关作业的参考。

(10)承运人或载货船船长,或由其授权的人签字或盖章。提单必须经过签署手续后才能生效。有权签署提单的有承运人或载货船船长,或经授权的代理人。

当今国际航运中,尤其是班轮货物运输中,大多由船公司的代理人签发提单,但代理人必须经由船公司授权方能行使提单签发权,经授权的代理人签署提单与承运人签署提单一样有效。如果签发多式联运提单,则还应有接收货物的地点和交付货物的地点(Place of Receipt,Place of Delivery),但此时可能就不再记载船舶的名称。另外,无船承运人提单中还会有供填写无船承运人在目的地的分支机构或者其代理人的地址、电话等内容,以便该提单的持有人联系提货。

当然,提单还会有提单的编号(提单号,B/L No.)等内容。

3. 提单的签发

1)提单的签发人与签署

提单必须经签署才产生效力。有权签发提单的人包括承运人本人、载货船船长或经承运人授权的代理人。承运人与托运人订立海上货物运输合同,他是合同的当事人,当然有权签发提单。各国法律都承认载货船船长是承运人的代理人,因此,签发提单属于船长的一般职权范围之内的事,而不必经过承运人的特别授权。代理人签发提单必须经承运人特别授权,否则代理人是无权代签提单的。

承运人(ABC)本人签发提单显示:ABC AS CARRIER。代理人(XYZ)代签提单显示:XYZ AS AGENT FOR ABC AS CARRIER。载货船船长(OPQ)签发提单显示:CAPTAIN OPQ AS MASTER。提单签署的方法除了有传统的手签,只要没有特殊的规定,如信用证不规定必须手签提单,则就可以采用印摹、打孔、盖章、符合或如不违反提单签发地所在国国家的法律,用任何其他机械的或电子的方法。

2)提单记载内容

提单所记载的内容是否正确无误,不但关系到承运人的经济利益,而且还影响到承运人的信誉。为了使所签发的提单字迹清晰、整洁、内容完整、不错不漏,就要求提单的签发人在签发提单前,必须对提单所记载的,包括提单的各个关系人的名称、货物的名称、包装、标志、数量和外表状况等项内容的必要记载事项进行认真仔细的核对、审查,使不正确的内容能得到及时纠正。由于货物的原始收据是杂货运输中的收货单或集装箱运输中的场站收据,所以提单的签发应以收货单或场站收据为依据。

3）提单的份数和签发日期

提单有正本提单和副本提单之分，通常所说的提单都是指正本提单。副本提单只用于日常业务，不具有法律效力。为了防止提单遗失、被窃或在转递过程中发生意外事故造成灭失，各国海商法和航运习惯都允许为一票货物签发一套多份正本提单。签发正本提单的份数应分别记载于所签发的各份正本提单上。在提单上注明为一票货物所签发的正本提单份数，可以使提单的合法受让人了解全套正本提单的份数，防止提单流失在外而引起的纠纷，保护提单受让人的利益；也可以使接受提单结汇的银行（或者使在变更卸货港交付货物的承运人的代理人）了解用以办理结汇或者提取货物的提单是否齐全。

提单上记载的提单签发日期应是提单上所列货物实际装船完毕的日期。集装箱班轮运输中，为了给承运人签发提单提供方便，实践中大多以船舶开航之日作为提单签发日期。但是，应该注意的是，船舶开航之日并不一定是 on board date。

4. 提单的更正

1）提单的更改

提单的更正要尽可能赶在载货船舶开航之前办理，以减少因此而产生的费用和手续。在实际业务中，提单可能是在托运人办妥托运手续后，货物装船前，在缮制有关货运单证的同时缮制的。在货物装船后，这种事先缮制的提单可能与实际装载情况不符而需要更正或者重新缮制。此外，货物装船后，也可能因托运货物时申报材料有误，或者信用证要求的条件有所变化，或者其他原因，而由托运人提出更正提单内容的要求。在这种情况下，承运人通常都会同意托运人提出的更正提单内容的合理要求，重新缮制提单。如果货物已经装船，而且已经签署了提单后托运人才提出更正的要求，承运人就要考虑各方面的关系后，才能决定是否同意更改。如果更改的内容不涉及主要问题时，在不妨碍其他提单利害关系人利益的前提下，承运人就会同意更改。但是，如果更改的内容会涉及其他提单利害关系人的利益，或者影响承运人的交货条件，则承运人会要征得有关方的同意，才能更改并收回原来所签发的提单。因更改提单内容而引起的损失和费用，都应由提出更改要求的托运人负担。

2）提单的补发

如果提单签发后遗失，托运人提出补发提单，承运人会根据不同情况进行处理。一般是要求提供担保或者保证金，而且还要依照一定的法定程序将提单声明作废。《中华人民共和国海事诉讼特别程序法》第一百条规定："提单等提货凭证持有人，因提货凭证失控或者灭失，可以向货物所在地海事法院申请公示催告。"

3）提单的背书

提单是"物权凭证"，不论是记名提单、不记名提单，还是指示提单，在凭提单提货或者换取提货单时，收货人都应在提单上记载提货的意思表示。通常是由收货人在提单的背面盖章、签字。关于提单转让的规定为：记名提单，不得转让；不记名提单，无须背书即可转让；指示提单，经过记名背书或者空白背书转让。所以，背书与转让是不相同的。通常所说的"背书"是指"指示提单"在转让时所需要进行的背书。背书是指转让人（背书人）在提单的背面写明或者不写明受让人，并签名的手续。实践中，背书有记名背书、指示背书和不记名背书等几种方式。

（1）记名背书。记名背书，也称完全背书，是指背书人在提单背面写明被背书人（受让人）的名称，并由背书人签名的背书形式。经过记名背书的指示提单将成为记名提单性质的指示提单。

（2）不记名背书。不记名背书，也称空白背书，是指背书人在提单背面由自己签名，但不记载任何受让人的背书形式。经过不记名背书的指示提单将成为不记名提单性质的指示提单。

（3）指示背书。指示背书是指背书人在提单背面写明"凭'×××'指示"的字样，同时由背书人签名的背书形式。经过指示背书的指示提单还可以继续进行背书，但背书必须连续。

4）提单的缴还和交货

（1）提单交货。收货人提货时必须以提单为凭，而承运人交付货物时则必须收回提单并在提单上做作废的批注。这是公认的国际惯例，也是国际公约和各国法律的规定。有些国家规定对记名提单无须注销，签发不可流通的提单的承运人因将货物交给记名收货人而解脱责任。收货人无须出示提单，无须缴还提单，甚至不必占有提单，就可以提取货物。但是，在我国即使是记名提单，收货人也应向承运人缴还提单，因为"提单中载明的向记名人交付货物的条款，构成承运人据以交付货物的凭证。"但是，签发了可流通的或者指示提单的承运人的地位则完全不同。承运人只有向提单持有人交付货物才能解脱责任。这时提单本身变为不可缺少的单证，货物被"锁"进到提单中。提单的缴还和注销表明承运人已完成交货义务，运输合同已完成，提单下的债权债务也因而得以解除。但是，提单缴还和注销并不必然表明提单可能代表的物权的终止，因为缴还和注销的提单可能是全套提单中未经授权转让的一份。提单没有缴还给承运人时，承运人就必须继续承担运输合同和提单下的义务。如果承运人无提单放货，他就必须为此而承担赔偿责任，即使是在实际提货的人原本是有权提货的人时也不例外。

（2）需要全套提单交货的情况。在通常的情况下，收货人只需要交出全套中的任意一份正本提单就可以取得提货的权利。但是，承运人在发生以下情况时，需要收回全套提单才能交付货物：

①在向谁交货有争议时。当承运人交付货物，而有一个以上的人主张提货权利时，即此时有两个人或者两个人都持有正本提单（各有全套提单中的一份），而且要求提货，承运人应凭全套提单交货。

②在变更卸货港的情况下。由于承运人是在提单记载的卸货港以外的港口卸货、交货，所以托运人应缴还全套提单。

③在"电放"情况下。根据"电放"的概念。在"电放"情况下，承运人应在装货港收回全套提单。

实战演练

根据下述条件制作海运提单。

1. 信用证资料

FROM：UFJ BANK，TOKYO

TO：BANK OF CHINA，JIANGSU BR. DATE：DEC. 28，2010

L/C NO. ：UF789

DATE EXPIRTY：FEB. 28，2011

APPLICANT：XYZ COMPANY，6-2 OHTEMACHI，1-CHOME，CHIYADA-KU，TOKYO

BENEFICIARY：ABC COMPANY，NO 128 ZHONGSHAN XILU，NANJING CREDIT AMOUNT：USD22912.50

SHIPMENT FROM：NANJING/SHANGHAI，CHINA

FOR TRANSPORTATION TO：TOKYO，JAPAN

LATEST DATE OF SHIPMENT：JAN.18，2011

PARTIAL SHIPMENT AND TRANSHIPMENT：ALLOWED

COVERING：3000PCS HOSPITAL UNIFORM REF-6002T-XL，AT USD1.85/PC 750PCS HOSPITAL UNIFORM REF-1602T-UNICA，AT USD2.15/PC

1500PCS HOSPITAL UNIFORM REF-3009T-XL，AT USD3.85/PC

PRICE TERMS：CIP TOKYO

DOCUMENTS REQUIRED：FULL SET(3/3) OF CLEAN SHIPPED ON BOARD OCEAN BILL OF LADING MADE OUT TO ORDER OF ISSUING BANK，NOTIFYING APPLICANT AND MARKED FREIGHT PREPAID SHOWING FINAL DESTINATION AS KYOTO.

FOR SHIPMENT BY SEA，GOODS MUST BE SHIPPED IN CONTAINER

2. 附加信息

发票显示：

DESCRIPTION OF GOODS：5250 PCS HOSPITAL UNIFORM

SHIPMENT MARKS：

XYZ

TOKYO

04JS002

1-88CTNS

船长签发的装货单显示：

PLACE OF RECEIPT FROM NANJING BY DIRECT SHIPMENT FROM SHANGHAI，CHINA TO TOKYO，JAPAN，FINAL DESTINATION TO BE KYOTO SHIPPER：V-STAR COMPANY，SHANGHAI

5250 PCS HOSPITAL UNIFORM

OCEAN VESSEL VOYAGE：VICTORY V.666

ON BOARD DATE：JAN.18，2011

G. W.：1232KGS，MEAS.：4.200 m³

PACKED IN 88 CARTONS.

SHIPPED IN ONE(1×20') CONTAINER（CONTAINER NO. APLU1234567，SEAL NO.006789，CY/CY）

海运提单由承运人的代理人 PERFECT LGISTICS COMPANY 签发。

签发地点：上海

签发日期：2011 年 1 月 18 日

BILL OF LADING

1) SHIPPER		10) B/L NO.
2) CONSIGNEE		C O S C O 中国远洋运输(集团)总公司
3) NOTIFY PARTY		CHINA OCEAN SHIPPING(GROUP)CO.
4) PLACE OF RECEIPT	5) OCEAN VESSEL	
6) VOYAGE NO.	7) PORT OF LOADING	ORIGINAL
8) PORT OF DISCHARGE	9) PLACE OF DELIVERY	COMBINED TRANPORT BILL OF LADING

11) MARKS 12) NOS. & KINDS OF PKGS 13) DESCRIPTION OF GOODS 14) G. W. (kg) 15) MEAS(m³)

16) TOTAL NUMBER OF CONTAINERS OR PACKAGES(IN WORDS)

FREIGHT & CHARGES	REVENUE TONS	RATE	PER	PREPAID	COLLECT
PREPAID AT	PAYABLE AT		17) PLACE AND DATE OF ISSUE		
TOTAL PREPAID	18) NUMBER OF ORIGINAL B(S)L				
LOADING ON BOARD THE VESSEL 19) DATE			20) BY		

子任务3.3 计算班轮运费

任务引领

本任务将引领你学习如何计算班轮运费。

3.3.1 基本知识

1. 运价

运价是指承运每单位货物与付出的运输劳动的价格。运价是运输产品价值表现,表现为运输单位产品的价格。海上运输价格简称为海运运价。

2. 运费

运费是指海上承运人根据运输合同完成货物运输后从托运人那里收取的费用。运费等于运价与运量的乘积;运费的单价或费率就是运价。

3. 运费的支付

(1)预付运费(prepaid freight)：是指在签发提单前即须支付全部运费。在贸易中,一般都采用 CIF 或 CFR 价格条件,在签发提单前由卖方在装货港支付,以便于交易双方尽早结汇。在预付运费的情况下,运费应该按照货物装船时重量或尺码计算。预付运费对货主而言要承担运费损失的风险,大多班轮公司在提单和合同条款中,不但规定运费预付,而且还记明即使本船或货物在整个运输过程某一阶段沉没或灭失,承运人仍要全额收取运费,任何情况下都不退还。为规避风险通常货主将已付运费追加到货物的货价中,一并向保险公司投保货物运输险。

(2)到付运费(freight to collect)：是指货物运到目的港后,再交付货物的运费。对于到付运费的情况,承运人要承担一定风险,如果货物灭失,再追收运费,实际上是很困难的。为规避风险,承运人除了可将应收的到付运费作为可保利益向险公司投保外,通常还可以在提单条款或合同条款中附加类似"收货人拒付运费及其他费用时,应由托运人支付"的条款。另外,在提单和合同条款中还应有留置权利。

(3)**运价本**。运价本又称费率本或运价表,是船公司承运货物向托运方据以收取运费表的汇总。运价本一般主要由说明及有关规定、商品分级表、航线费率表和附加费率表四部分构成。

(4)班轮运价的种类。

①按运价的制定者划分。

a)班轮公会运价：是由班轮公会制定,供参加该公会的会员船公司使用的运价。这种运价的调整或修改都由班轮公会决定,任何一家会员船公司都无权单独进行调整或修改。班轮公会运价总体上水平较高,是一种具有垄断性质的运价。

b)班轮公司运价：是由经营班轮运输的船公司自行制定并负责调整或修改的运价。除班轮公会的会员公司外,任何一家经营班轮运输的船公司都制定有自己的运价本。对于班轮公司自行制订的运价,虽然货方可以提出意见,但解释权和决定权仍在船公司。

c)双边运价：是由船、货双方共同商议制定,共同遵守的运价。对运价的调整或修改,须经双方协商,任何一方都无权单方面改变,如中国对外贸易运输公司的运价本即属此类运价。

d)货方运价：是由货方制订,船方接受采用的运价。对运价的调整或修改,货方应该在与船方协商的基础上进行,但货方有较大的决定权。一般来说,能够制订运价的货方都是大货主或货主集团,掌握相当数量的货源,能常年向船公司提供货载。

②按运价的表现形式划分。

a)单项费率运价：又称商品运价表,是一种分别对各种不同的商品在不同航线上逐一制订的运价。这种运价使用起来比较方便,根据商品的名称及所运输的航线,即可直接查找出该商品在航线上运输的运价。船公司一般会对所经营的特定班轮航线采用这种运价形式。例如,适用于美国航线的运价表即属此类。

b)等级运价：首先将全部可能被运输的商品划分为若干等级,然后为不同等级的商品在不同航线或港口间的运输制定某一运价。归属于同一等级的商品在同一航线或港口间运输,其运价都是相同的。这种运价本在运价表前要附有"商品分级表"按等级运价计算运费时,先根据商品的名称在"商品分级表"中查找出该商品所属的等级,再从商品运输航线或运抵港口的"等级费率表"中查出其费率,然后进行具体运费计算。大多数班轮公司都采用这种运价。

c)航线运价:不分运输距离的长短,只按航线、商品名称或等级制定的运价。与航线运价相对应的是递远递减的距离运价。由于远洋运输的距离都较长,递远递减规律对远洋运输成本的影响较小,而各航线包括港口使用费、装卸效率等因素,各挂靠港口的条件对运输成本起着重要的作用。因此,远洋运输通常都分航线、按商品种类或等级制定运价。对于某一商品,只要其起运港和目的港是同一航线上规定挂靠的基本港口,就不论运输距离的远近,都按同一运价计收运费。通常采用等级运价的班轮公司都同时采用航线运价,而同时采用这两种形式的运价被称为航线等级运价。

(5)基本港和非基本港。基本港是指港口设备较好,货运量较大,班轮公司按期挂靠的港口。按国际航运习惯,运往基本港的货物,均按基本费率收取运费。非基本港口指班轮公司不常挂靠的港口,去该港口的货物要加收附加费。

(6)班轮运费的构成。

①基本运费(basic freight):是指货物在预定航线的各基本港口之间运输所规定的运价,该运价称为基本运价或称基本费率(base rate)。它是构成全程运费的主要部分,是计收班轮运输基本运费的基础。

②附加费。为了保持在一定时期内基本费率的稳定,又能正确反映出各港的各种货物的航运成本,班轮公司在基本费率之外,又规定了各种附加费。班轮运费中的附加费的名目繁多,其中包括:超长或超重附加费、选择卸货港附加费、变更卸货港附加费、燃油附加费、港口拥挤附加费、绕航附加费、转船附加费、直航附加费等。

(7)班轮运费的计费标准。班轮运费的计费标准又称计算标准,是指计算运费时使用的计费单位,历来都是以容积和重量作为最基本的计费单位,即把货物分为容积货物和重量货物。

①按货物的毛重计收。在运价表中以"W"字母表示,即英文 Weight 的缩写。一般以每 1 公吨为计算单位,吨以下取 2 位小数,也有按长吨或短吨来计算的(1 公吨 = 0.98 长吨 = 1.102 3 短吨)。

②按货物的体积计收。在运价表中以"M"字母表示,即英文 measurement 的缩写。一般以 1 立方米为计算单位,也有按 40 立方英尺为 1 尺码吨计算的。

③按货物的毛重或体积计收。在运价表中以 W/M 字母表示,以其较高者计收运费。按惯例,凡 1 重量吨货物其体积超过 1 米^3 或 40 英尺^3 者即按体积收费;反之,1 重量吨货物其体积不足 1 米^3 或 40 英尺^3 者,按毛重计收,如机器、零件或小五金工具常按此办法计算。

④按货物的价格计收运费,又称从价费。在运价表中以"Ad Val"表示,即拉丁文 Ad Valorem 的缩写。一般按商品 FOB 价格的一定百分比计算运费。

⑤按货物重量或体积或价值三者中选最高的一种计收,在运价表中以"W/M, Ad. or Val"表示。也有按货物重量或体积计收,然后再加收一定百分比的从价运费。在运价表中以"W/M. PLUS Ad. Val"表示。

⑥按货物的件数计收,如车辆按"每辆"(Per U)计收;活牲畜如牛、羊等按"每头"(Per Head)计收。

⑦大宗低值货物按议价运费,如粮食、豆类、煤炭、矿砂等。在订舱时,由托运人和船公司临时洽商议订。议价运费通常比按等级计算运费低廉。

⑧起码费率(minimum rate)。它是指按每一提单上所列的重量或体积所计算出的运费,尚未达到运价表中规定的最低运费额时,则按最低运费计收。

3.3.2　班轮运费的计算

上述基本运费和各种附加费均按班轮运价本计算。

运价本又称运价表和费率本。它不仅包括商品、单位费率、计费标准、收费的币别、计算运费和附加费的方法,而且还包括适用范围、基本港口、港口规则、船货双方的责任和权利,以及直航、转船、回运、选择或变更卸货港口的方法等内容。

$$总运费＝基本运费＋\sum 附加费$$

(1)在没有任何附加费的情况下,班轮运费计算公式为

$$F＝f \times Q$$

式中:F 为总运费;f 为基本费率;Q 为货运量。

(2)在有各种附加费,而且附加费按基本费率的百分比收取的情况下,运费的计算公式为

$$F＝f \times Q \times (1＋S_1＋S_2＋S_3＋\cdots)$$

式中:S_1、$S_2\cdots$ 为各项附加费的百分比。

(3)在各项附加费按绝对数收取的情况下,运费的计算公式为

$$F＝f \times Q＋(1＋S_1＋S_2＋S_3＋\cdots) \times Q$$

式中:S_1、$S_2\cdots$ 为各种附加费的绝对数。

实战演练

中国某港运往里耶卡港(非基本港)的货物需经马赛港转船,除去一程船加收 13％ 的燃油附加费外,所加收的转船附加费(基本运价的 50％)也还要加收 13％ 的燃油附加费,该批货重 2 吨,45 米^3,W/M,一程运价为 245 元,计算全程运费。

子任务 3.4　单证流转

任务引领

本任务将引领学生学习杂货班轮运输单证的流转。

班轮运输单证流转过程:

(1)托运人在装货港向船公司或船舶代理人(简称船代)提出货物装运申请,递交托运单(B/N),填写装货联单。

(2)船公司同意承运后,其代理人指定船名,核对装货单(S/O)与托运单(B/N)上的内容无误后,将托运单留底联留下,签发装货单(S/O)给托运人,要求托运人将货物及时送至指定的码头仓库。

(3)托运人持装货单(S/O)及有关单证向海关办理货物出口报关、验货放行手续,海关在装货单(S/O)上加盖放行图章后,货物准予装船出口。

(4)装货港的船舶代理人根据留底联编制装货清单(L/L)送船舶及理货公司、装卸公司。

(5)大副根据装货清单(L/L)编制货物积载计划(stowage plan)交代理人分送理货、装货公司等按计划装船。

(6)托运人将经过检验关的货物送至指定的码头仓库准备装船。

(7)货物装船后,理货长将装货单(S/O)交大副,大副核实无误后留下装货单(S/O)并签发收货单(M/C)。

(8)理货长将大副签发的收货单(M/R)转交给托运人。

(9)托运人持收货单到装货港的船舶代理人处付清运费(预付运费情况下)换取正本已装船提单(B/L)。

(10)装货港的船舶代理人审核无误后,留下收货单签发已装船提单(B/L)给托运人。

(11)托运人持已装船提单(B/L)及有关单证到议付银行结汇(在信用证支付方式下),取得货款,议付银行将已装船提单(B/L)及有关单证邮寄开证银行。

(12)货物装船完毕后,装货港的船舶代理人编制出口载货清单(M/F)送船长签字后向海关办理船舶出口手续,并将载货清单交船随带,船舶起航。

(13)装货港的船舶代理人根据已装船提单(B/L)副本或收货单编制出口载货运费清单(F/M)连同已装船提单副本或收货单送交船公司结算代收运费,并将卸货港所需单证寄给卸货港的船舶代理人。

(14)卸货港的船舶代理人接到船舶抵港电报后,通知收货人船舶到港日期,做好提货准备。

(15)收货人到开证银行付清货款取回已装船提单(B/L)(在信用证支付方式下)。

(16)卸货港的船舶代理人根据装货港的船舶代理人寄来的货运单证,编制进口载货清单及有关船舶进口报关和卸货所需的单证,约定装卸公司、理货公司,联系安排泊位,做好接船及卸货准备工作。

(17)船舶抵港后,卸货港的船舶代理人随即办理船舶进口手续,船舶靠泊后即开始卸货。

(18)收货人持正本已装船提单(B/L)向卸货港的船舶代理人处办理提货手续,付清应付的费用后,换取代理人签发的提货单(D/O)。

(19)收货人办理货物进口手续,支付进口关税。

(20)收货人持提货单到码头仓库或船边提取货物。

实战演练

我某出口公司与外商按 CIF Landed London 条件成交出口一批货物,合同规定,商品的数量为 500 箱,以信用证方式付款,5 月份装运。买方按合同规定的开证时间将信用证开抵卖方。货物顺利装运完毕后,卖方在信用证规定的交单期内办好了议付手续并收回货款。请指出此票货运业务须制作那些货运单据,如何流转?

任务小结

杂货班轮运输是国际海上货物运输的一种主要的方式,是国际贸易的一个重要环节。在本任务中,我们主要介绍了杂货班轮运输的单证、操作流程和运费计算。通过对本任务的学习,可以进行杂货的托运、制单操作等工作。

任务模拟演练

　　根据下列所供信息,填制提单一份。注意本批货物共 600 套(SET),装于 150 个纸箱(CTN),放在 15 个托盘(PALLETS)内,每套内有 3 个(3PCS IN ONE SET),每箱毛重28 KGS,体积 0.04 米³,发货港:XINGANG,TIANJIN,目的港:BREMEN,B/L NO.:123 船名:PAUL RICKMERS,提单日期:2004.8.1,信用证内容如下:

DRESENER BANK,BREMEN BRANCH

DATE:JULY 4th

2004

CREDIT NO. TS—36376　　　　　　　　　　EXPIRY:31st AUG 2004

APPLICANT:SCHLITER CO. BREMEN.

　　　　　3601 AW.

HERO ROAD ,BREMEN

GERMAN

BENEFICIARY:HANJIN ARTS AND CRAFTS I/E CORP. TIANJIN,CHINA

ADVISING BANK:BANK OF CHINA,TIANJIN,CHINA

AMOUNT:DEM6600.00(SAY DEM SIX THOUSAND SIX HUNDRED ONLY)

DEARS SIRS,

WE OPEN THIS IRREVOCABLE DOCUMENTS CREDIT AVAILABLE AGAINST THE FOLLOWING DOCUMENTS:

....

FULL SET OF CLEAN ON BOARD BILL OF LADING MADE OUT TO ORDER AND BLANK ENDORSED MARKED "FREIGHT PREPAID",NOTIFY OPENER.

SHIPMENT FROM TIANJIN TO BREMEN LATEST ON AUG 25,2004

COVERING:

600 SETS(3 PCS OF EACH)"WILLON PRODUCTS"ART NO. TSSR—16@DEM11 PER SET,CIF BREMEN

PARTIAL AND TRANSSHIPMENT ARE NOT ALLOWED

SHIPPING MARK:S

　　　　　BREMEN

　　　　　NO. 1-UP

学习任务 4 集装箱班轮运输

能力目标

通过本任务的学习,应该能够:

(1)选择合适的箱型、交接方式

(2)能够办理整箱货物运输业务

(3)能够办理拼箱货物运输业务

核心能力

(1)整箱货物运输

(2)拼箱货物运输

学习导航

学习任务4 集装箱班轮运输

↓

子任务4.1 托运整箱货物

↓

子任务4.2 托运拼箱货物

案例导入

中远集装箱运输有限公司,简称中远集运,是中国远洋运输集团(中远集团)所属专门从事海上集装箱运输的核心企业。经营范围主要包括:国际、国内海上集装箱运输,接受订舱,船舶租赁,船舶买卖,船舶物料,备件,伙食,燃油的供应,与海运有关的其他业务以及陆上产业,国内沿海货物运输及船舶代理,通信服务,船员劳务外派业务,仓储、货物多式联运。

中远集运目前拥有120艘标准箱位集装箱船,总箱位逾23万标准箱,年箱运量达到400万标准箱。运力排名世界前列,箱运份额约占全球总额的4.2%,国内排名第一。开辟20多条全球运输主干航线,船舶挂靠世界上100多个重要港口。集装箱运输业务遍及全球,其影响力辐射至五大洲各交通枢纽和经济热点地区,在全球拥有1000多个代理分支机构,网点遍及欧、美、亚、非、澳五大洲,随着业务的不断拓展,客户迫切需要中远集运提供更高效的集装箱管理服务。

问题:

(1)集装箱货运的优势有哪些?

(2)集装箱货运操作模式有哪些?

学习任务描述

集装箱又称为"货柜"或"货箱",具有坚固耐用、便于装卸和搬运,特别便于从一种运输方式转移到另一种运输方式的特点。集装箱运输是以集装箱为运输单位进行货物运输的一种先进的运输方式。目前,集装箱运输已成为国际货物运输中重要的运输方式。与传统的杂货运输相比,集装箱运输具有以下的优越性:

(1)运输效率高。集装箱运输是实现全部机械化作业的高效率运输形式。

(2)运输质量好、费用低。集装箱运输能简化货物包装,减少货损货差,保证货运质量,运输费用低于传统的杂货运费。

(3)便于开展多式联运。集装箱运输最适于组织多式联运,作为运输单元,由一种运输方式转换为另一种运输方式进行联运时,只需搬移集装箱而不需移动箱内货物,大大简化、加快了换装作业。

另外,由于集装箱具有坚固和密封的特点,一国的口岸监管单位检验加封放后,另一国家的口岸监管单位只需验封,即可转关放行。简化货物过境报关手续,使迅速、安全、价廉的"门到门"运输成为可能。集装箱在进出口货物运输中应用广泛。

集装箱班轮运输的业务如图4.1所示。

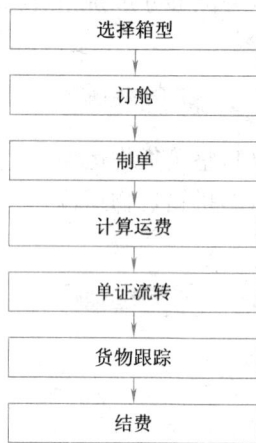

```
选择箱型
  ↓
订舱
  ↓
制单
  ↓
计算运费
  ↓
单证流转
  ↓
货物跟踪
  ↓
结费
```

图4.1 集装箱班轮运输流程

子任务模块剖析

子任务 4.1 托运整箱货物

任务引领

本任务将引领学生学习如何办理集装箱整箱货物的运输。

4.1.1 选择合适的箱型

根据所能装货物的类型可分为以下几种：

(1)杂货集装箱。杂货集装箱又称干货箱，是一种通用集装箱，适用范围很大，除需制冷、保温的货物与少数特殊货物(如液体、牲畜、植物等)外，只要在尺寸和重量方面适合用集装箱装运的货物(适箱货)，均可用杂货集装箱装运。在结构上，杂货集装箱可分为一端开门、两端开门与侧壁设有侧门三类。杂货集装箱的门均有水密性，可270°开启。目前在国内外运营中的集装箱，大部分属于杂货集装箱。有的杂货集装箱，其侧壁可以全部打开，属于敞侧式集装箱，主要是便于在铁路运输中进行拆装箱作业。

(2)开顶集装箱。这是一种特殊的通用集装箱，除箱顶可以拆下外，其他结构与通用集装箱类似。开顶集装箱又分"硬顶"和"软顶"两种。"硬顶"是指顶篷用一整块钢板制成；"软顶"是指顶篷用帆布、塑料布制成，以可拆式扩伸弓梁支撑。

开顶集装箱主要适用于装载大型货物和重型货物，如钢材，木材，玻璃等。货物可用吊车从箱顶吊入箱内，这样不易损坏货物，可减轻装箱的劳动强度，又便于在箱内把货物固定。

(3)台架式集装箱。总的来说，台架式集装箱没有箱顶和侧壁，可以用吊车从顶上装货，也可以用叉车从箱侧装货，适合于装载长大件和重件货，如重型机械、钢材、钢管、木材、钢锭、机床及各种设备。还可以用两个以上的板架集装箱并在一起，组成装货平台，用以装载特大件货物。还有的台架集装箱，其端壁可以折叠起来，以减少空箱回空时的舱容损失。

台架式集装箱的主要特点有：为了保持其纵向强度，箱底较厚，箱底的强度比一般集装箱大，而其内部高度比一般集装箱低。为了把装载的货物系紧，在下侧梁和角柱上设有系环。为了防止运输过程中货物坍塌，在集装箱的两侧还设有立柱或栅栏。台架式集装箱没有水密性，不能装运怕湿的货物。在陆上运输中或在堆场上贮存时，为了不淋湿货物，应有帆布遮盖。

(4)平台集装箱。平台集装箱指无上部结构、只有底部结构的集装箱。平台集装箱又分为有顶角件和底角件的集装箱和只有底角件而没有顶角件的集装箱两种。平台集装箱在欧洲使用较多。

(5)冷藏集装箱。冷藏集装箱指具有制冷或保温功能，可用于运输冷冻货或低温货，如鱼、肉、新鲜水果、蔬菜等食品的集装箱。冷藏集装箱分为可制冷和只具有保温功能两类。前者称为"机械式冷藏集装箱"，后者称为"离合式冷藏集装箱"。

①机械式冷藏集装箱。这种集装箱内装有冷冻机，只要外界供电就能制冷。这类集装箱冷冻装置装在箱体内，不会妨碍集装箱专用机械的搬运和装卸。在船上，机械式冷藏集装箱由船舶发电供电；在路上，有码头或堆场用专用电源供电；在火车上，由装有发电机组的专用车辆供电。所以，有关的船舶、火车、集装箱堆场，均须配备专门的供电设施。

机械式冷藏集装箱在使用与运输中需注意两个问题：

a. 机械式冷藏集装箱本身没有冻结能力，装箱前，对货物先要预冷，使其温度降到规定温度以下，然后才能装箱。装箱后，冷冻机在整个运输过程中能自动启动，使箱内温度保持在指定温度以下。

b. 机械式冷藏集装箱有"空冷"和"水冷"两种冷却方式。所谓"空冷"，是指冷凝器内放热时，利用用空气带走热量；而"水冷"，则指用循环水带走热量。采用水冷冷却方式的机械式冷藏集装箱，装船时只能装在甲板上。一般20英尺机械式冷藏集装箱，既可采用空冷，又可采用水冷，所以它既可装载甲板上，又可装在内舱内；而40英尺机械式冷藏集装箱，一般只有空冷而没有水冷,所以只能装在甲板上,不能装在船舱内。空冷式冷藏集装箱的冷冻装置面对面放置时,可能造成排出热气的"短路",而影响冷却效果。因此冷藏集装箱之间应至少离开1米以上间隔,以保证其冷藏效果。

②离合式冷藏集装箱。离合式冷藏集装箱是指冷冻机可与集装箱箱体连接或分离的集装箱。实际上,集装箱本体只是一个具有良好隔热层的箱体,在陆上运输时,一般与冷冻机相连;在海上运输时,则与冷冻机分开。箱内冷却靠船上的冷冻机舱制冷,通过冷风管道系统与冷藏箱连接。在集装箱堆场与码头,如配备有集中的冷冻设备和冷风管道系统,离合式冷藏集装箱也可与冷冻机分开,采用集中供冷形式。

冷藏集装箱并不限于装运0℃以下的货物,也可装运0℃以上的货物。有的冷藏集装箱具有加温设备,可使箱内温度保持在0~25℃范围。所以冷藏集装箱的运用范围相当广泛。

(6)散货集装箱。散货集装箱主要用于装运麦芽、谷物和粒状化学品等。它的外形与杂货集装箱相近,在一端有箱门,同时在顶部有2至3个装货口。装货口有圆形和长方形的两种。在箱门的下方还设有两个长方形的卸货口。散货集装箱除端门有水密性以外,箱顶的装货口与端门的卸货口也有很好的水密性,可以有效防止雨水浸入。散货集装箱也可用于装运普通的件杂货。

(7)通风集装箱。通风集装箱外表与杂货集装箱类似,其区别是在侧壁或端壁上设有4~6个通风口。当船舶驶经温差较大的地域时,通风集装箱可防止由于箱内温度变化造成"结露"和"汗湿"而使货物变质。通风集装箱适于装载球根类作物、食品及其他需要通风、容易"汗湿"变质的货物。如将其通风口关闭,通风集装箱可作为杂货集装箱使用。通风集装箱的通风方式一般采用自然通风,其箱体一般采用双层结构,以使通风与排露效果较好。

(8)罐状集装箱。罐状集装箱是专门用于装运油类(如动植物油)、酒类、液体食品及液态化学品的集装箱,还可以装运酒精和其他液体危险品。罐状集装箱由罐体和箱体框架两部分构成。箱体框架的尺寸符合国际标准的要求,角柱上也装有国际标准角件,装卸时与国际标准箱相同。

堆体顶部设有装货口(入孔),装货口的盖子必须有水密性,罐底有排出阀。有些液体货物随外界温度的降低会增加黏度,装卸时需要加温,所以在某些罐状集装箱的下部设有加热器。在运输途中为能随时观察罐内货物的温度,罐上一般还装有温度计。

需要注意的是:罐体的强度在设计时是按满载为条件的,所以,在运输途中货物如呈半罐状态,可能对罐体有巨大的冲击力,造成危险。因此装货时,应确保货物为满罐。

(9)服装集装箱。服装集装箱是杂货集装箱的一种变型,是在集装箱内侧梁上装有许多横杆,每根横杆垂下若干绳扣。成衣利用衣架上的钩,直接挂在绳扣上。这种服装装载法无须包装,节约了大量的包装材料和费用,也省去了包装劳动。这种集装箱和普通杂货集装箱的区别仅在于内侧上梁的强度需略加强。将横杆上的绳扣收起,这类集装箱就能作为普通杂货集装箱使用。

集装箱运输的货物品种较多,货物形态各异,因此,按货物种类选择集装箱。

可以充分利用集装箱容积、重量,以减少货损。按货物的种类、性质、体积、重量、形状来选择合适的集装箱是十分必要的。

①难以从箱门进行装卸而需要由箱顶上进行装卸作业的货物、超高货物、玻璃扳、胶合板、一般机械和长尺度货物等适用开顶式集装箱。

②麦芽、大米等谷物类货物，干草块、原麦片等饲料，树脂、硼砂等化工原料，适用散货集装箱。

③肉类、蛋类、奶制品、冷冻鱼肉类、药品、水果、蔬菜适用冷藏集装箱和通风集装箱。

④超重、超高、超长、超宽货物适用开顶集装箱、台架式集装箱和平台集装箱。兽皮、食品类容易引起潮湿的货物适用通风集装箱。

⑤酱油、葡萄糖、食油、啤酒类、化学液体和危险液体适用罐式集装箱。

⑥猪、羊、鸡、鸭、牛、马等家禽家畜等适用动物集装箱。

⑦摩托车、小轿车、小型卡车、各种叉式装卸车、小型拖拉机等适用车辆集装箱。

⑧铝、铜等较为贵重的货物适用贵重金属专用集装箱。

⑨散件货物适用台架式集装箱、平台集装箱。

⑩弹药、武器、仪器、仪表适用抽屉式集装箱。

根据集装箱的尺寸分为以下几种：

目前，国际上通常使用的干货柜（DRYCONTAINER）有：

(1)20尺柜：内容积为5.69米×2.13米×2.18米，配货毛重一般为17.5吨，体积为24～26米³。

(2)40尺柜：内容积为11.8米×2.13米×2.18米，配货毛重一般为22吨，体积为54米³。

(3)40尺高柜：内容积为11.8米×2.13米×2.72米。配货毛重一般为22吨，体积为68米³。

(4)45尺高柜：内容积为13.58米×2.34米×2.71米，配货毛重一般为29吨，体积为86米³。

(5)20尺开顶柜：内容积为5.89米×2.32米×2.31米，配货毛重20吨，体积31.5米³。

(6)40尺开顶柜：内容积12.01米×2.33米×2.15米，配货毛重30.4吨，体积65米³。

(7)20尺平底货柜：内容积5.85米×2.23米×2.15米，配货毛重23吨，体积28米³。

(8)40尺平底货柜：内容积12.05米×2.12米×1.96米，配货毛重36吨，体积50米³。

4.1.2 选择合适的交接地点和方式

1. 集装箱货物的交接地点

货物运输中的交接地点是指根据运输合同，承运人与货方交接货物、划分责任风险和费用的地点。目前，集装箱运输中货物的交接地点有门（双方约定的地点）、集装箱堆场、船边或吊钩、集装箱货运站。

(1)门（door）。门指收、发货人的工厂、仓库或双方约定收、交集装箱的地点。在多式联运中经常使用。

(2)集装箱堆场（container yard，CY）。集装箱堆场（又简称"场"）是交接和保管空箱（empty container）和重箱（loaded container）的场所，也是集装箱换装运输工具的场所。

(3)船边或吊钩（ship's rail or hook/tackle）。船边或吊钩（又简称"钩"）指装货港、卸货港装卸船边，或码头集装箱装卸吊具，并以此为界区分运输装卸费用的责任界限。

(4)集装箱货运站（container freight station，CFS）。集装箱货运站（又简称"站"），是拼箱货交接和保管的场所，也是拼箱货装箱和拆箱的场所。集装箱堆场和集装箱货运站也可以同处于一处。

2. 集装箱货物的交接方式

集装箱货运分为整箱和拼箱两种,因此在交接方式上也有所不同,大致有以下四类:

(1)整箱交、整箱接(FCL/FCL):货主在工厂或仓库把装满货后的整箱交给承运人,收货人在目的地以同样整箱接货,换言之,承运人以整箱为单位负责交接。货物的装箱和拆箱均由货方负责。

(2)拼箱交、拆箱接(LCL/LCL):货主将不足整箱的小票托运货物在集装箱货运站或内陆转运站交给承运人,由承运人负责拼箱和装箱(stuffing,vanning)运到目的地货站或内陆转运站,并由承运人负责拆箱(unstuffing,devantting),拆箱后,收货人凭单接货。货物的装箱和拆箱均由承运人负责。

(3)整箱交、拆箱接(FCL/LCL):货主在工厂或仓库把装满货后的整箱交给承运人,在目的地的集装箱货运站或内陆转运站由承运人负责拆箱后,各收货人凭单接货。

(4)拼箱交、整箱接(LCL/FCL):货主将不足整箱的小票托运货物在集装箱货运站或内陆转运站交给承运人。由承运人分类调整,把同一收货人的货集中拼装成整箱,运到目的地后,承运人以整箱交,收货人以整箱接。

上述各种交接方式中,以整箱交、整箱接效果最好,也最能发挥集装箱的优越性。

根据集装箱货物的交接地点不同,理论上可以通过排列组合的方法得到集装箱货物的交接方式为16种。这里仅介绍通常大家认识到的9种情况,其他情况可以根据以下内容推导。

(1)门到门(door to door)交接方式。门到门交接方式是指运输经营人由发货人的工厂或仓库接受货物,负责将货物运至收货人的工厂或仓库交付。在这种交付方式下,货物的交接形态都是整箱交接。

(2)门到场(door to CY)交接方式。门到场交接方式是指运输经营人在发货人的工厂或仓库接受货物,并负责将货物运至卸货港码头堆场或其内陆堆场,向收货人交付。在这种交接方式下,货物也都是整箱交接。

(3)门到站(door to CFS)交接方式。门到站交接方式是指运输经营人在发货人的工厂或仓库接受货物,并负责将货物运至卸货港码头的集装箱货运站或其在内陆地区的货运站,经拆箱后向各收货人交付。在这种交接方式下,运输经营人一般是以整箱形态接受货物,以拼箱形态交付货物。

(4)场到门(CY to door)交接方式。场到门交接方式是指运输经营人在码头堆场或其内陆堆场接受发货人的货物(整箱货),并负责把货物运至收货人的工厂或仓库向收货人交付(整箱货)。

(5)场到场(CY to CY)交接方式。场到场交接方式是指运输经营人在装货港的码头堆场或其内陆堆场接受货物(整箱货),并负责运至卸货码头堆场或其内陆堆场,在堆场向收货人交付。

(6)场到站(CY to CFS)交接方式。场到站交接方式是指运输经营人在装货港的码头堆场或其内陆堆场接受货物(整箱),负责运至卸货港码头集装箱货运站或其在内陆地区的集装箱货运站,一般经拆箱后向收货人交付。

(7)站到门(CFS to door)交接方式。站到门交接方式是指运输经营人在装货港码头的集装箱货运站及其内陆的集装箱货运站接受货物(经拼箱后),负责运至收货人的工厂或仓库交付。在这种交接方式下,运输经营人一般是以拼箱形态接受货物,以整箱形态交付货物。

（8）站到场(CFS to CY)交接方式。站到场的交接方式是指运输经营人在装货港码头或其内陆的集装箱货运站接受货物(经拼箱后)，负责运至卸货港码头或其内陆地区的货场交付。在这种方式下货物的交接形态一般也是以拼箱形态接受货物，以整箱形态交付货物。

（9）站到站(CFS to CFS)交接方式。站到站的交接方式是指运输经营人在装货码头或内陆地区的集装箱货运站接受货物(经拼箱后)，负责运至卸货港码头或其内陆地区的集装箱货运站，(经拆箱后)向收货人交付。在这种方式下，货物的交接方式一般都是拼箱交接。

4.1.3　整箱货海运出口流程

整箱货(非危险品)海运出口流程如下：

揽货→询价→订舱→接受托运申请→订舱确认→排载→发放空箱→装箱→进场→边检→申报→报检→报关→配载(装船计划)→审提单→船东确认费用→预借购付汇联→缴交一切费用→签单→向货主催款→货主确认并支付钱款→开具商业发票→放单/做电放/做海运单。

1. 揽货→询价→订舱→接受托运申请→订舱确认

1)揽货

业务员揽货，接受货主询价。揽货期间应向询价货主问明一些类别信息，如：

(1)发货人。

(2)收货人。

(3)通知人。

(4)品名(中英文)。

(5)目的港、中转港。

(6)柜型柜量，超重柜特殊说明(如为特种柜，则需详细的货物尺寸，包括长×宽×高、毛重、体积等，有时还需要更为详细的货物装柜次序，以及摆放示意图)。

表 4.1 所示为两种常用箱型的可装体积和可装重量。

表 4.1　两种常用箱型的可装体积和可装重量

各箱型最大体积	可装体积(长×宽×高)	可装重量
1×20'GP	31 CBM 6×2.38×2.382 5	17 MT
1×40'GP	67 CBM 12×2.38×2.385 5	25 MT

(注：GP，general purpose 普通箱；CBM，cubic metre 立方米；MT，metric ton 公吨；HC，high cubic 高箱)

(7)危险品、冷冻货特殊说明。

(8)装运期限(是否有信用证要求)。

(9)配载要求(出船证等)。

(10)货物交运日期以及交运方式。

(11)运费结算方式(预付、到付金额)，是否第三地付款。

(12)是否指定船东。

(13)是否有要求申请目的港 N 天免柜期。

(14)提单签发时是 MB/L 还是 HB/L，是否第三地签单。

2)询价

航线主管根据业务员所述要求向船公司询价，争取申请更低的价格，以供货主选择。

（1）若直接与船东订舱，则应注意以下几点：

①该船东是否有接至货主所述之目的港。

②是否可以接超重柜。

③是直航船还是中转船，在哪里中转。

④几天可到达目的港。

⑤该航次挂靠什么码头。

⑥该航次舱位是否紧张，是否可以保证舱位。

（2）若为指定船东，在必要时（如运价更低廉）可以通过第二家货代进行订舱，但是除注意的几点与船东相同外，还应在订舱前确认以下几个方面：

①在出提单时，是否要改发货人或其他资料。

②在货主有要求的情况下，是否可以申请 N 天目的港免柜期。

③提单签发时是 MB/L 还是 HB/L。

④是否可以保证舱位。

（以上仅适用于海运费预付 FREIGHT PREPAID）

3）订舱

航线主管与船东/货代谈妥运价，且货主接受业务员报价后，签署出口货物代理委托书 S/O（订舱单），业务员便可订舱，至文件部门打印一份无格式的托运单，并在上面标注明船期、运费、柜型柜量，以及货主的特殊要求、我司订舱人电话、传真等。托运单传毕后，便可向船东催传订舱确认。

同时，业务员填写完整的公司业务封皮，并标注清楚各项费用的成本数额、拖车公司，报关行及其电话传真。

航线主管取得船东回复的订舱确认后，在封皮上补上提单号、船名航次，交由操作员操作。

4）突发情况的处理方法

（1）由于货主原因要求更换到下一航次。将原先订舱的确认回传通知船东退载该票，并重新订下一航次的舱位，若运价有所变动应及时告知业务员，与货主协商。

（2）货主要求申请目的港 10～14 天免柜期。与船东联系，确定可以申请到免柜期的具体天数 N，并出具一份申请目的港 N 天免柜期的申请书（加盖提单上 SHOPPER 公章），传真给船东。再由其向目的港申请，直到确认。

（3）非危险品说明。如若货物品名为化学物品，但是非危险品，而船东有要求说明，则需出具非危险品说明，加盖提单上 SHOPPER 公章。

（4）提柜后，船东换船或货主要求换船。凭原订舱确认向船东退载，重新订舱，取得新订舱确认，并向船东出具一份套柜申请，加盖货代公章注明原资料的船名航次（MV.）、提单号（OB/L）、启运港/目的港（POL/POD）、集装箱号/柜型（CNTR♯）需套柜至新船名航次、新提单号。

2. 排载→发放空箱→装箱→进场→边检

1）排载

（1）操作员根据货主提供的资料刷出集装箱货物托运单（排载单），排载单共九联：

第一联：货主留底。

第二联：船代留底（加盖订舱货代业务章，打上货主船代处的代码）。

第三联：运费通知。

第四联:运费通知。

第五联:提箱申请书(加盖订舱货代业务章)。

第六联:装箱单、场站收据副本(货柜进码头后盖码头进场章)。

第六联附页:缴纳出口货物港务费申请书(注明场装或拖装的费用,以便向货主收款及财务对账)。

第七联:场站收据副本、大副联。

第八联:场站收据。

第九联:货代留底(加盖订舱货代业务章)。

(2)若所出口的货物为食品类,在打印排载单的同时,打印一张已加盖码头进场章的排载单第六联,填上进场日期,传真给报关行以供换取通关单。

(3)订舱确认。取排载单 2~9 联和订舱确认交由外勤至各船代处进行排载。排载后船代收取第 2 联,并在第 5、6、7、8 联上加盖排载单证章。

2)提取空箱装货、进场

(1)拖装:

①排载单第五联(加盖订舱货代业务章)。

②订舱确认。从船代处取得设备交接单后至指定堆场提柜。

③装箱单(冻柜要二张装箱单/柜,要注明温度及冻柜标字"12F)。

④拖柜交接单,注明拖柜时间、地点、联系人、电话。(若 SHIPPER 有特殊要求如车架一定要 20 架,装食品的需做柜检,木制品需做熏蒸等等,也应一并告知)。

⑤依据至货主指定地装货,货柜到达后,由货主自行装柜,封好封签后,再由拖车公司凭装箱设备交接单拖柜进码头。

⑥六联附页,留底作为港务费结算联。

操作员跟踪拖柜情况,取得柜号和封签,并与船东货主核对,特别是一家货主同出好几票货时一定要和货主核对正确。另外在货柜进场后,还可以登陆码头的门户网站查询船东、柜型、封签等。

(2)场装:

①事先通知堆场安排场装计划,与货主确定场装时间,传真一份进仓图给货主(附上操作员的电话传真)。

②取得设备交接单。

③货主将货物运至堆场前,堆场应将柜子吊好。

④填写场装计划,注明装柜时间、联系人、电话(若 SHIPPER 有特殊要求,如车架一定要 20 架、装食品的需做柜检、木制品需做熏蒸等,也应一并告知。)

⑤若场装完毕,应向货主求证是否已将货物装满,可以将货柜拖进码头。

⑥若货柜可进场,取得柜号和封签并与码头核对。

(3)货柜进场后,安排外勤至码头盖进场章(盖排载单第 6 联上)。

3)边检

(1)若所排船舶是直行美国、日本、韩国、中国台湾的,均需在开航前两天内填写边检单至边检查站,放行后连同已放行的 6、7、8 联送至码头。

(2)若边检查验(与海关做法几乎一样),若是场装的,可至堆场找理货盖章,再去边防站放行。

4)对集装箱的特殊要求

(1)柜检(一般出口货物为食品类才需要),应尽早通知协检员预计拖装或者场装的时间,传真排载单以便安排柜检计划。柜检大约需要半个工作日,协检员填写(包括以下有效内容:报检编号、箱号、规格、温度、检验评定、协检员签章、检验员签章,并加盖货代公章)向商检局提出申请,至指定堆场自检合格的集装箱处进行集装箱适载检验。检验合格后,由商检局出具中华人民共和国出入境检验检疫集装箱检验检疫合格单(简称柜检单),其中正本交给报关行以供换取通关单,副本上加盖"本联供产地检验检疫机构查验集装箱和存档之用",由业务员交还货主。协检员在一定编号内的柜检单发放完毕后,填写出境集装箱装载货物登记表后,审核盖章送商检局核销。

(2)若货物为运往欧洲等国家的木制品或货物所使用的是木质托盘、木制包装,则应经过熏蒸,这是目的港的要求。熏蒸前,先确定货主的货物是否备齐,提前拖柜或场装准备熏蒸。

所需熏蒸材料有:

①输欧货物木质包装材料声明(公章)。

②报检委托书(公章)。

③一份由货主出具的委托报检保函(公章)。

④货物发票(公章)。

⑤货物装箱清单(公章)。

⑥如果由于天气原因,货物的外包装被淋湿,可能导致标识加盖不清,又因交货时间紧迫,需在规定时间内加盖标识并熏蒸,故出具一份保函以备熏蒸。

材料交给报关行后,由报关行向国检预约熏蒸。熏蒸时间为24小时,熏蒸后取得由国检印发的熏蒸证书。由于熏蒸时间较长,放气后方可进场、申报、报关,故应提前作安排。

5)突发情况的处理方法

(1)建立客户代码申请书。若货主在船代处无客户代码,则填写建立客户代码申请书,加盖排载单上SHOPPER公章,至船代处申请添加代码即可。

(2)排载后货主。更改船名、航次、提单号、箱主、箱型、尺寸、用箱数量等,先到出口排载部门更改确认后到箱管部办理相应更改手续。更改提箱和回箱地点,直接到箱管部办理。

(3)退载:

①一切排载后的货物都产生¥50的订舱费需支付。

②领取设备交接单后未到堆场提箱,因故退载,需持全套设备交接单到船代办理退载。

③货物因故退载而提柜后重箱尚未进入码头,持设备交接单的进场联到船代处办理退载手续,并及时将所提空箱返回指定堆场。退载后的空箱未经许可,不可擅自改用他票出口或擅自截留(改用他票需出具套柜保函)。否则,由此引起的错用箱、损失和相关费用将由责任方承担。

(4)在提柜时,没有拖车拖柜:

①先与货主取得联系,是否可以将拖装时间稍作推迟。

②若时间急迫,则临时安排另一家拖车公司前去拖柜。

(5)拖车至堆场提柜时,堆场却没有需要的货柜:

①马上与船东联系,询问其他堆场是否还有该船东的货柜。

②至船代处更改设备交接单(正常上班时间)。

③若非正常上班时间拖柜:

a)船东确认货柜所在堆场后,出具一份借柜确认。

b)借柜货代填写借柜保函,加盖货代章(显示柜型柜量和船东)。若为冻柜,则还应描述通风口和温度;若为柜检柜,则直接调用已柜检合格的集装箱。

(6)提柜后,由于货物无法备齐,货主要求推迟一个航次。已经提柜后而推迟出口时间,应根据船公司的船期用箱时间表,合理安排用箱时间。若超过船公司提供的免费用箱期限,将依照有关规定征收集装箱超期使用费。

(7)因货主原因来不及按时进场,申请延迟进场。及时与船东联系,并告知预计进场时间,船东向海关监管的码头申请,并附上延迟进场申请,注明船名、航次、提单号、箱号、卸货港、交货地点等(加盖货代章)。

3. 申报→报检→报关→配载(装船计划)

1)申报(核对资料→进行申报)

在装货的同时应催讨报关资料,以便及时报关。时刻注意截进场、截投单、截报关、截放行的时间。

报关资料有:

(1)必要单证:

①货物发票(公章)。

②货物装箱清单(公章)。

③代理报关委托书(公章)(白联,海关留存;黄联,被委托方留存(报关行);红联,委托方留存(货主))。

④出口收汇核销单,存根+核销单+出口退税专用。

⑤合同(一般贸易才有)。

⑥通关单(国检)。

(2)其他单证(若有则需提供):出口许可证;免税证明;商检证明;产地证明;信用证副本。

操作员在取得报关资料后,应先将其与先前的排载资料做核对,检查是否有更改,若有更改则应填写开航前更改,并重新打印一份新排载单2、6、7、8、9联及装箱单以供申报。

若通过第二家货代订舱,则由其负责排载,排载后,该货代会将排载单5、6、7、8联进行交接,并附上一份空白的开航前更改(货代章)和空白的排载单2、9联(货代章)以供申报。

若排载资料在申报时无更改,则不需要刷新的2、6、7、8、9联和开航前更改。

此时船代会收取第2、9联,并在6、8联上加盖申报专用章

2)报检

报检是为获得因海关监管要求出口货物报关时需要由出入境检验检疫局提供货物经检验后同意出口的通关单。

(1)如果出口商品为国家规定需要做商检的物品,则需要货主提供有关报检换单的相关单

证。报关行提供发货人的发票、装箱单、销售合同,以及柜检单、报检委托书和一份已盖完进场章的排载单复件,委托报关行办理换通关单手续。报关时,报关单必须与报关资料一起递交海关。

(2)查验。遇到换通关单商检查验时(技术查验/随机查验),必须通过报关行到商检局预约查验。被查验的货物不需要进码头,只需货物装柜完毕,就可以直接带商检局的验货人到现场查验。此时的查验主要是针对货物的包装性能和生产批号。查验完毕后,就可以换出通关单据。

(3)外地货主异地出口需报检的应由当地检验疫局,出具的换证凭单在出境口岸报检。

3)报关

(1)申报后将6、7、8联及报关资料转交给报关行报关。

(2)报关行凭操作员转交的整套报关资料,先打出报关单,并进行报关单预录入。申报数据录入电子计算机,海关接收到后,才可以向海关正式递交相关报关单证。

4)配载(装船计划)

货物放行后应及时送码头配载;此环节一般由报关行操作,报关行将盖有"海关放行章"的第6、7、8联送到码头配载室。码头接收后,会在第8联上盖章,退回报关行,转交给货代在签提单时使用,6、7两联留下。第7联由码头转交给出口船舶的大副,作为配载装船的依据,而第6联在船开后交给货代留底。

5)有可能出现的情况

(1)由于船东爆舱,货物被甩柜。

①船东总是出于自身的考虑,在订舱时多确认几个舱位给订舱货代,以防止发货人退载,而使该航次未满载受损失。直到爆舱后无法承载,才进行甩柜。

②爆舱后船东及时通知公司航线主管货柜被甩。一般情况下船东都会委托一间报关行统一做换载,各个船东有不同的要求,要看具体情况。

③操作员至文件部按新船名、航次重打新的6、7、8联和装箱单。

④将新的6、7、8联排载后,用旧的8联去码头换旧的6、7联。

⑤用新的6、7、8联去盖进场章。

⑥最后将旧的6、7联和新的6、7、8联做统一换载。

(2)货物盖申报后,再次更改数据。盖完申报章后,一般不允许再次更改数据,如需更改则应当出示一份加盖货代公章的保函,注明发货人、提单号、船名航次、开航日期及新旧数据。

(3)船代已截排载,而货物急需出口。出具一份致船代的添载保函(加盖货代公章)交由报关行办理,可以同时排载、申报、报关投单。

(4)货物超出目的港限重,无法进场。出具一份致船东的保函说明一切后果由货代承担,并加盖货代公章。

(5)起运港码头与提箱地点分别在岛内或岛外两个不同的区域。这对于拖车的费用有着至关重要的影响,注意产生新的过路过桥费。

(6)货柜已进场,但是由于特殊原因需要重箱出场。重箱进入码头后,因故必须移出码头处理后重新进码头出口,或者移到另一码头出口,需提供发货人/拖车公司的相关说明和海关

的验放资料、重新排载的托运单提箱联等,到船代处办理重箱移场手续。

4. 审提单→船东确认费用→预借购付汇联→缴交一切费用→签单

1)审单

(1)核对、更改提单必须在船东指定的时间之前办理,以免产生不必要的改单费用。

(2)签发提单或做电放,需要到船东或是指定的船代办理,同时必须备齐第八联和相关的保函,以及已付各项目费用的银行付款水单(出具保函预借购付汇联方可交纳海运费)。同时,也可以凭水单开出已付费用的发票,交给财务记账。

2)领单、电放、海运单

(1)首先应及时去报关行将放行送后盖有码头章的第八联取回。

(2)凭第 4 联去船代交纳单证费,若为预付,当货主运费已付凭水单(本市正本,非本市可为副本但需货代保函)和第四联开出运费发票。

(3)领单(指领 MASTER B/C)。

①领提单就是拿第 8 联和单证费发票,运费发票(业务联)去船代签发提单

②若提单内容与第 8 联上的资料不同或者提单上需显示一些特殊内容(如 B/L 上显示非木包装,ALSO NOTFY CLEAN BOARD 及船证等)都需让货主提代正本保函,并让船东确认同意,再加上货代保函才能签收提单。

③若货主许倒签提单提供的保函格式为外代规定格式,并一定应由船东确认同意再加上货代保函。

注:领提单时间应等船开后,大副收据(第 7 联)由船东拿回船代经核对后船代才会签发提单,一般要等船开半天后才行,不过若船东自己可以签发提单的,就可以在船开后就签发单更改保函,只要货主的就行。

(4)电放。在货物装船、船公司签发提单的情况下,收货人必须交出一份经适当背书(du-lyendorsed)的正本提单(在变更卸货港时或在其他特殊情况下,通常应交出全套正本提单)(注:这是提单作为缴还证券的性质,即提单上请求提货权利的实现必须以交还提单为要件),并且还应付清所有应支付费用,然后方能在卸货港取得提货单(delivery order,D/O),提取货物。

当收货人无法及时获得提单,则通常是收货人凭保证书换取提货单后提货(注:请区分航运实践中通常使用的"保函"的概念和担保法中"保证"的概念)。但是,船公司不能以保证书对抗第三人(持有提单的真正的收货人),因为提单是承运人保证据以交付货物的单证。提单中载明的向记名人交付货物,或者按照指示人的指示交付货物,或者向提单持有人交付货物的条款,构成承运人据以交付货物的保证。

为了使收货人可以在某些无法及时取得提单、而船公司又不愿意凭保证书交付货物的情况下能及时提取货物,实践中就产生了"电放"的做法。人们通常所说的"电放"是狭义上的概念,即托运人(发货人)将货物装船后将承运人(或其代理人)所签发的全套正本提单交回承运人(或其代理人),同时指定收货人(非记名提单的情况下);承运人授权(通常是以电传、电报等通讯方式通知)其在卸货港的代理人,在收货人不出具正本提单(已收回)的情况下交付货物。

因此,"电放"的法律原理是:在承运人签发提单的情况下,当收回提单时即可交付货物(或

签发提货单)。由于承运人收回提单的地点是在交付货物(卸货港)以外的地点(通常是在装货港),视其为特殊情况,所以收回全套正本提单。然而,目前有关的国际公约、各国的法律(如中国的海商法)和法规中均无"电放"的定义。

电放应由托运人提供书面申请或保函,在已签发正本提单的情况下,则应收回全套正本提单后方能做电放。

(5)SEAWAYBILL:基本上等同于电放,但是不是每个目的港都允许做 SEAWAYBILL 的。(一般不需费用)凭第 8 联,单证费发票,海运费发票(附件)在加上货主正本保函去船东办理,交付电放费取的船东的电放通知。

3)催款

(1)票结:票结客户应该遵守见款放单的原则

(2)月结:月结客户在开航后就可以直接放单给客户。

4.1.4 集装箱进口业务流程

(1)收到客户的全套单据后,要查清该进口货物属于哪家船公司承运、哪家作为船舶代理、在哪儿可以换到供通关用的提货单(注:全套单据包括带背书的正本提单或电放(telex released,电子放单)副本、装箱单、发票、合同)。

> **注意事项:**
> ①提前与船公司或船舶代理部门联系,确定船到港时间、地点,如需转船应确认二程船名。
> ②与船公司或船舶代理部门确认换单费、押箱费、换单的时间。
> ③提前联系好场站,确认好提箱费、掏箱费、装车费、回空费。

(2)凭带背书的正本提单(如是电报放货,可带电报放货的传真件与保函)去船公司或船舶代理部门换取提货单和设备交接单。

> **注意事项:**
> ①背书有两种形式,如果提单上收货人栏显示"TO ORDER"则由"SHIPPER"背书;如果收货人栏显示其真正的收货人,则需收货人背书。
> ②保函是由进口方出具给船舶代理的一份请求放货的书面证明。保函内容包括进口港、目的港、船名、航次、提单号、件重尺及进口方签章。
> ③换单时应仔细核对提单或电放副本与提货单上的集装箱箱号及封号是否一致。
> ④提货单共分五联,白色为提货联、蓝色为费用账单、红色也为费用账单、绿色为交货记录、浅绿色为交货记录。
> ⑤设备交接单:它是集装箱进出灌区、场站时,用箱人、运箱人与管箱人或其代理人之间交接集装箱及其他机械设备的凭证,并兼管箱人发放集装箱的凭证的功能。当集装箱或机械设备在集装箱码头堆场或货运站借出或回收时,由码头堆场或货运站制作设备交接单,经双方签字后,作为两者之间设备交接的凭证。

集装箱设备交接单分进场和出场两种,交接手续均在码头堆场大门口办理。出码头堆场时,码头堆场工作人员与用箱人、运箱人就设备交接单上的以下主要内容共同进行审核:用箱人名称和地址,出堆场时间与目的,集装箱箱号、规格、封志号以及是空箱还是重箱,有关机械

设备的情况,正常还是异常等。

　　进码头堆场时,码头堆场的工作人员与用箱人、运箱人就设备交接单上的下列内容共同进行审核:集装箱、机械设备归还日期、具体时间,及归还时的外表状况,集装箱、机械设备归还人的名称与地址,进堆场的目的,整箱货交箱货主的名称和地址,拟装船的船次、航线、卸箱港等。

　　(3)用换来的提货单(1、3)联。并附上报关单据前去报关。

　　报关单据:包括正本箱单、正本发票、合同、进口报关单一式两份、正本报关委托协议书、海关监管条件所涉及的各类证件,提货单(1、3)联。海关放行后,在白联上加盖放行章,发还给进口方作为提货的凭证。

注意事项:

　　①收到客户全套单据后,应确认货物的商品编码,然后查阅海关税则,确认进口税率,确认货物需要什么监管条件,如需做各种检验,则应在报关前向有关机构报验。报验所需单据:报验申请单、正本箱单发票、合同、进口报关单两份。

　　②换单时应催促船舶代理部门及时给海关传舱单,如有问题应与海关舱单室取得联系,确认舱单是否转到海关。

　　③当海关要求开箱查验货物时,应提前与场站取得联系,调配机力将所查箱子调至海关指定的场站。(事先应与场站确认好调箱费、掏箱费)

---

　　(4)法检商品应办理验货手续。

　　如需商检,则要在报关前,拿进口商检申请单(带公章)和两份报关单办理登记手续,并在报关单上盖商检登记在案章以便通关。验货手续在最终目的地办理。如需动植检,也要在报关前拿箱单发票合同报关单去代报验机构申请报验,在报关单上盖放行以便通关,验货手续可在通关后堆场进行。

　　(5)海关通关放行后应去三检大厅办理三检。向大厅内的代理报验机构提供箱单、发票、合同报关单,由他们代理报验。报验后,可在大厅内统一窗口交费。并在白色提货单上盖三检放行章。

　　(6)三检手续办理后,去港池大厅交港杂费。港杂费用结清后,港方将提货联退给提货人供提货用。

　　(7)所有提货手续办妥后,可通知事先联系好的堆场提货。

注意事项:

　　①首先应与港池调度室取得联系安排计划。

　　②根据提箱的多少,与堆场联系足够的车辆,尽可能按港方要求时间内提清,以免产生转栈堆存费用。

　　③提箱过程中应与堆场有关人员共同检查箱体是否有重大残破,如有,要求港方在设备交接单上签残。

---

　　(8)重箱由堆场提到场地后,应在免费期内及时掏箱以免产生滞箱。

　　(9)货物提清后,从场站取回设备交接单证明箱体无残损,去船公司或船舶代理部门取回押箱费。

实战演练

请根据信用证相关内容确认提单,若有误请予以改正。

L/C No.：894010151719

PLACE AND DATE OF ISSUE：HONG KONG MAR 04,2004

APPLICANT：BERNARD & COMPANY LIMITED

UNIT 1001－3 10/F YUE XIU BLDG

160－174 *LOCKHART ROAD*

WANCHAI HONG KONG

BENEFICIARY：NANJING CANTI IMPORT AND EXPORT CORP.

120 MX STREET，NANJING，CHINA

SHIPMENT：FROM SHANGHAI, CHINA TO SYDNEY，AUSTRALIA BEFORE

APR. 04，2004

TRANSHIPMENT：ALLOWED

PARTIAL SHIPMENT：NOT ALLOWED

DOCUMENTS REQUIRED：

-FULL SET OF CLEAN ON BOARD FREIGHT COLLECT OCEAN BILL OF LADING，MADE OUT TO ORDER OF SHIPPER AND BLANK ENDORSED, MARKED "NOTIFY ID COM CO.，79－81 WALES RD，NSW，AUSTRALIA" AND THE L/C NO.

-INVOICE IN TRIPLICATE

-PACKING LIST IN TRIPLICATE

DESCRIPTION OF GOODS：LUGGAGE SET OF 8 PCS

SHIPPER： NANJING CANTI IMPORT AND EXPORT LTD. *120 MX STREET，NANJING，CHINA*	B/L NO.：
CONSIGNEE： TO ORDER	
NOTIFY： BERNARD & COMPANY LIMITED UNIT 1001－3 10/F YUE XIU BLDG, *160－174 LOCKHART ROAD* WANCHAI HONG KONG	COSCO OCEAN BILL OF LADING

PRE CARRIAGE BY	PORT OF LOADING SHANGHAI, CHINA	PORT OF RECEIPT SHANGHAI, CHINA

OCEAN VESSEL / VOYAGE NO. BERLIN EXPRESS V. 06W01		PORT OF DISCHARGE SYDNEY, AUSTRALIA	PLACE OF DELIVERY SYDNEY, AUSTRALIA	
MKS& NOS. CONTAINER NO. SEAL NUMBER	NOS AND KIND OF PKGS	DESCRIPTION OF GOODS	GROSS WEIGHT	MEASURE— MENT
ID COM PART OF 1×40'GP MLCU4578618/C423776 FREIGHT PREPAID	372CNTS	SAID TO CONTAIN: LUGGAGE SET OF 5PCS	8484.00KGS	47.768CBM

TOTAL NO. OF CONTAINERS
OR PACKAGES (IN WORDS)：SAY THREE HUNDRED AND SEVENTY CARTONS ONLY

	NO. OF ORIGINAL B/Ls THREE (3)	FREIGHT PAYBALE AT DESTINATION
OVERSEA OFFICE OR DESTINATION PORT AGENT	ON BOARD DATE 2004—04—08	PLACE & DATE OF ISSUE SHANGHAI, 04—04—08
	SIGNED BY: AS AGENT FOR THE CARRIER	

子任务 4.2　托运拼箱货物

任务引领

本任务将引领学生学习集装箱拼箱货物的操作。

随着国际贸易的迅速发展和运输服务的不断延伸,集装箱的拼箱运输被广泛的采用,但拼箱运输不同于整箱运输,它的运输要求有其特殊性、独立性。

因船公司只接受整箱货物的订舱,而不直接接受拼箱货的订舱,只有通过货运代理(个别实力雄厚的船公司通过其物流公司)将拼箱货拼整后才能向船公司订舱。几乎所有的拼箱货都是通过货代公司"集中办托,集中分拨"来实现运输的。

一般的货运代理由于货源的局限性,只能集中向几家船公司订舱,很少能满足指定船公司的需求。因船公司不直接接受拼箱货的订舱,船公司的海运提单是出给货代的,而由货代再签发 HOUSE B/L(货代提单)给发货人,拼箱货一般不能接受指定某具体船公司。

因此在成交拼箱货时,尽量不要接受指定船公司的运输条款,以免在办理托运时无法满足要求。在与客户洽谈成交时,应特别注意相关运输条款,以免对方的信用证开出后在办理托运时才发现无法满足运输条款。

(1)拼箱(less than container load,简称 LCL)。拼箱,是指承运人(或代理人)接受货主托运的数量不足整箱的小票货运后,根据货类性质和目的地进行分类整理,把去同一目的地的货,集中到一定数量拼装入箱。由于一个箱内有不同货主的货拼装在一起,所以称为拼箱。这种情况在货主托运数量不足装满整箱时采用。不满一整箱的小票货物称拼箱货,是整箱货的相对用语。拼箱货的分类、整理、集中、装箱(拆箱)、交货等工作均在承运人码头集装箱货运站或内陆集装箱转运站进行。

通常是由承运人分别揽货,并在集装箱货运站或内陆站集中,而后将两票或者两票以上的货物拼装在一个集装箱内,同样要在目的集装箱货运站或内陆站拆箱分别交货。对于这种货物,承运人要负担装箱与拆箱作业,装拆箱费用仍向发货人收取。承运人对拼箱货的责任,基本上与传统杂货运输相同。

(2)拼箱特点。从实际操作看,拼箱货的承运方式 80%以上走站到站,其次是门到门、门到站、站到门。这主要是由拼箱货的性质决定的:

①不同发货人和收货人货物的集成:拼箱中拼成的整箱是由多个不同的发货人和收货人的货物所组成。

②贸易条款和进出口国对各类商品的限制和要求不同:有些商品和货物在出口时没有限制规定,但进口国有,一旦发生此类事情,不但会影响该票货物的通关,还会直接影响到同箱运输的其他货物。

③报关、检验等进出口货物的环节上不同:同箱运输的数票货物,如有一票在通关、检验方面发生问题,包括漏检、漏验项目,时间的延误,就会影响拼成的整箱运输。

④单证齐全及货物的一致性:各种单证是否齐全,发收货人及目的港、货物的品名、规格、包装、数量、重量、尺码等都不能产生任何误差。如重量,要是每一票都有微量超重,就会影响到整箱的大幅超重,轻则给集装箱运输造成困难,重则会发生运输事故;再如尺码,如果每一票都有微量超出,那集成的体积可能就会大于集装箱内容积而造成货物装不下甚至甩载,进而影响整个集装箱货物的出运。

⑤临时变更:从生产地到最后装船启航,贸易商及发货人会不断地检查和核实货物的真实情况,如发现误差,包括主观和客观造成的,都会提出修改单证,或调整货物。因此,专业性的拼箱公司的职责,就是要是在货物装箱前,把货物所有情况都核实清楚,并且还要准确地判断货物到达目的港后可能发生的各种事宜。如有问题要及时和相关方面进行联系,以保证货物的顺利送达。因拼箱过程中涉及货物票数较多,所以像这样的更改会较整箱货物频繁。

(3)拼箱可以分为直拼或转拼。直拼是指拼箱集装箱内的货物在同一个港口装卸,在货物到达目的港前不拆箱,即货物为同一卸货港。此类拼箱服务运期短,方便快捷,一般有实力的拼箱公司会提供此类服务。转拼是指集装箱内不是同一目的港的货物,需要在中途拆箱卸货或转船。此类货物因目的港不一,待船时间长等因素,故运期较长,运费偏高。

(4)拼箱货一般不能接受指定某具体船公司,船公司只接受整箱货物的订舱,而不直接接受拼箱货的订舱,只有通过货运代理(个别实力雄厚的船公司通过其物流公司)将拼箱货拼整后才能向船公司订舱,几乎所有的拼箱货都是通过货代公司集中办托,集中分拨来实现运输的,华东地区的拼箱集散港基本上为上海港。一般的货运代理由于货源的局限性,只能集中向几家船公司订舱,很少能满足指定船公司的需求,因此在成交拼箱货时,尽量不要接受指定船公司,以免在办理托运时无法满足要求。

(5)在与客户洽谈成交时,应特别注意相关运输条款,以免对方的信用证开出后在办理托运时才发现无法满足运输条款。日常操作中我们时常遇到信用证规定拼箱货运输不接受货运代理的提单,因船公司不直接接受拼箱货的订舱,船公司的海运提单是出给货代的,而由货代再签发 house B/L 给发货人,如果信用证规定不接受货代 B/L,那么实际运输办理时就无选择空间,就会造成信用证的不符。又如,我们在办理运输时,发现一份托单注明:Goods must be shipped in container on LCL basis and Bill of Lading to evidence the same and to show that all LCL. handling charges,THC and delivery order charges at thd port of discharges are prepaid. 从上面这段信用证的原文可以看出,收货人将本应由他承担的费用统统转嫁到了发货人身上,这是贸易洽谈时发货人与客户并未就运输条款详细磋商所致。

(6)拼箱货的计费吨力求做到准确。拼箱货交货前,应要求工厂对货物重量和尺码的测量要尽可能地准确,送货到货代指定的仓库存放时,仓库一般会重新测量,并会以重新测量的尺码及重量为收费标准。如遇工厂更改包装,应要求工厂及时通知,不要等到货送到货代仓库时,通过货代将信息反馈回来,往往时间已经很紧,再更改报关单据,很容易耽误报关,或产生加急报关费和冲港费等。

(7)有些港口因拼箱货源不足、成本偏高等原因,专做拼箱的货代公司对货量较少的货物采取最低收费标准,如最低起算为 2 个运费吨,即不足 2 个运费吨,一律按 2 个运费吨计价收费。因此对货量较小、港口较偏的货物在成交时要多考虑到一些这样的因素,以免日后被动。

(8)对于一些航线及港口较偏僻,并且客户提出要交货到内陆点的拼箱货,成交签约前最好先咨询,确认有船公司及货代公司可以承接办理这些偏僻港口、内陆点交货及相关费用后再签约。

(9)各地海关对敏感性和受商标产权保护的商品重点查验。对于涉及知识产权的货物,应提前填妥知识产权申报表,无论有无品牌,也无论是本公司或工厂注册的商标,还是客户定牌,都应事前准备妥相关的注册商标的资料或客户的授权书;对于货物品种繁多,一票托单中有多种不同类型的商品,制单时应详尽罗列各种货名及货号,不要笼统用一个大类商品编码代替,报关时会引起海关的疑问,被查验时发现与实际货物不符,带来不予放行的麻烦。

(10)需要注意的问题:

①海关、国检工作时间:09:00—12:00,14:00—17:00。

②报关行工作时间:08:30—12:00;14:00—17:00。

③货物进场时间,船离港 24~12 小时之前。

(11)拼箱出运巧安排。当前的货运市场,已形成了由几个大货代垄断的局面。但某些货代出于其利润最大化的目的,在实际操作中,不论其实力如何,往往都以丈量货物尺码的手段来获取额外利润。具体做法是,每当货物送到指定仓库时,现场收货人都会当着送货人的面,一箱一箱丈量货物的外包装,并要求送货人员签字确认,由于涨尺码和工厂无直接经济利益关系,送货员一般都会签字。当天或次日,该单据就会传真到外贸公司,要求确认,并以暂不出运、暂不签发到公司、暂不退还"三单"相威胁。因为装期即至,货到仓库,主动权在货代手里。这样使外贸公司吃亏不小,非常被动。

现实中,对于纸箱包装,特别是服装产品,一旦装箱,肯定和纸箱上标明的长宽高不一样,10立方米的货物总要涨出1~2 CBM,甚至更多。表面看来货主亏,但到现场,当货物装箱打包后,往往是中间高出一块,有1~2厘米不等,就一个纸箱来说是涨了,但你不是用一个纸箱来装满集装箱的,而是用几十个、几百个纸箱来装箱的,纸箱在集装箱内是一个压一个的,由于自重,下面的纸箱凸起部分被上面的几个箱压平了,5个或10个箱子叠起来的高度,并不等于被丈量的每个纸箱高度的总和。有的货代辩解说,上面的几个箱子怎么处理?在实际操作中,可在装上面几箱时,先在下面用脚踩一下,在它还不及反弹之前快装上去。如果不深入实际,不亲自操作,就不会发现还有这样的误差,外贸公司的正当利益就会受到侵害。

当然走拼箱的货物,注重运费的高低固然重要,但由于其往往意义重大,所以更重要的是货物能否按时到达,如果产生差错和耽误,可能会给发货人造成被动:一是可能失去机会,造成损失;二是如果再用空运的方式去补救,货主的成本无疑会加大。所以货主在选择货代公司时,除考虑价格因素外,更重要的是看其服务的可靠性。

4.2.1 拼箱货业务操作和三个主要当事人

1. 拼箱业务流程图

拼箱业务流程如图4.2所示。

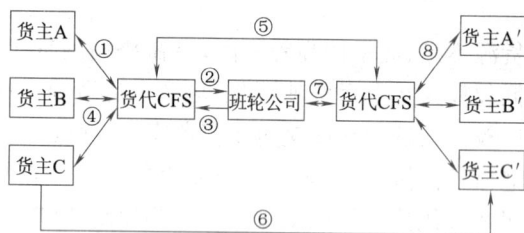

图4.2 拼箱货业务流程图

(1)A、B、C等不同货主(发货人)将不足一个集装箱的货物(LCL)交拼箱经营人。

(2)拼箱经营人将拼箱货物拼装成整箱后,向班轮公司办理整箱货物运输。

(3)整箱货装船后,班轮公司签发B/L或其他单据(如海运单)给拼箱经营人。

(4)拼箱经营人在货物装船后也签发自己的提单(house B/L)给每一个货主(发货人)。

(5)拼箱经营人将货物装船及船舶预计抵达卸货港等信息告知其卸货港的机构(代理人)同时,还将班轮公司B/L及house B/L的复印件等单据交卸货港代理人,以便向班轮公司提货和向收货人交付货物。

(6)货主之间办理包括house B/L在内的有关单证的交接。

(7)拼箱经营人在卸货港的代理人凭班轮公司的提单提取整箱货。

(8)A′、B′、C′等不同收货人凭house B/L在CFS提取拼箱货。

2. 拼箱业务中的三个主要当事人

(1)发货人(货主,出口厂、进出口公司)。

（2）货运代理公司 Forwarder（或拼箱公司、经营拼箱业务）。

（3）船公司。

3. 拼箱业务操作流程及单证流转

1）客户订舱

发货人把托运单传给货运代理，写明整箱还是拼箱。客户提供货名、包装类别、数量、重量、体积、目的港等资料。如果被委托方无法接受或满足委托书上的某些要求，被委托方要及时作出反应，以免耽误船期。

2）货代订舱，船公司订舱确认

（1）货代订舱：

①发货人根据贸易合同或信用证条款的规定，在货物托运之前一定时间（最迟在船舶到港前5天）内，填制集装箱货物订舱单，向船公司或其代理人，或经营运输的其他人申请订舱。订舱单（也称托运单、委托书）是发货人向船公司或其代理人，或经营运输的其他人提出托运的单证，一经承运人签证确认，即成为承、托双方订舱的凭证。

②订舱单内容：

● 收货人、通知人、商品名称（中英文）。唛头、件数、包装、毛重、尺码、起运港、目的港、中转港、装运期限、配载要求、货物交运日期以及交运方式、可否分批装运；集装箱类别、数量以及装箱或提箱要求；运费结算方式（预付、到付金额）。

● 其他特殊事项：例如危险品、冷冻货的特殊说明。

● 提单记载事项：提单发货人、收货人、通知人、正本份数以及信用证要求。

（2）船公司订舱确认：船公司或者船代接受托运申请后，编制订舱确认单给货运代理，货运代理依据此办理排载及提箱事宜。

集装箱出口货物托运十联单：

第一联：集装箱货物托运单，B/N（货主留底）。

第二联：集装箱货物托运单（船代留底）。

第三联：运费通知（1）。

第四联：运费通知（2）。

第五联：场站收据（装货单，S/O）。

第六联：大副联（场站收据副本）。

第七联：场站收据正本（大副收据，D/R）。

（第五～七联报关用，同意出口，即在S/O上加盖放行章）

第八联：货代留底。

第九联：配舱回单（1）。

第十联：配舱回单（2）。

（3）通知并安排货物入仓：

货代订下船舱位后，根据船泊港情况，制作"拼箱货物入仓单"，并传真一张进仓图给发货人，发货人再转交给发车司机。必须按照进仓图上注明的时间以前到达海关监管仓库（拼箱仓库、集装箱货运站）。

"拼箱货物入仓单"注明编号并写明该拼箱货物的目的港、指定仓库的地图及联系方式、收货结单时间、报关所需资料、注意事项等内容。

货物入仓时必须凭"拼箱货物入仓单"。若发货人自己负责送货入仓,则传真"入仓单"及存仓委托书给发货人。由发货人自行拉货到海关监管仓库进行拼柜。

若为代拖,则将"入仓单"传真给与拼箱公司有协议的拖车行,并将装货吨车的车牌号、司机姓名与联系电话等信息告之客户。

按照要求,拼箱货物包装上必须印刷有清晰的唛头。

入仓前需交齐填写完整的报关资料,否则仓库不予收货。

(4)在仓报关:拼箱货入仓后安排报关。可以货主自报,也可以委托货代或拼箱公司代报。各地情况有所不同。如:深圳监管仓库的拼箱不能由货主自报,必须将填写完整的报关资料在货物入仓前及时交仓库方面代报。

①一般情况下,发货人提供的报关资料包括发票、装箱清单、报关委托书和核销单等。

②报关时间应在船开前两天至三天。

③报关行凭发货人所提供的资料,先打出报关单,并进行报关单预录入。申报数据录入电子计算机,海关接收到后,才可以向海关正式递交相关报关单证。

④整个报关过程需要半个到一个工作日。如果出口商品为国家规定需要做商检的物品,则需要发货人提供有关报检换单的相关单证。需提供发货人的发票、装箱单、销售合同,以及柜检单、报检委托书和一份已盖完进场章的排载单复制文件,委托报关行办理换通关单手续。报关时,报关单必须与报关资料一起递交海关。

(5)出仓装柜。所有货物均入库报关放行后,拼箱公司制作出仓单给仓库通知装柜。同时安排可转关车辆提柜,在指定的时间到仓库装柜,将司机本、司机纸等资料交到仓库。仓库按指示在配载装箱完毕后,打印出库装箱清单,连同司机本及其他所有报关资料交仓库直属海关申报后,拖车司机交柜到出口口岸码头,然后由拼箱公司或其指定的报关行向出口口岸直属海关进行转关申报。

也有一些地方采用"先拼箱,再报关"的模式,拼箱后由拼箱人统一报关。

(6)整柜海运。出口港海关放行后,码头根据装船计划将集装箱装船,通过海上运输将集装箱运至卸货港。货物出运后,货代应提供目的港代理资料、二程预配信息给托运人,托运人可根据相关资料联系目的港清关提货事宜。

(7)提单签发。船公司签发提单给货代或拼箱公司,货代或拼箱公司根据发货人的装箱准单分别签发相对应的货代提单(House B/L、分提单、货代或拼箱公司自己的提单),交付给每一个发货人。

实战演练

某国际货运代理企业经营国际集装箱拼箱业务,此时他是 CONSOLIDATOR,由于他签发自己的提单,所以他是无船承运人(以下称为无船承运人)。9 月 15 日,该无船承运人在 KOBE 港自己的 CFS 将分别属于六个不同发货人的拼箱货装入一个 20 英尺的集装箱,然后向某班轮公司托运。该集装箱于 9 月 18 日装船,班轮公司签发给无船承运人 CY/CY 交接的 FCL 条款下的 MAS1、ER B/L 一套;无船承运人然后向不同的发货人分别签发了 CFS/CFS 交接的 LCL 条款下的 HOUSE B/L 共六套,所有的提单都是清洁提单。9 月 23 日载货船舶抵达提单上记载的卸货港。第二天,无船承运人从班轮公司的 CY 提取了外表状况良好和铅

封完整的集装箱(货物),并在卸货港自己的 CFS 拆箱,拆箱时发现两件货物损坏。9 月 25 日收货人凭无船承运人签发的提单前来提货,发现货物损坏。请问:

(1)收货人向无船承运人提出货物损坏赔偿的请求时无船承运人是否要承担责任? 为什么?

(2)如果无船承运人向班轮公司提出集装箱货物损坏的赔偿请求时,班轮公司是否要承担责任? 为什么?

(3)无船承运人如何防范这种风险?

任务小结

在本任务中,我们主要介绍了集装箱的分类、整箱和拼箱货的货运流程。对业务流程的各个环节作了分解。通过完成本任务可以高效组织集装箱的海运工作。

任务模拟演练

实训演练项目:集装箱货物托运

某出口公司接到一份信用证,目的港是去 DUBAI,要求走整箱,船为 MAERK、YML 等,但是当该出口公司看到实际货物不足 28 方时,就走了拼箱,当签好货代单后送银行,银行说提单上一定要有 MAERSK/YML LINES 字样,请问该出口公司犯了什么错误?

学习任务5　航空货物运输

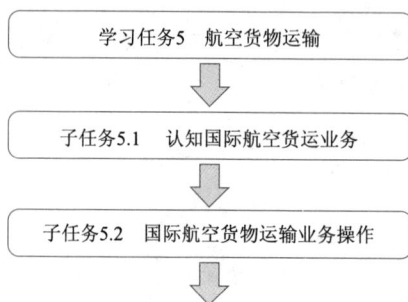

能力目标

通过本任务的学习,应该能够:

(1)学会选择合适的空运方式并能设计合理的运输线路

(2)能进行航空运费计算

(3)能缮制航空货运单证

(4)能进行航空运输综合业务操作

(5)能熟知空代岗位的主要职责和能力要求

核心能力

(1)航空运输线路选择

(2)航空运费计算

(3)航空运单缮制

(4)航空运输业务操作

学习导航

```
┌─────────────────────────────┐
│   学习任务5  航空货物运输      │
└─────────────────────────────┘
              ↓
┌─────────────────────────────┐
│  子任务5.1  认知国际航空货运业务 │
└─────────────────────────────┘
              ↓
┌─────────────────────────────┐
│ 子任务5.2  国际航空货物运输业务操作 │
└─────────────────────────────┘
              ↓
```

子任务5.3　航空货运运价及运费

子任务5.4　航空货运单

子任务5.5　特种货物收运

案例导入

资料一：

迪拜货运门户毗邻快速发展的迪拜国际机场,2008年货运量为182万吨。作为中东第一家获得 ISO 9002 认证(1998年)的货运处理中心,迪拜货运门户将自己视为连接欧洲和远东的重要经停站。2008年,迪拜货运门户投入使用了新的大型货运站,使得货运站的货运处理能力达到了每年270万吨。这个 43 699 米^2 的货运站专属本地阿联酋天空货运使用,拥有自动货物处理系统以及实时的货物跟踪能力。迪拜货运门户的主要货运建筑面积 24 986 米^2,货物处理能力为每天 7 420 吨。现场的一个存储区域又额外提供了308个集装箱位置,以及56个卡车停靠站。

上海浦东国际机场货运楼 2008 年的货运量为259万吨。1999年,"上海浦东国际机场货运站公司"由上海机场集团、汉莎货运公司以及 JHJ 物流管理公司共同成立。这个项目投资了479万元,此举将浦东国际机场打造成了中国最主要的货运站之一。该货运楼占地 135 000 米^2,包括了货运楼、停车厂、货物派送和装载区域以及一个危险品存储库。当然,这里也有专门为易损物品、动物和邮件准备的存储空间。

资料二：

一家货代公司空运部门新招的员工由于空运操作知识匮乏,理论与实践未有机结合,结果在业务办理过程中出现了一系列的问题:飞行时间算错;航空货运流程乱了套;明明是指定的商品运价却用了普货运价造成计算严重偏差;当填制货运单时由于马虎,单子被打了回来……,影响了公司的工作效率和经济效益。

(资料来源:改编自 http://news.ccaonline.cn/front/top10CargoHubAirports/)

问题:

(1)请分析提高我国航空业务发展水平的对策。

(2)请分析解决航空代理人才匮乏的途径有哪些。

(3)思考航空代理人才应该具备什么样的能力。

学习任务描述

随着经济全球化进程的加快和市场竞争的日益激烈,航空货运因其所具有的快速、总成本节约等优势,已成为世界经济持续增长的重要推动力量,加快发展航空货运已被普遍视为提升经济发展水平和增强竞争实力的有效手段。本任务分为以下6个子任务:

子任务模块剖析

子任务 5.1　认知国际航空货运业务

任务引领

本任务将引领学生对航空货运业务有个初步概括性的了解,熟悉航空货运方式、设备设施、主要国际航空货运组织及航权,学会计算国际航空飞行时间,以此搭建起清晰的学习体系、脉络和目标。

5.1.1　认知国际航空运输

1. 国际航空货运特点

(1)运送速度快。航空线路不受地面条件限制,一般可在两点间直线飞行,航程比地面短得多,而且运程越远,快速的特点就越显著。对于鲜活易腐商品适合于航空运输,这类商品对时间的要求极为敏感,如果运输时间过长,则可能使商品变为废品,无法供应市场。

(2)有利于商品抢行就市。当前国际市场竞争激烈,商品每年都在更新。新产品可以通过航空运输抢占市场,卖出好价钱,提高企业商品的竞争能力。对于季节性强的商品和应急物品的运送也必须要抢行就市,争取时间,否则变为滞销商品。

(3)准确性、安全性好。航空运输管理制度比较完善,货物的破损率低,可保证运输质量。如使用空运集装箱,则更为安全。飞机航行有一定的班期,可保证按时到达。

(4)可节省生产企业的相关费用。由于航空运输速度快,商品在途时间短、周期快,存货可相对减少,储存和利息费用大大节省,资金可迅速收回。像计算机、精密仪器、电子产品、成套设备中的精密部分、贵稀金属、手表、照像器材、纺织品、服装、丝绸、皮革制品、中西药材及工艺品等价值高的商品,可以利用以上优点弥补运费高的缺陷。

知识链接

世界十大航空公司

(1)英国航空公司(BRITISHI AIRWAYS):总部英国伦敦希斯罗国际机场。

(2)法国航空公司(AIR FRANCE):总部法国巴黎戴高乐国际机场。

(3)德国汉莎航空公司(Lufthansa):总部德国法兰克福国际机场和慕尼黑国际机场。

(4)新加坡航空公司(SINGAPORE AIRLINES):总部新加坡章宜国际机场。

(5)美国联合航空公司(UNITED AIRLINES):总部美国芝加哥奥黑国际机场,丹佛国际机场,旧金山国际机场,洛杉矶国际机场。

(6)日本航空公司(Japan Airlines):总部日本东京成田国际机场,大阪关西国际机场。

(7)荷兰皇家航空公司(KLM):总部荷兰阿姆斯特丹斯西霍普国际机场。

(8)美国航空公司(American Airlines):总部美国达拉斯国际机场,洛杉矶国际机场,休斯顿国际机场。

(9)美国西北航空公司(NORTHWEST AIRLINES):总部美国明尼安纳波利斯国际机

场,底特律国际机场,纽约肯尼迪国际机场.

(10)澳大利亚快达航空公司(QANTAS):总部澳大利亚悉尼金斯福德国际机场,墨尔本国际机场。

2. 国际航空货运方式

1)班机运输(scheduled airline)

班机是指定期开航的,定航线、定始发站、定目的港、定途经站的飞机。一般航空公司都使用客货混合型飞机(combination carrier),一方面搭载旅客,一方面又运送少量货物。但一些较大的航空公司在一些航线上开辟定期的货运航班,使用全货机(All Cargo Carrier)运输。

2)包机运输(chartered carrier)

包机运输是指航空公司按照约定的条件和费率,将整架飞机租给一个或若干个包机人(包机人指发货人或航空货运代理公司),从一个或几个航空站装运货物至指定目的地。包机运输方式可分为整包机和部分包机两类。包机运输适合于大宗货物运输,费率低于班机,但运送时间则比班机要长些。

3)集中托运(consolidation)

集中托运指集中托运人将若干批单独发运的货物组成一整批,向航空公司办理托运,采用一份航空总运单(MAWB)集中发运到同一目的站,由集中托运人(consolidator)在目的地指定的代理收货,再根据集中托运人签发的航空分运单(HAWB)分拨给各实际收货人的运输方式。这是航空货物运输中开展最为普遍的一种运输方式,也是航空货运代理的主要业务之一。

(1)集中托运的特点:

①节省运费:航空货运公司的集中托运运价一般都低于航空协会的运价。发货人可得到低于航于航空公司运价,从而节省费用。

②提供方便:将货物集中托运,可使货物到达航空公司到达地点以外的地方,延伸了航空公司的服务,方便了货主。

③提早结汇:发货人将货物交与航空货运代理后,即可取得货物分运单,可持分运单到银行尽早办理结汇。

图 5.1 为航空集中托运流程图。

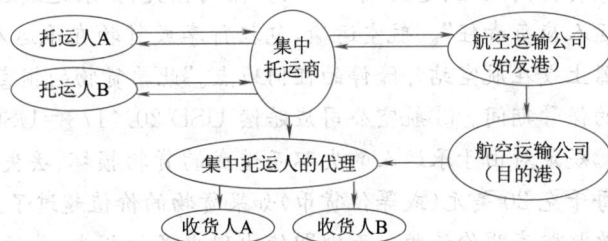

图 5.1　航空集中托运流程图

(2)集中托运的限制:

①集中托运只适合办理普通货物,对于等级运价的货物,如:珍贵物品、活动物、危险品、外交信袋等,根据航空公司的规定不得采用集中托运的形式。

②由于集中托运的情况下,货物的出运时间不能确定,所以不适合易腐烂变质的货物、紧急货物或其他对时间要求高的货物的运输。

③对书本等可以享受航空公司优惠运价的货物来讲,使用集中托运的形式可能不仅不能

享受到运费的节约,反而使托运人运费负担加重。

4)陆空陆联运(TAT combined transport)

我国空运出口通常采用陆空联运方式。陆空联运方式是火车、飞机和卡车的联合运输方式。陆空陆联运分三种:一是 TAT,即 Train-Air-Truck 的联运;二是 TA,即 Truck-Air 的联运;三是 TA,即 Train-Air 的联运。

知识链接

卡车航班

卡车航班是指航空公司在货物始发地与中转航站、或中转航站与最终目的地之间固定开辟地面运输路线,与地面运输承运人签署外包协议,进行货物陆空联运的运输形式。卡车航班是作为航空运输的延伸服务来运作的。通常作为空陆联运过程中的地面段运输工具,和飞机航班一样有航班号、承运人、起点站、目的站、预计进出港时间等属性。

使用卡车航班运输时,虽然是地面运输,却遵守国际航协的很多空运管理规范(如航班、货物处于特定状态时,发送航空电报、生成特定单据等),故在空陆联运时,便于航空公司及时了解货物运输情况。如沈阳海关已开通北京、天津、上海、长春、大连 5 个城市的卡车航班,货物运抵上述空港后,再由卡车代替飞机航班将国际货物运至沈阳,在沈阳桃仙机场海关通关验放。

案例分析:一票航空运输的货物,从新加坡经北京中转到天津,运输的是机器设备,货运单号 555－89783442(Airport of departure:新加坡;Airport of destination:天津),3 件货物重 178 千克,计费重量共 206 千克,从新加坡运往北京采用的是飞机运输,再从北京转运天津时,使用卡车航班,但在高速公路上,不幸发生车祸,设备全部损坏,请问:航空公司是否应赔偿?理由何在?如果赔偿,应赔偿多少?

解析:①航空公司应该赔偿。②此批货物属于国际运输,根据《华沙公约》第十八条第一款"对于交运的行李或货物因毁灭、遗失或损坏而产生的损失,如果造成这种损失的事故发生在航空运输期间,承运人应负责任"。航空运输,包括行李或货物在承运人保管的期间,不论在航空站内、在航空器上或在航空站外降停的任何地点。"此票货物的损害虽然是在公路上发生的,但是在承运人的保管期间。③航空公司应赔偿 USD 20×178＝USD 3 560

注:按《华沙公约》规定对由于承运人的失职而造成的货物损坏、丢失或错误等所承担的责任,其赔偿金额为每千克 20 美元(或等值货币)如果货物的价值超过了上述值,即增加了承运人的责任,承运人要收取声明价值费。否则即使出现更多的损失,承运人对超出的部分也不承担赔偿责任。货物的声明价值是针对整件货物而言,不允许对货物的某部份声明价值。声明价值费的收取依据货物的实际毛重,计算公式为:声明价值费＝(货物价值－货物毛重×20 美元/千克)×声明价值费费率

---

5)急件传递(air express)

急件传递不同于一般的航空邮寄和航空货运,它是由专门经营这项业务的公司与航空公司合作,设专人用最快的速度在货主、机场、用户之间进行传递。例如,传递公司接到发货人委托后,用最快的速度将货物送往机场赶装最快航班,随即用电传将航班号、货名、收货人及地址

通知国外代理接货,航班抵达后,国外代理提取货物后急送收货人。这种方式又称为"桌至桌"(desk to desk)运输。

6)送交业务(delivery business)

送交业务通常用于样品、目录、宣传资料、书籍报刊之类的空运业务,由国内空运代理委托国外代理办理报关、提取、转送并送交收货人。其有关费用均先由国内空运代理垫付,然后向委托人收取。

3. 航空运输设施设备

1)世界上最繁忙的航空线

(1)西欧—北美间的北大西洋航空线。该航线主要连接巴黎、伦敦、法兰克福、纽约、芝加哥、蒙特利亚等航空枢纽。

(2)西欧—中东—远东航空线。该航线连接西欧各主要机场至远东香港、北京、深圳、东京等机场。并途经雅典,开罗德黑兰、卡拉奇、新德里、曼谷、新加坡等重要航空站。

(3)远东—北美间的北太平洋航线。这是北京、香港、深圳、东京等机场经北太平洋上空至北美西海岸的温哥华,西雅图、旧金山、洛杉矶等机场的航空线。并可延伸至北美东海岸的机场。太平洋中部的火奴鲁鲁是该航线的主要中继加油站。

此外,还有北美—南美,西欧—南美,西欧—非洲,西欧—东南亚—澳新,远东—澳新,北美—澳新等重要国际航空线。

2)航空港

航空港是民用航空机场和有关服务设施构成的整体。航空港内配备有设施有:跑道与滑行道、停机坪、指挥塔或管制塔、助航系统、输油系统、机务维修区、货站等。

3)民用航空飞机

(1)按民用飞机用途可分为:

①全货机:主舱及下舱全部载货。

②全客机:只在下舱载货。

③客货混用机:在主舱前部设有旅客座椅,后部可装载货物,下舱内也可装载货物。

阅读资料:石家庄机场成为我省通往欧洲的国际货运基地

2010年4月世界载重量最大的全货机——安-225运输机载着145吨大型设备成功降落石家庄国际机场。

安-225大型货机由乌克兰安东诺夫航空公司执飞,为目前世界上最大的6发涡扇重型运输机,也是世界上载重量最大的全货机,全球只生产了一架。该机飞机翼展88.40米,机长84米,机高18.2米,最多可装载250吨货物,起飞全重达600吨。该货机2010年4月10日18时30分从德国汉堡起飞,途中经停新西伯利亚,4月11日14时05分飞抵石家庄机场,4月12日6时从石家庄机场飞抵泰国。

(2)根据主舱容积可分为:

①窄体飞机(narrow-body aircraft)。窄体飞机一般指飞机机身直径在3到4米,旅客座位之间有一个走廊(见图5.2),这类飞机往往只在其下货舱装运散货。常见的中短程窄体飞机有:波音717 道格拉斯DC-9 最后的衍生型,外直径3.4米;波音737 超越波音727,成为历

史上最畅销的商用客机机型,外直径 3.8 米;麦道 80 系列 DC-9 的发展型,外直径 3.4 米;福克 F28 外直径 3.3 米;图-134 外直径 2.9 米;等等。常见的中长程窄体飞机有:波音 707 第一款获得了商业成功的喷气式客机,外直径 3.8 米;波音 757 现役窄体式客机中体型最大的,外直径 3.8 米;道格拉斯 DC-8 系列是历史上最大的窄体亚音速客机,外径 4.1 米等。

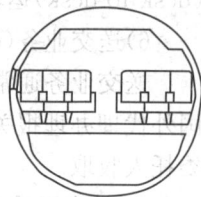

图 5.2 窄体飞机

②宽体飞机(Wide-body aircraft)。宽体飞机的机身较宽,客舱内有两条走廊,三排座椅,机身直径有 5 至 6 米以上的飞机(见图 5.3)。这类飞机可以装运集装箱货物和散货。已投入服务有波音 747、DC-10、L-1011、伊留申 Il-86、A310、波音 767、MD-11、伊留申 Il-96、波音 777(1995 年)、A380(2007 年)、波音 787。

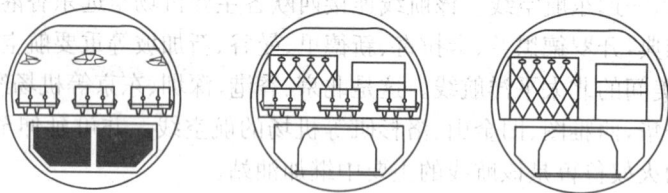

图 5.3 宽体飞机

4)集装设备

集装设备可分为:集装箱板(PALLET)、集装棚、航空集装箱。

(1)集装器种类:A——适航审定的集装箱;D——非适航审定的集装箱;P——适航审定的集装板;R——适航审定的保温集装箱;F——非适航审定的集装板。

(2)每个集装器都有 IATA(国际航空运输协会)编号,编号由九位字母与数字组成。以"AKE 3166 CA"为例,介绍集装器的识别代号如下:A——集装器种类代码;K——集装器底板尺寸代码;E——标准供外形和适配代码;3166——集装器识别编号;CA——集装器所属承运人。

5.1.2 国际航空货物运输组织

1. 国际民用航空组织

国际民用航空组织(international civil aviation organization,ICAO)是各国政府之间组成的国际航空运输机构(其 Logo 见图 5.4)。1944 年 11 月 1 日至 12 月 7 日,52 个国家在美国芝加哥举行国际民用航空会议,签订了《国际民用航空公约》(简称《芝加哥公约》),并决定成立过渡性的临时国际民用航空组织。1947 年 4 月 4 日《芝加哥公约》生效,国际民用航空组织正式成立,同年 5 月 13 日成为联合国的一个专门机构。秘书处为处理日常工作的机构。总部设在加拿大的蒙特利尔。

ICAO 宗旨:制定国际空中航行原则,发展国际空中航行技术,促进国际航行运输的发展,以保证国际民航的安全和增长;促进和平用途的航行器的设计和操作艺术;鼓励用于国际民航的航路、航站和航行设备的发展;满足世界人民对安全、正常、有效和经济的航空运输的需要;防止因不合理的竞争而造成经济上的浪费;保证缔约国的权利充分受到尊重,每一缔约国均有经营国际空运企业的公平的机会;避免缔约各国之间的差别待遇;促进国

图 5.4 ICAO

际航行的飞行安全。

2. 国际航空运输协会

国际航空运输协会(international air transport association,IATA)是一个由世界各国航空公司所组成的大型国际组织,其前身是 1919 年在海牙成立并在"二战"时解体的国际航空业务协会(其 Logo 见图 5.5)。从组织形式上是一个航空企业的行业联盟,属非官方性质组织,但实际上是一个半官方组织。

1944 年 12 月,出席芝加哥国际民航会议的一些政府代表和顾问以及空运企业的代表聚会,商定成立一个委员会为新的组织起草章程。1945 年 4 月 16 日在哈瓦那会议上修改并通过了草案章程后,国际航空运输协会成立。总部设在加拿大蒙特利尔,执行机构设在日内瓦。

图 5.5　IATA

IATA 的宗旨:为了世界人民的利益,促进安全、正常和经济的航空运输,扶植航空交通,并研究与此有关的问题;对于直接或间接从事国际航空运输工作的各空运企业提供合作的途径;与国际民航组织及其他国际组织协力合作。

3. 国际电讯协会

国际电讯协会(SITA)是一个专门承担国际航空公司通信和信息服务的合资性组织(其 Logo 见图 5.6),1949 年 12 月 23 日由 11 家欧洲航空公司的代表在比利时的布鲁塞尔创立。SITA 经营着世界上最大的专用电信网络,由 400 多条中高速相互连接 210 个通信中心组成。各航空公司的用户终端系统通过

图 5.6　SITA

各种不同形式的集中器连接至 SITA 的网状干线网络。SITA 的网络由 4 个主要的系统构成,即:数据交换和接口系统;用户接口系统;网络控制系统和取贮转发报系统。

此外,SITA 还建立并运行着两个数据处理中心。一个位于美国的亚特兰大的旅客信息处理中心,主要提供自动订座、离港控制、行李查询、航空运价和旅游信息。另一个设在伦敦的数据处理中心,主要提供货运、飞行计划处理和行政事务处理业务。

5.1.3　航空运输地理和时差计算

1. 航空区划

IATA 将世界划分为三个航空运输业务区:ARETC1、ARETC2、ARETC3,简称 TC1 区、TC2 区、TC3 区(见图 5.7)。

(1)一区(TC1):东临 TC2 区、西接 TC3 区,北起格陵兰岛,南至南极洲。包括北美、南美大陆、格陵兰岛、百慕大群岛和夏威夷群岛。分为四个次区:加勒比、墨西哥、远程和南美。

(2)二区(TC2):东临 TC3 区、西接 TC1 区,北起北冰洋诸岛,南至南极洲。由整个欧洲大陆(包括俄罗斯的欧洲部分)及毗邻岛屿、冰岛、亚速尔群岛、非洲大陆和毗邻岛屿、亚洲的伊朗及伊朗以西地区组成。本区主要有三个次区:

①非洲次区:含非洲大多数国家及地区,但北部非洲的摩洛哥、阿尔及利亚、突尼斯、埃及和苏丹不包括在内。

②欧洲次区:包括欧洲国家和摩洛哥、阿尔及利亚、突尼斯三个非洲国家和土耳其(既包括欧洲部分,也包括亚洲部分)。俄罗斯仅包括其欧洲部分。

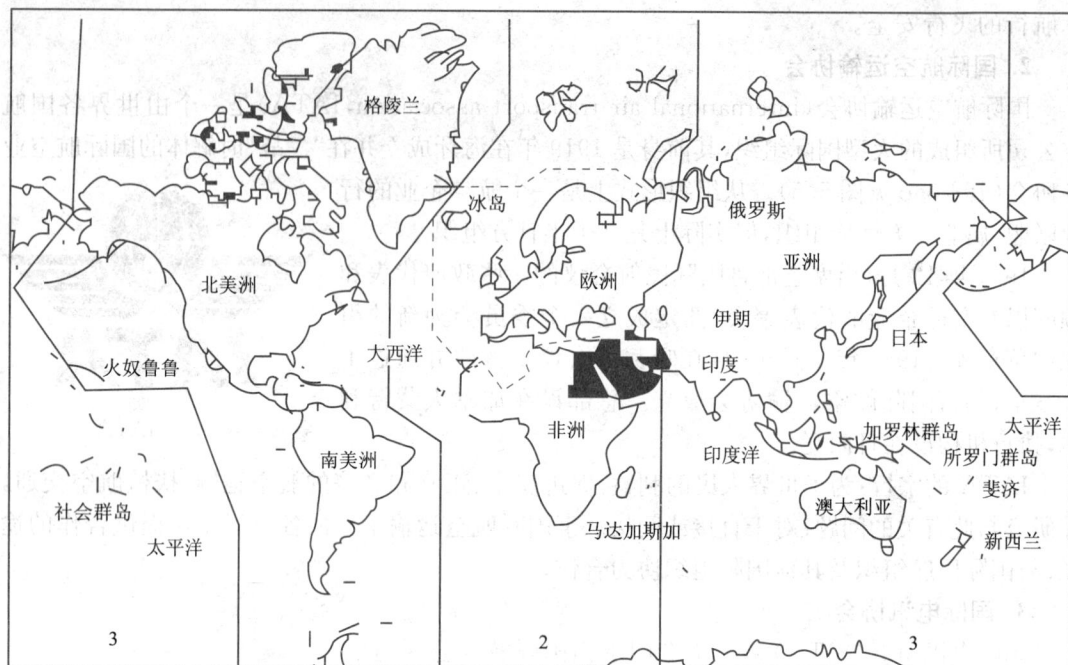

图 5.7　航空区划

③中东次区:包括巴林、塞浦路斯、埃及、伊朗、伊拉克、以色列、约旦、科威特、黎巴嫩、阿曼、卡塔尔、沙特阿拉伯、苏丹、叙利亚、阿拉伯联合酋长国、也门等。

(3)三区(TC3):东临 TC1 区、西接 TC2 区,北起北冰洋,南至南极洲。由整个亚洲大陆及毗邻岛屿(已包括在二区的部分除外)、澳大利亚、新西兰及毗邻岛屿、太平洋岛屿(已包括在一区的部分除外)组成。分四个次区:

①南亚次大陆次区:包括阿富汗、印度、巴基斯坦、斯里兰卡等南亚国家。

②东南亚次区:包括中国(含港、澳、台)、东南亚诸国、蒙古、俄罗斯亚洲部分及土库曼斯坦等独联体国家、密克罗尼西亚等群岛地区。

③西南太平洋洲次区、包括澳大利亚、新西兰、所罗门群岛等。

④日本、朝鲜次区:仅含日本和朝鲜。

2. 飞行时间的计算

第一步:从国际时间换算表(international time calculator)中找出始发站和目的站的标准时间。

第二步:将起飞和到达的当地时间换算成世界标准时(GMT)。

第三步:用到达时间减去起飞时间,就是飞行时间。

例如:某旅客乘飞机从北京去华盛顿。1 月 28 日乘国航班机从北京启程,北京时间是9:44。到达华盛顿时,当地时间为 1 月 28 日 15:30。计算该旅客的飞行时间。

(1)第一步:从 international time calculator 中找出始发站和目的站的标准时间。

PEK＝GMT＋0800(standard time)

WAS＝GMT－0500(standard time)

(2)第二步:将起飞和到达的当地时间换算成世界标准时(GMT)。

因为北京提前 GMT8 个小时,把北京当地时间减去 8 换算成 GMT。

PEK 9:44−0800 (GMT)=GMT 1:44

因为华盛顿落后 GMT5 个小时,把华盛顿当地时间加上 5 换算成 GMT。

WAS 15:30 + 0500 (GMT) =GMT 20:30

(3)第三步:用到达时间减去起飞时间,即飞行时间。

20:30−1:44=18:46(18 小时 46 分钟)

5.1.4　航权概述

航权是指国际民航航空运输中的过境权利和运输业务的相关权利,按国际惯例被称为"空中自由"。在不同的两个国家交换与协商这些权利时,一般采取对等原则,有时候某一国会提出较高的交换条件或收取补偿费以适当保护该国航空企业的权益。

航权适用于民航载客和货运,可分为下面各项(见表 5.1)。

表 5.1　航权内容及举例

航权	内　容	例　子
第一航权	领空飞越权:飞越领空而不降落	北京飞往旧金山,中途飞越日本领空,那就要和日本签订领空飞越权,获取第一航权,否则只能绕道飞行,增加燃料消耗和飞行时间
第二航权	技术经停权:飞往外国途中因技术需要而在协议国降落,但不得上下客货	北京飞往基辅,由于某飞机机型的原因,不能直接飞抵,中途需在新西伯利亚降落并加油,但不允许在机场上下客货,此时就要和新西伯利亚签订第二航权
第三航权	目的地下客权:本国航机可以在协议国境内卸下乘客、邮件或货物	北京飞往东京,如获得第三航权,中国民航飞机承运的旅客、货物可在东京进港,但只能空机返回
第四航权	目的地上客权:本国航机可以在协议国境内载运乘客,邮件或货物返回	北京飞往东京,如获得第四航权,中国民航飞机能载运旅客、邮件或货物搭乘原机返回北京
第五航权	中间点权:航程由开始或结束而有权途经两个或两个以上的国家	沙地公司的航机:曼谷—吉隆坡—吉达
第六航权	桥梁权:在本国以非技术原因作中转停留	伦敦—北京—汉城,国航将源自英国的旅客运经北京后再运到韩国
第七航权	完全第三国运输权:在境外接载客运而不用返回本国	德国汉莎航空公司的航机:伦敦—巴黎
第八航权	连续的国内运输权:在协议国内的两个或以上机场间的航线而须以本国为起点或终点	加拿大公司:芝加哥—纽约—多伦多
第九航权	非连续的国内运输权:在协议国内的两个或以上机场间的航线,无须涉及本国	以色列公司:吉隆坡—槟城

实战演练

1. 货代英语译句

(1)Air freight is carried either in the baggage compartment of regular passenger flights on planes that have been especially designed or adapted for carrying cargo.

(2)At small stations, freight would probably go out on a space available basis on passenger flights. Making room for freight, incidentally, is another reason for weight limitations on passenger baggage.

2. 计算飞行小时数

Departure from:Lusaka, Zambia(LUN) on 6th, January at 0910 Arrival at Hong Kong (HKG) on 7th, January at 1450. What is the total transportation time? (Lusaka 在东 2 区; Hong Kong 在东 8 区)

子任务 5.2 国际航空货物运输业务操作

任务引领

本次任务要求学生掌握国际航空进出口货代业务流程,培养货代业务能力。

5.2.1 航空运输出口货代业务流程

航空货物出口运输代理业务程序包含以下几个环节:

揽货→委托运输→审核单证→预配舱→预订舱→接单→制单→接货→标签→配舱→订舱→出口报关→出仓单→提板箱→装板箱→签单→交接发运→航班跟踪→信息服务→费用结算。

1. 揽货

货代企业需及时向出口单位介绍本公司的业务范围、服务项目、各项收费标准,特别是向出口单位介绍本公司的优惠运价,介绍本公司的服务优势等。

2. 委托运输

由托运人自己填写货运托运书(Shipper's Letter of Instruction,SLI)(见附式 5.1)。

附式 5.1 国际航空货物托运书

(SHIPPER'S LETTER OF INSTRUCTION)

托运人姓名及地址/SHIPPER'S NAME & ADDRESS:	
运杂费/CHARGES:	
通知人/ALSO NOTIFY:	
收货人姓名及地址/CONSIGNEE'S NAME & ADDRESS:	
始发站/AIRPORT OF DEPARTURE:	
处理情况(包括包装方式、货物标志及号码等)/HANDLING INFORMATION (INCL. METHOD OF PACKING, INDENTIFY MARKS & NO. ETC.):	
到达站/AIRPORT OF DESTINATION:	

件数/NO. OF PLECES:	
实际毛重(千克)/ACTUAL GROSS WEIGHT(KG):	
计费重量(千克)/CHARGEABLE WEIGHT(KG):	
运价/RATE:	
货物品名及数量(包括体积)/NATURE & QUANTITY OFGOODS(INCL. DIMENSIONSOR VOLUME):	
所附文件/DOCUMENTS ATTACHED:	
托运人证实以上所填全部属实并愿遵守承运人的一切载运规章 . /THE SHIPPER CERTIFIES THAT THE PARTCULARS ON THE FACE HEREOF ARE CORRECT AND AGREE TO THE CONDITIONS OFCARRIAGE OF THE CARRIER.	
托运人签字/SIGNATURE OF SHIPPER:	日期/DATE:
经手人/AGENT:	日期/DATE:

3. 审核单证

审核的单证应包括:发票、装箱单、托运书、报送单项式、外汇核销单、许可证、商检证、进料/来料加工核销本、索赔/返修协议、到会保函、关封。

4. 预配舱

代理人汇总所接受的委托和客户的预报,并输入计算机,计算出各航线的件数、重量、体积,按照客户的要求和货物重、泡情况,根据各航空公司不同机型对不同板箱的重量和高度要求,制定预配舱方案,并对每票货配上运单号。

5. 预订舱

代理人根据所指定的预配舱方案,按航班、日期打印出总运单号、件数、重量、体积,向航空公司预订舱。

6. 接受单证

接受托运人或其代理人送交的已经审核确认的托运书及报送单证和收货凭证。将收货记录与收货凭证核对,制作操作交接单,填上所收到的各种报关单证份数,给每份交接单配一份总运单或分运单。将制作好的交接单、配好的总运单或分运单、报关单证移交制单。

7. 填制货运单

航空货运单包括总运单和分运单,填制航空货运单的主要依据是发货提供的国际货物委托书,委托书上的各项内容都应体现在货运单项式上,货运单一般用英文填写,目的地为香港地区的货物运单可以用中文填写,但货物的品名一定要用英文填写。

8. 接受货物

接收货物,是指航空货运代理公司把即将发运的货物从发货人手中接过来并运送到自己的仓库。

接收货物一般与接单同时进行。对于通过空运或铁路从内地运往出境地的出口货物,货运代理按照发货提供的运单号、航班号及接货地点日期,代其提取货物。如货物已在始发地办理了出口海关手续,发货人应同时提供始发地海关的关封。

接货时应对货物进行过磅和丈量,并根据发票、装箱或送货单清点货物,核对货物的数量、品名、合同号或唛头等是否与货运单上所列一致。检查货物的外包装是否符合运输的基本要求:

①托运人提供的货物包装要求坚固、完好、轻便,应能保证在正常的操作(运输)情况下,货物可完好地运达目的站。同时,也不损坏其他货物和设备。

②为了不使密封舱飞机的空调系统堵塞,不得用带有碎屑、草末等材料作包装,如草袋、革绳、粗麻包等。包装的内衬物,如谷糠、锯末、纸屑等不得外漏。

③包装内部不能有突出的棱角,也不能有钉、钩、刺等。包装外部需清洁、干燥、没有异味和油腻。

④托运人应在每件货物的包装上详细写明收货人、另请通知人和托运人的姓名和地址。如包装表面不能书写时,可写在纸板、木牌或布条上,再拴挂在货物上,填写时字迹必须清楚、明晰。

⑤包装件的材料要良好,不得用腐朽、虫蛀、锈蚀的材料。为了安全,必要时可用塑料、铁箍加固。

⑥如果包装件有轻微破损,填写货运单应在"handling information"标注出详细情况。

9. 标记和标签

标记:包括托运人、收货人的姓名、地址、联系电话、传真,以及合同号等;操作(运输)注意事项;单件超过 150 千克的货物。

标签:航空公司标签上三位阿拉伯数字代表所承运航空公司的代号,后八位数字是总运单号码。分标签是代理公司对出具分标签的标识,分标签上应有分运单号码和货物到达城市或机场的三字代码。

一件货物贴一张航空公司标签,有分运单的货物,再贴一张分标签。

10. 配舱

配舱时,需运出的货物都已入库。这时需要核对货物的实际件数、重量、体积与托运书上预报数量的差别;应注意对预订舱位、板箱的有效领用、合理搭配,按照各航班机型、板箱型号、高度、数量进行配载。同时,对于货物晚到、未到情况以及未能顺利通关放行的货物做出调整处理,为制作配舱单做准备。实际上,这一过程一直延续到单、货交接给航空公司后才完毕。

11. 订舱

接到发货人的发货预报后,向航空公司吨控部门领取并填写订舱单,同时提供相应的信息:货物的名称、体积、重量、件数、目的地,以及要求出运的时间等。航空公司根据实际情况安排舱位和航班。货运代理订舱时,可依照发货人的要求选择最佳的航线和承运人,同时为发货人争取最低、最合理的运价。订舱后,航空公司签发舱位确认书(舱单),同时给予装货集装器领取凭证,以表示舱位订妥。

12. 出口报关

首先将发货人提供的出口货物报关单的各项内容输入计算机,即计算机预录入。在通过

计算机填制的报关单上加盖报关单位的报关专用章;然后将报关单与有关的发票、装箱单和货运单综合在一起,并根据需要随附有关的证明文件。以上报关单证齐全后,由持有报关证的报关员正式向海关申报;海关审核无误后,海关官员即在用于发运的运单正本上加盖放行章,同时在出口收汇核销单和出口报关单上加盖放行章,在发货人用于产品退税的单证上加盖验讫章,粘上防伪标志;最终完成出口报关手续,如图 5.8 所示。

13. 出仓单

配舱方案制定后就可着手编制出仓单:出仓单的日期、承运航班的日期、装载板箱形式及数量、货物进仓顺序编号、总运单号、件数、重量、体积、目的地三字代码和备注。

14. 提板箱、装板箱

向航空公司申领板、箱并办理相应的手续。提板、箱时,应领取相应的塑料薄膜和网。对所使用的板、箱要登记、消号。

货物装板、装箱注意事项:不要用错集装箱、集装板,不要用错板型、箱型;不要超装箱板尺寸;要垫衬,封盖好塑料纸,防潮、防雨淋;集装箱、板内货物尽可能配装整齐,结构稳定,并接紧网索,防止运输途中倒塌;对于大宗货物、集中托运货物,尽可能将整票货物装一个或几个板、箱内运输。

15. 签单

货运单在盖好海关放行章后还需要到航空公司签单,只有签单确认后才允许将单、货交给航空公司。

16. 交接发运

交接是向航空公司交单交货,由航空公司安排航空运输。交单就是将随机单据和应由承运人留存的单据交给航空公司。随机单据包括第二联航空运单正本、发票、装箱单、产地证明书、品质鉴定证书。

交货即把与单据相符的货物交给航空公司。交货前必须粘贴或拴挂货物标签,清点和核对货物,填制货物交接清单。大宗货、集中托运货,以整板、整箱称重交接。零散小货按票称重,计件交接。

17. 航班跟踪

需要联程中转的货物,在货物运出后,要求航空公司提供二程、三程航班中转信息,确认中转情况。及时将上述信息反馈给客房,以便遇到有不正常情况及时处理。

18. 信息服务

从多个方面做好信息服务:订舱信息、审单及报关信息、仓库收货信息、交运称重信息、一程二程航班信息、单证信息。

19. 费用结算

发货人结算费用:在运费预付的情况下,收取航空运费、地面运输费、各种服务费和手续费。

承运人结算费用:向承运人支付航空运费及代理费,同时收取代理佣金。国外代理结算主要涉及付运费和利润分成。

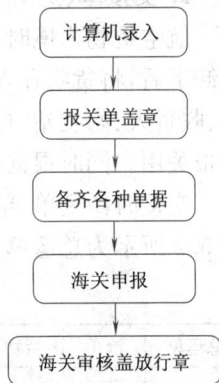

计算机录入

↓

报关单盖章

↓

备齐各种单据

↓

海关申报

↓

海关审核盖放行章

图 5.8 出口报关手序

5.2.2 航空运输进口货代业务流程

1. 代理预报

在国外发货前,由国外代理公司将运单、航班、件数、重量、品名、实际收货人及其他地址、联系电话等内容发给目的地代理公司。

2. 交接单、货

航空货物入境时,与货物相关的单据也随机到达,运输工具及货物处于海关监管之下。货物卸下后,将货物存入航空公司或机场的监管仓库,进行进口货物舱单录入,将舱单上总运单号、收货人、始发站、目的站、件数、重量、货物品名、航班号等信息通过计算机传输给海关留存,供报关用。同时根据运单上的收货人地址寄发取单、提货通知。

交接时做到单、单核对,即交接清单与总运单核对;单、货核对,即交接清单与货物核对。表 5.2 所示为总运单、清单、货物的处理方式。

表 5.2　总运单、清单、货物的处理方式

总运单	清单	货物	处理方式	总运单	清单	货物	处理方式
有	无	有	清单上加总运单号	无	有	无	清单上划去
有	无	无	总运单退回	有	有	无	总运单退回
无	有	有	总运单后补	无	无	有	货物退回

发现货物短缺、破损或其他异常情况,应向民航索要商务事故记录,作为实际收货人交涉索赔依据。货运代理公司请航空公司开具商务事故证明的通常有:①包装货物受损;②裸装货物受损;③木箱或精密仪器上防震、防倒置标志泛红;④货物件数短缺。

3. 理货与仓储

理货:逐一核对每票件数,再次检查货物破损情况,确有接货时未发现的问题,可向民航提出交涉;按大货、小货、重货、轻货、单票货、混载货、危险品、贵重品、冷冻品、冷藏品分别堆存、进仓;登记每票货储存区号,并输入计算机。

仓储:注意防雨、防潮、防重压、防变形、防温长变质、防暴晒,独立设危险品仓库。

4. 理单与到货通知

理单:集中托运,总运单项下拆单;分类理单、编号;编制种类单证。

到货通知:尽早、尽快、尽妥地通知货主到货情况。

正本运单处理:计算机打制海关监管进口货物入仓清单,一式五份,用于商检、卫检、动检各一份,海关二份。

5. 制单、报关、运输

制单、报关、运输的形式:货代公司代办制单、报关、运输;货主自行办理制单、报关、运输;货代公司代办制单、报关,货主自办运输;货主自行办理制单、报关后,委托货代公司运输;货主自办制单,委托货代公司报关和办理运输。

进口制单:长期协作的货主单位,有进口批文、证明手册等放于货代处的,货物到达,发出到货通知后,即可制单、报关,通知货主运输或代办运输;部分进口货,因货主单位缺少有关批文、证明,亦可将运单及随同寄来单证、提货单以快递形式寄货主单位,由其备齐有关批文、证明后再决定制单、报关事宜;无须批文和证明的,可即行制单、报关,通知货主提货或代办运输;部分货主要求异地清关时,在符合海关规定的情况上,制作《转关运输申报单》办理转关手续,

报送单上需由报关人填报的项目有:进口口岸、收货单位、经营单位、合同号、批准机关及文号、外汇来源、进口日期、提单或运单号、运杂费、件数、毛重、海关统计商品编号、货品规格及货号、数量、成交价格、价格条件、货币名称、申报单位、申报日期等,转关运输申报单,内容少于报关单,亦需按要求详细填列。

进口报关:进口报关大致分为初审、审单、征税、验放四个主要环节。

报关期限与滞报金:进口货物报关期限为,自运输工具进境之日起的 14 日内,超过这一期限报关的,由海关征收滞报金;征收标准为货物到岸价格的万分之五。

开验工作的实施:客户自行报关的货物,一般由货主到货代监管仓库借出货物,由代理公司派人陪同货主一并协助海关开验。客户委托代理公司报关的,代理公司通知货主,由其派人前来或书面委托代办开验。开验后,代理公司须将已开验的货物封存,运回监管仓库储存。

6. 发货、收费

发货:办完报关、报检等手续后,货主须凭盖有海关放行章、动植物报验章、卫生检疫报验章的进口提货单到所属监管仓库付费提货。

收费:货代公司仓库在发放货物前,一般先将费用收妥。收费内容有:到付运费及垫付佣金;单证、报关费;仓储费;装卸、铲车费;航空公司到港仓储费;海关预录入、动植检,卫检报验等代收代付费;关税及垫付佣金。

7. 送货与转运

送货上门业务:主要指进口清关后货物直接运送至货主单位,运输工具一般为汽车。

转运业务:主要指将进口清关后货物转运至内地的货运代理公司,运输方式主要为飞机、汽车、火车、水运、邮政。

进口货物转关及监管运输:是指货物入境后不在进境地海关办理进口报关手续,而运往另一设关地点办理进口海关手续,在办理进口报关手续前,货物一直处于海关监管之下。转关运输亦称监管运输,意谓此运输过程置于海关监管之中。

实战演练

实战演练项目:国际航空出口货物业务流程模拟

【演练资料】

顺兴贸易有限公司委托天津泰实货代公司从天津出口一批儿童玩具到澳大利亚,分组模拟国际航空公司货物出口货运代理业务的流程。

【演练目的】

以小组分角色扮演,熟练掌握国际航空出口货物业务流程,掌握国际航空出口货物业务流程。

【演练要求】

(1)分组讨论,以 5~6 人为一组。

(2)各小组代表发言报告。

【教师点评】

各小组长配合老师打分评优。

【演练成果】

对完成实训的过程进行总结分析撰写报告,并附有航空运输货代业务流程图。

子任务 5.3　航空货运运价及运费

任务引领

当前，世界主要航空公司都陆续加入到国际航空运输协会(international air traIqsport as-sociatiotl，IATA)，成为 IATA 的会员。为节省成本，突出实用价值，IATA 定期出版通用的运价手册，即 TACT(the air cargo tariff)。航空公司对于货物运价的计算，就是通过查询相应运价，结合运价规则来使用的。本任务要求学生掌握航空货运的分类及规定，能够熟练计算各类货物的运费，同时培养细致谨慎的工作态度。

5.3.1　航空运价知识准备

1. 航空运价与运费

1)运价(rate)

运价又称费率，是指承运人对所运输的每一重量单位货物(kg or lb)所收取的自始发地机场至目的地机场的航空费用。

(1)运输始发地货币：用以公布航空货物运价的货币称为运输始发地货币。

(2)货物运价的有效期：销售航空货运单所使用的运价应为填制货运单之日的有效运价，即在航空货物运价的有效期内适用的运价。

2)运费(weight charge)

航空公司将一票货物自始发地机场运至目的地机场所应收取的航空运输费用。该费用根据每票货物所适用的运价和货物的计费重量计算而得。这里的每票货物是指使用同一份航空货运单的货物。

运费=公布的运价×计费重量(注：这里运费为基本运费，不包括航空其他费用，如地面运输费用、仓储费、制单费、清关费用等)

2. 计费重量(chargeable weight)

计费重量就是据以计算运费的货物的重量。

在实际计算一笔航空货物运输费用时，要考虑货物的计费重量、有关的运价和费用，以及货物声明价值。其中，计费重量是按实际重量和体积重量两者之中较高的一个计算。也就是在货物体积小、重量大时，以实际重量作为计费重量；在货物体积大、重量轻的情况下，就以货物的体积重量作为计费重量。

(1)实际毛重(gross weight)：包括货物包装在内的货物重量，称为货物的实际毛重。

(2)体积重量(measurement weight)：将货物的体积按一定的比例折算成重量，此重量为体积重量。

体积重量=货物体积(厘米^3)/6 000(厘米^3/千克)

(国际航空货物运输组织规定，在计算体积重量时，以 6 000 厘米^3 折合为 1 千克)

小提示：

1. 体积重量的计算方法是：

(1)分别量出货物的最长、最宽和最高的部分，三者相乘算出体积，尾数四舍五入。

（2）将体积折算成重量。

2. 国际航协规定：货物的计费重量的最小计量单位为 0.5 千克，当重量不足 0.5 千克时，按 0.5 千克计；超过 0.5 千克时，按 1 千克计。

体积大而重量相对小的货物称为轻泡货物。

（3）一般货物的实际毛重与货物体积重量两者取高者。但因为航空运价有个显著特点，就是递远递减，也就是说货物的重量越大，适用的运价就越低，所以当货物按较高重量分界点的较低运价计算的航空运费较低时，则此较高重量分界点的货物起始重量作为货物的计费重量。

（4）最低运费（minimum charge），即起码运费，是指一票货物自始发地机场至目的地机场航空运费的最低限额，是航空公司办理一票货物所能接受的最低运费，不同地区有不同的起码运费。

3. 航空运价体系

1）国际航协运价

国际航协运价是指 IATA 在 TACT 运价资料上公布的运价。国际货物运价使用 IATA 的运价手册——TACT RATES BOOK，结合并遵守国际货物运输规则——TACT RULES 共同使用。按照 IATA 货物运价公布的形式划分，国际货物运价可分为公布直达运价和非公布直达运价。国际航协运价定价原则应遵照：

（1）数量折扣原则。随着运输重量的增大，运价越来越低，这实际上是使用定价原则中的数量折扣原则，通过这个原则，保证飞机的舱位有充分的货物。以上北京到汉城为例，45 千克的运价是 18 元/千克，100 千克的运价是 17.17 元/千克，300 千克的运价是 15.38 元/千克。重量越大，运价越低。

（2）运距的因素。运距是一个基本因素，运距越长，运价越高。这是因为运距越长，运输的消耗越大，因此运价越高。

（3）根据货物性质定价。国际航协根据产品的性质分为在普货运价的基础上运价附加和运价附减，例如：对于活体动物、骨灰、灵柩、鲜活易腐物品、贵重物品、急件等货物采取附加的形式，对于书报杂志、作为货物运输的行李采取附减的形式。

纵观现有的运价主要有两个特点：运价是货物重量和距离的函数；另外还要考虑到运输货物的不同，即不同的货物，运价也有区别。

运 价 代 号

M——代表起码运费。

N——45 千克以下普通货物的运价。

Q——45 千克以上普通货物运价。

C——指定商品运价。

R——附减运价，即低于 45 千克以下普通货物运价的等级运价。

S——附加运价，即高于 45 千克以上普通货物运价的等级运价。

2）国内航空货物运价体系

我国民航系统从 1998 年 9 月 1 日起，对原先的国内航线运价体系作了调整与修改，按新运价结构执行，即为：

(1)最低运费(代号 M):每票国内航空货物最低运费为 30 元。

(2)普通货物运价:普通货物运价包括基础运价和重量分界点运价。

基础运价为 45 千克以下普通货物运价(代号 N),费率按照民航总局规定的统一费率执行。重量分界点运价,45 千克以上普通货物运价(代号 Q),由民航总局统一规定,按标准运价的 80% 执行。此外,航空公司可根据运营航线的特点,建立其他重量分界点运价,共飞航线由运营航空公司协商协定,报民航总局批准执行。

(3)等级货物运价(代号 S):生物制品、植物和植物制品、活动物、骨灰、灵柩、鲜活易腐物品、贵重物品、机械、弹药、押运货物等特种货物的国际航空运费按普通货物标准运价的 150% 计收。

(4)指定商品运价(代号 C):对于一些批量大、季节性强、单位价值小的货物,航空公司可建立指定商品运价,运价优惠幅度不限,报民航总局批准执行。

航空运价的使用顺序

①计算运费时,首先适用指定商品运价,其次是等级货物运价,最后是普通商品运价。

②如按指定商品运价、等级货物运价及普通商品运价计算的运费低于起码运费时,按起码运费计收。

③计费重量以实际毛重和体积重量中高的计算,如某一运价有最低运量则以最低运量为计费重量。

④如货物可适用指定商品运价,但货物重量没有达到要求的最低重量时,采用指定商品运价计费与采用普通商品运价计费的结果比较,取低者。

⑤如指定商品同时又是附加等级的货物,只允许将附加等级货物运价与指定商品运价的计费结果相比较,取低的。

⑥如货物是属于附减的等级货物,将其按等级运价计费与按普通商品运价计费相比较,取低的。

5.3.2 航空运费计算

1. 普通货物计算

普通货物运价(general cargo rates,GCR)适用于等级货物运价、指定商品运价以外的货物(general cargo rates are applicable to any type of commodity, without the restriction of hazardous consignment size)。

通常,普通货物运价根据货物重量不同,分为若干个重量等级分界点运价。例如,"N"表示标准普通货物运价(Normal General Cargo Rate),指的是 45 千克以下的普通货物运价(如无 45 千克以下运价时,N 表示 100 千克以下普通货物运价)。同时,普通货物运价还公布有"Q45""Q100""Q300"等不同重量等级分界点的运价。这里"Q45"表示 45 千克以上(包括 45 千克)普通货物的运价,依此类推。对于 45 千克以上的不同重量分界点的普通货物运价均用"Q"表示。

用货物的计费重量和其适用的普通货物运价计算而得的航空运费不得低于运价资料上公布的航空运费的最低收费标准(M)。

这里,代号"N""Q""M"在航空货运单的销售工作中,主要用于填制货运单运费计算栏中"RATE CLASS"一栏。

(1)Routing:Shanghai,CHINA(BJS)to Tokyo,JAPAN(TYO)

Commodity：Sample

Gross Weight：25. 2 kgs

Dimensions：82 cm×48 cm×32 cm

计算该票货物的航空运费，公布运价如下：

SHANGHAI Y. RENMINBI	CN CNY		SHA KGS
TOKYO	JP	M	230. 00
		N	37. 51
		45	28. 13

Volume：82 cm×48 cm×32 cm＝125 952 cm^3

Volume weight：125 952 cm^3÷6 000 cm^3/kg＝20. 99 kgs＝21. 0 kgs

Gross weight：25. 2 kgs

Chargeable weight：25. 5 kgs

Applicable rate：GCR N 37. 51 CNY/KG

Weight charge：25. 5×37. 51＝CNY 956. 51

(2)Routing：Beijing,CHINA(BJS)to Tokyo,JAPAN(TYO)

Commodity：MOON CAKE

Gross Weight ：1 Pieces ,5. 8 kgs

Dimensions ：1 Pieces 42 cm×35 cm×15 cm

计算该票货物的航空运费。公布运价如下：

BEIJING Y. RENMINBI	CN CNY		BJS KGS
TOKYO	JP	M	230. 00
		N	37. 51
		45	28. 13

运费计算如下：Volume：42 cm×35 cm×15 cm＝22 050 cm^3

Volume Weight：22 050 cm^3÷6 000 cm^3/kg＝3. 68 kgs＝4. 0 kgs

Gross Weight：5. 8 kgs

Applicable Rate：GCR N 37. 51 CNY/kg

Chargeable Weight：6. 0 kgs

Weight charge：6. 0 ×37. 51＝CNY 225. 06

Weight charge：CNY 230. 00

(3)Routing：Beijing,CHINA(BJS)to Amsterdam,HOLLAND(AMS)

Commodity：PARTS

Gross Weight：38. 6 kgs

Dimensions：101 cm×58 cm×32 cm

计算该票货物的航空运费，公布运价如下：

BEIJING	CN		BJS
Y. RENMINBI	CNY		KGS
AMSTERDAM	NL	M	320.00
		N	50.22
		45	41.53
		300	37.52

运费计算如下：

①按实际重量计算。

Volume：101 cm×58 cm×32 cm＝187 456 cm³

Volume weight：187 456 cm³÷6 000 cm³/kg＝31.24 kgs＝31.5 kg

Gross weight：38.6 kgs

Chargeable weight：39.0 kgs

Applicable rate：GCR N 50.22 CNY/kg

Weight charge：39.0×50.22＝CNY 1 958.58

②采用较高重量分界点的较低运费计算。

Chargeable weight：45.0 kgs

Applicable rate：GCR Q 41.53 CNY/kg

Weight charge：45.0×41.53＝CNY 1 868.85

①与②比较，取运费较低者，所以 Weight charge：CNY 1 868.85。

2. 指定商品计算

指定商品运价(Specific Commodity Rates，SCR)，又称特种货物运价。是适用于自规定的始发地至规定地目的地之间，运输特定品名货物的运价。

通常情况下，指定商品运价低于相应的普通货物运价。就其性质而言，该运价是一种优惠性质的运价。鉴于此，指定商品运价在使用时，对于货物的起讫地点、运价使用期限、货物运价的最低重量起点等均有特定的限定条件。使用指定商品运价计算航空运费的货物，其航空货运单的"Rate Class"一栏，用字母"C"表示。

1)指定商品运价传统的分组和编号

在 TACT RATES BOOKS 的 SECTION 2 中，根据货物的性质、属性以及特点等对货物进行分类，共分为十大组，每一组又分为十个小组。同时，对其分组形式用四位阿拉伯数字进行编号。该编号即为指定商品货物的品名编号：

0001～0999：食用动植物产品。

1000～1999：活动物和非食用动植物产品。

2000～2999：纺织品、纤维及其制品。

3000～3999：金属及其制品(不含机械、车辆、电器)。

4000～4999：机械、汽车和电器设备。

5000～5999：非金属矿产及其制品。

6000～6999：化工材料及相关产品。

7000～7999：纸张、芦苇、香蕉和木材制品。

8000～8999：科学仪器专业仪器器械及配件。

9000～9999：其他。

2)指定商品运价的使用规则

在使用指定商品运价时,只要所运输的货物满足下述三个条件,则运输始发地和运输目的地就可以直接使用指定商品运价:①运输始发地至目的地之间有公布的指定商品运价;②托运人所交运的货物品名与有关指定商品运价的货物品名相吻合;③货物的计费重量满足指定商品运价使用时的最低重量要求。

3)计算步骤

(1)查询运价表,如有指定商品代号,则考虑使用指定商品运价。

(2)查运价手册的品名表,找出与运输货物品名相对应的指定商品代号。

(3)如果货物的计费重量超过指定商品运价的最低重量,则优先使用指定商品运价。

(4)如果货物的计费重量没有达到指定商品运价的最低重量,则用指定商品运价计费与普通商品运价计费结果相比较,取低者计收运费。

计算:Routing:BEIJING,CHINA(BJS)to NAGOVA,JAPAN(NGO)

Commodity:FRESH ORANGE

Gross Weight:EACH 47.8 kgs,TOTAL 6 PIECES

Dimensions:128 cm×42 cm×36 cm×6

计算该票货物的航空运费。公布运价如下:

BEIJING	CN			BJS
Y. RENMINBI	CNY			KGS
NAGOVA	JP		M	230.00
			N	37.51
			45	28.13
	0008	300		18.80
	0300	500		20.61

运费计算如下:

①按普通运价使用规则计算。

Volume:128 cm×42 cm×36 cm×6＝1 161 216 cm^3

Volume weight:1 161 216 cm^3÷6 000 cm^3/kg＝193.536 kgs＝194.0 kgs

Gross weight：47.8×6＝286.8 kgs

Chargeable weight:287.0 kgs

计费重量没有满足 0008 最低要求 300 千克

Applicable rate:GCR Q45 28.13 CNY/kg

Weight charge:287.0×28.13＝CNY 8 073.31

②按指定商品运价使用规则计算。

Actual gross weight:47.8×6＝286.8 kgs

Chargeable weight ：300.0 kgs

Applicable rate：SCR 0008/Q300 18.80 CNY/kg

Weight charge:300.0×18.80=CNY 5 640.00

对比①和②,取运费较低者 Weight charge:CNY 5 640.00

3. 等级商品计算

等级货物运价(Commodity Classification Rates,CCR)指规定的业务区之内或业务区之间运输特别指定的等级货物的运价,是在普通货物运价基础上附加(S)或附减(R)一定百分比的形式构成。

IATA 规则规定,等级货物包括以下各种货物:活动物;贵重货物;书报杂志类货物;作为货物运输的行李;灵柩、骨灰;汽车等。

(1)贵重物品界定:

①货物毛重每千克运费声明价值达到或超过 1 000 美元的任何物品。

②黄金白金和其他白金类贵重物品合金及金银制成的各类饰物和手表。

③钻石等珠宝饰物;

④现金、股票、息票等其他有价证券等。

(2)贵重货物运价的确定:贵重货物运价为普通货物运价的 200%。

(3)书报、杂志类运价:相应普通货物运价的 50%,但可使用普通货物较高重量点的较低运价。最低收费标准为相应普通货物的最低收费标准。

计算:Routing:Beijing,CHINA(BJS)to Chicago,U. S. A. (CHI)

Commodity:Gold Coin

Gross Weight:24. 7 kgs

Dimensions:1 Piece 52 cm×49 cm×42 cm

计算该票货物的航空运费。公布运价如下:

BEIJING	CN		BJS
Y. RENMINBI	CNY		KGS
CHICAGO	US	M	630. 00
		N	69. 43
		45	60. 16
		100	53. 19
		300	45. 80

运费计算如下:

Volume :52 cm×49 cm×42 cm=107 016 cm³

Volume Weight:107 016 cm³÷6 000 cm³/kgs=17. 836 kgs=18 kgs

Chargeable Weight:25. 0 kgs

Applicable Rate:S 200% of the Normal GCR

200%×69. 43 CNY/kg=138. 86 CNY/kg

Weight charge:25. 0×138. 86=CNY 3 471. 50

实战演练

请完成以下类型货物的计算,并将相应货运单栏目填写完整。

1. 普通货物计算

Routing：Beijing，CHINA（BJS）to Tokyo，JAPAN（TYO）

Commodity：MACHINERY

Gross Weight：2 Pieces EACH 18. 9 kgs

Dimensions：2 Pieces 70 cm×47 cm×35 cm EACH

计算该票货物的航空运费。公布运价如下：

BEIJING	CN		BJS
Y. RENMINBI	CNY		KGS
TOKYO	JP	M	230. 00
		N	37. 51
		45	28. 13

运费计算如下：

Volume ：＿＿＿＿＿＿＿＿＿＿＿＿＿＿＿＿＿＿＿＿＿＿＿＿＿＿

Volume Weight：＿＿＿＿＿＿＿＿＿＿＿＿＿＿＿＿＿＿＿＿＿＿

Gross Weight：＿＿＿＿＿＿＿＿＿＿＿＿＿＿＿＿＿＿＿＿＿＿

Applicable Rate：＿＿＿＿＿＿＿＿＿＿＿＿＿＿＿＿＿＿＿＿＿

Chargeable Weight：＿＿＿＿＿＿＿＿＿＿＿＿＿＿＿＿＿＿＿＿

Weight charge：＿＿＿＿＿＿＿＿＿＿＿＿＿＿＿＿＿＿＿＿＿＿

No. of Pieces RCP	Gross Weight	Kg/lb	Rate Class	Chargeable Weight	Rate/ Charge	Total	Nature and Quantity of Goods (incl. Dimensions or Volume)

2. 指定商品计算

Routing：BEIJING，CHINA（BJS）to OSAKA，JAPAN（OSA）Commodity：FRESH AP-PLES

Gross Weight：EACH 65. 2 kgs，TOTAL 5 PIECES

Dimensions：102 cm×44 cm×25 cm×5

计算该票货物的航空运费。

SHANGHAI	CN		SHA
Y. RENMINBI	CNY		KGS
OSAKA	JP	M	230. 00
		N	37. 51
		45	28. 13
		0008	300	18. 80
		0300	500	20. 61

Volume：＿＿＿＿＿＿＿＿＿＿＿＿＿＿＿＿＿＿＿＿＿＿＿＿＿＿

Volume weight：_____

Gross weight：_____

Chargeable weight：_____

Applicable rate：_____

Weight charge：_____

No. of Pieces RCP	Gross Weight	Kg/lb	Rate Class	Chargeable Weight	Rate/ Charge	Total	Nature and Quantity of Goods (incl. Dimensions or Volume)

3. 等级商品计算

Routing：SHANGHAI, CHINA（SHA）TO NAGASAKI, JAPAN（NGS）

Commodity：Personal Effects

Gross Weight：Each 20.4 kgs，total 6 pieces

Dimensions：Total 6 pieces，Each 89 cm×61 cm×35 cm

计算航空运费。

SHANGHAI	CN			SHA
Y. RENMINBI	CNY			KGS
NAGASAKI	JP		M	230.00
			N	38.22
			45	28.13
		0008	300	18.8
		0300	500	20.61
		1093	100	18.43
		2195	500	18.80

Volume：_____

Volume weight：_____

Gross weight：_____

Chargeable weight：_____

Applicable rate：_____

Weight charge：_____

No. of Pieces RCP	Gross Weight	Kg/lb	Rate Class	Chargeable Weight	Rate/ Charge	Total	Nature and Quantity of Goods (incl. Dimensions or Volume)

子任务 5.4　航空货运单

任务引领

航空货物运输既包括物流也包括信息流,其中航空货运单承载了货物的最主要的信息,它关系着货物最终能否准确到达目的地,因此航空货运单填写的准确性十分重要。本任务主要介绍航空货运单的构成、分类、用途、正本背面的契约条款以及货运单填写要点。要求在掌握国际航空运单基础知识上,能够熟练缮制航空货运单。

5.4.1　航空货运单概述

1. 基本概念

航空货运单是航空货物运输合同订立和明确运输条件以及承运人接受货物的初步证据。托运人托运航空货物必须填写航空货运单(air waybill,AWB)。航空公司承运货物必须出具航空货运单。

根据《华沙公约》第 6 条第(1)款和第(5)款规定,航空货运单应当由托运人填写,承运人根据托运人的要求填写航空货运单的,在没有相反证据的情况下,应当视为是代替委托人填写的。

在航空货运业务的操作中,各航空公司承运的货物大多是通过其代理人收运的,某些特种货物由航空公司直接收运。因为填写航空货运单必须具有一定的专业知识,也为了方便操作和对客户提供服务,托运人以托运书(SLI)或委托书的形式授权航空公司或其代理人代其填写航空货运单。在这种情况下,托运人正确、完整地填写托运书或委托书十分重要。航空公司或其代理人根据托运人的托运书或委托书代替托运人填写航空货运单。

对于代理人来说,在这种情况下他既是托运人的代理人又是有关航空公司的指定代理人(或称授权代理人)。

航空货运单既可用于单一种类的货物运输,也可用于不同种类货物的集合运输;既可用于单程货物运输,也可用于联程货物运输。

2. 航空货运单的分类

1)航空主运单(master air waybill,MAWB)

凡由航空运输公司签发的航空运单就称为主运单。它是航空运输公司据以办理货物运输和交付的依据,是航空公司和托运人订立的运输合同,每一批航空运输的货物都有自己相对的航空主运单。

2)航空分运单(house air waybill,HAWB)

集中托运人在办理集中托运业务时签发的航空运单被称为航空分运单。

在集中托运的情况下,航空运输公司向集中托运人签发主运单,集中托运人要向货主签发航空分运单。

航空分运单作为集中托运人与货主之间的货物运输合同,合同双方分别为货主 A、B 和集中托运人;而航空主运单作为航空运输公司与集中托运人之间的货物运输合同,当事人则为集中托运人和航空运输公司。货主与航空运输公司没有直接的契约关系。

3. 航空货运单的构成

我国国际航空货运单由一式十二联组成,包括三联正本,六联副本和三联额外副本。其中,正本3的托运人联,在货运单填制后,交给托运人作为托运货物及货物预付运费时交付运费的收据。同时,也是托运人与承运人之间签订的有法律效力的运输文件。空运单的构成及其用途如表5.3所示。

表5.3 空运单的构成及其用途

顺序	名称	颜色	用 途
1	正本3	蓝	交托运人。作为承运人收到货物的证明,以及作为承托双方运输合同成立的证明
2	正本1	绿	交承运人财务部门。除了作为承运人财务部门的运费账单和发票外,还作为承托双方运输合同成立的证明
3	副本9	白	交代理人。供代理人留存
4	正本2	粉红	随货物交收货人
5	副本4	黄	交付联。收货人提货后应签字并交承运人留存,以证明已交妥货物
6	副本5	白	交目的地机场
7	副本6	白	交第三承运人
8	副本7	白	交第二承运人
9	副本8	白	交第一承运人
10	额外副本	白	供承运人使用
11	额外副本	白	供承运人使用
12	额外副本	白	供承运人使用

4. 航空货运单的用途

1)是承运人与托运人之间缔结运输契约的凭证

航空运单是发货人与航空承运人之间的运输合同。与海运提单不同,航空运单不仅证明航空运输合同的存在,而且航空运单本身就是发货人与航空运输承运人之间缔结的货物运输合同,在双方共同签署后产生效力,并在货物到达目的地交付给运单上所记载的收货人后失效。

2)是承运人收运货物的证明文件

航空运单是承运人签发的已接收货物的证明。航空运单也是货物收据,在发货人将货物发运后,承运人或其代理人就会将其中一份交给发货人(即发货人联),作已经接收货物的证明。

3)是运费结算凭证及运费收据

航空运单是承运人据以核收运费的账单。航空运单分别记载着属于收货人负担的费用、属于应支付给承运人的费用和应支付给代理人的费用,并详细列明费用的种类。

4)是承运人在货物运输组织的全过程中运输货物的依据

航空运单是承运人内部业务的依据。航空运单随货同行,证明了货物的身份。运单上包含有关该票货物发送、转运、交付的事项,承运人会据此对货物的运输作出相应安排。

航空运单的正本一式三份,每份都印有背面条款。其中一份交发货人,是承运人或其代理人接收货物的依据;第二份由承运人留存,作为记账凭证;最后一份随货同行,在货物到达目的

地,交付给收货人时作为核收货物的依据。

5)是国际进出口货物办理清关的证明文件

出口时航空运单是报关单证之一。在货物到达目的地机场进行进口报关时,航空运单也通常是海关查验放行的基本单证。

6)是保险证明

如果承运人承办保险或发货人要求承运人代办保险,则航空运单也可用来作为保险证书。

5.4.2　航空货运单正本背面条款

货运单正本背面印刷了有关涉及航空货物运输的条款,它们是解决航空运输中发生争议时的依据,其中涉及索赔、保险、改变承运人等条款。以下是航空货运单通常具有的条款:

(1)本契约中承运人是指承运或准备承运货运单上所载货物,或是为运输本票货物提供其他服务的单位。《华沙公约》是指 1929 年 10 月 12 日在华沙签署的《统一某些有关国际航空运输规则的公约》,或是指 1955 年 9 月 28 日在海牙签署的修订本。

(2)以下讲到的运输是指承运人责任受《华沙公约》限制的运输,是《华沙公约》所定义的国际运输。

(3)除受《华沙公约》制约之外,每个承运人的运输和提供的其他服务还受到以下限制。

①适用的法律(包括国家执行公约的法律)、政府的规定、命令、要求的限制。

②本契约提出的条款限制。

③承运人的运价、规则、运输条件、规定和航班表(不是指起飞,降落的时间),也成为规定的一部分,并且可以在其任一办公室,任一提供定期航班服务的机场进行检查。对于美国、加拿大和其他地区间的运输,应采用美加与这些国家间使用的运价。

(4)第一承运人的名称见货运单的缩写,第一承运人的地址是货运单上的离港机场。双方同意的经停点(必要时承运人可以修改)是除了始发地、目的地以外货运单上的其他地点,或是承运人的航班表中规定的经停点。几个承运人共同完成一次运输。

(5)本契约的所指运输应遵守《华沙公约》所制定的有关责任规定,除非此种运输不是公约中所指的"国际运输"。为了不与上述公约解释相矛盾,各承运人提供的运输和其他服务应遵守下列规定:

①适用的法律(包括履行公约的国家法律)政府规章、命令和要求。

②本契约的规定。

③承运人适用的运价、规则、运输条件、规章和班期时刻表为本契约的组成部分。并可在承运人的任一办事处和他所经营的定期航班的机场内查到。美国或加拿大的某一地点与境外任一地点之间的运输,其适用运价应为这些国家之间的有效运价。

(6)第一承运人的名称在航空货运单正面上可用简称,其全称及简称见该承运人的运价手册、运输条件、规章和班期时刻表。第一承运人的地址是填写在航空货运单正面上的出发地点机场,约定的经停地点(必要时承运人可改变)是除始发地点和目的地点外,在航空货运单正面上所填列的地点或在承运人的班期时刻表内所列航路的经停地点。由几个承运人连续的运输,应视为一个单一运输。

(7)除非承运人的运价或运输条件中另有规定,在《华沙公约》不适用于该项运输时,承运人对货物损失、损坏或延误所负的责任以不超过每千克20.00美元或其等值货币为限,除非托运人对贵重货物声明一个较高的价值并缴付了附加费。

(8)如货运单正面作为"供运输用声明价值"一栏中所填金额超过上述"声明"和本契约条款中所规定的适用责任限额,并且托运人按照承运人的运价、运输条件或规章缴付了所规定的附加费,就构成一个特别声明价值,在此情况下承运人的责任限额将为其所声明的价值。赔偿数额将依据实际损失的证明予以赔偿。

(9)如遇货物部分遗失、损坏或延误,在确定承运人的责任限额时,计算赔偿的重量只能是该件或其有关件的重量。

> **注意**:除非另有规定,《美国联邦航空法》中所指"国际运输"修定为:如一批货物或其部分遗失、损坏或延误,确定承运人的责任限额的重量应为决定这批货物运费所用的重量(或部分货物遗失、损坏或延误按所占重量比例)。

(10)对承运人责任的任何免除或限制,应适用于并有利于承运人的代理人、受雇人和代表,以及承运人为运输而使用其飞机的所有人及其代理人、受雇人和代表。本条的规定是承运人在此作为代理人,代理上述所有人员。

(11)承运人为完成本契约的运输可做合理的安排。承运人可改变运输方式并无须事先通知,但应适当照顾托运人的利益。承运人有权选择路线或变更航空货运单正面上所填列的路线。本款不适用于至/自美国的运输。

(12)依据本契约条件规定,货物在承运人或其代理人照管期内,由承运人负责。

(13)除未经托运人的书面同意承运人将款项记入收货人的货方外,托运人保证按照承运人的运费规定、运输条件和有关规章、适用的法律(包括履行公约的国家法律)、政府规章、命令和要求交付应付的一切费用。如果托运货物全部未能交付,即使运费未曾交付,对该批货物的索赔要求也应接受。

(14)货物到达通知应立即发给收货人或航空货运单正面所列的另请通知人,货物到达目的地点时,如事先收到托运人的其他指示,可按其指示交付货物,否则按收货人的指示办理。

(15)交付货物时,在下列情况下收货人有权向承运人提出异议,但必须用书面形式。

①货物的明显损坏,应在发现损坏时立即提出,最迟在收到货物后14天内提出。

②货物的其他损坏,自收到货物之日起14天内提出。

③货物延误,自其自由支配货物之日起21天内提出。

④货物没有交付,自填开货运单之日起120天内提出。

如对上述所述有异议,应以书面形式提出,交给货运单所属空运企业或给第一承运人,或给最后承运人,或给在运输中发生货物遗失、损坏或延误的承运人。

诉讼应在货物到达目的地之日起,或从飞机应该到达之日当日起,或从运输停止之日起2年内提出,否则即丧失承运人诉讼的权利。

(16)托运人应遵守一切有效法律和运输货物始发、到达、经停或飞越任何国家的政府规章,包括有关货物包装、运输或货物的交付,以及为了遵守上述法律和规章必须提供的各种必要资料和货运单的随附文件。对于托运人不遵守本条规定所造成的损失或费用,承运人对托运人不负责任。

(17)承运人的代理人、受雇人或代表均无权改变、修改或废止本契约的任一条款。

(18)在要求保险和已交付保险费,并且将保险金额在航空货运单正面写上,即证明该运单上所列货物已经保险,其申请保险数额为货运单正页上所列数额(赔偿金额以遗失和损坏的货物实际价值为限,但此金额不能超出所保险的金额)。该保险应符合保险合同的条款、条件和范围(某些风险除外),保险合同可由填开运单承运人办事处的有关当事人进行审核,此种保险的索赔须立即向承运人的办事处提出。

5.4.3　航空货运单的填制

1. 填制货运单的要求

运单要求用英文打字机或计算机,用英文大写字母打印,各栏内容必须准确、清楚、齐全,不得随意涂改。

货运单已填内容在运输过程中需要修改时,必须在修改项目的近处盖章注明修改货运单的空运企业名称、地址和日期。修改货运单时,应将所有剩余的各联一同修改。

货运单的各栏目中,有些栏目印有阴影。其中,有标题的阴影栏目仅供承运人填写。没有标题的阴影栏目一般不需填写,除非承运人特殊需要。

2. 货运单各项栏目的填写说明

(1)货运单号码(the air waybill number)。货运单号码应清晰地印在货运单的左右上角及右下角(中性货运单需自行填制),包括航空公司的数字代号(Airline Code Number)和货运单序号及检验号(serial number)。

(2)始发站机场(airport of departure)。填制始发站机场的 IATA 三字代号(如果始发地机场名称不明确,可填制机场所在城市的 IATA 三字代号)。

(3)货运单所属承运人的名称及地址(Issuing Carrier's Name and Address)。此处一般印有航空公司的标志、名称和地址。

(4)正本联说明(reference to originals)。无须填写。

(5)契约条件(reference to conditions of contract)。一般情况下无须填写,除非承运人需要。

(6)托运人栏(shipper)。托运人姓名和地址(shipper's name and address):填制托运人姓名(名称)、地址、国家(或国家两字代号)以及托运人的电话、传真、电传号码;托运人账号(shipper's account number):此栏不需填写,除非承运人需要。

(7)收货人栏(consignee)。收货人姓名和地址(consignee's name and address):填制收货人姓名(名称)、地址、国家(或国家两字代号)及收货人的电话、传真、电话号码;收货人账号(consignee's account number):此栏仅供承运人使用,一般不需填写,除非最后的承运人需要。

(8)填开货运单的承运人的代理人栏(issuing carrier's agent)。填制向承运人收取佣金的国际航协代理人的名称和所在机场或城市;根据货物代理机构管理规则,该佣金必须支付给目的站国家的一个国际航协代理人,则该国际航协代理人的名称和所在机场或城市必须填入本栏。填入"收取佣金代理人"(commissionable agent)字样。

①国际航协代号(agent's IATA code)。代理人在非货账结算区(non-CASS areas),打印国际航协 7 位数字代号,如 14-30288;代理人在货账结算区(CASS areas),打印国际航协 7 位数字代号,后面是三位 CASS 地址代号,和一个冠以 10 位的 7 位数字代号检验位,如 34-41234/5671。

注意:CASS 为货物财务结算系统(cargo accounts settlement system)。

一些航空公司为便于内部系统管理,要求其代理人在此处填制相应的代码。

②账号(account no)。本栏一般不需填写,除非承运人需要。

(9)运输路线(routing)。

①始发站机场(airport of depature and requested routing)。第一承运人地址和所要求的运输路线,此栏填制与栏中一致的始发站机场名称,以及所要求的运输路线。

> **注意:**此栏中应填制始发站机场或所在城市的全称。

②运输路线和目的站(routing and destination)

至第一承运人(to by first carrier):填制目的站机场或第一个转运点的IATA三字代号。当该城市有多个机场,不知道机场名称时,可用城市代号。

由第一承运人(by first carrier):填制第一承运人的名称(全称与IATA两字代号皆可)。

至(第二承运人)(to(by second carrier)):填制目的站机场或第二个转运点的IATA三字代号(当该城市有多个机场,不知道机场名称时,可用城市代号)。

由(第二承运人),(by(second carrier)):填制第二承运人的IATA两字代号。

至(第三承运人)(to(by third carrier)):填制目的站机场或第三转运点的IATA三字代号(当该城市有多个机场,不知道机场名称时,可用城市代号)。

由(第三承运人)(by(third carrier)):填制第三承运人的IATA两字代号。

③目的站机场(airport of destination)。填制最后承运人的目的地机场全称(如果该城市有多个机场,不知道机场名称时,可用城市全称)。

④航班/日期(flight/date)。仅供承运人用,本栏一般不需填写,除非参加运输各有关承运人需要,填入货物所搭乘航班及日期。

(10)财务说明(accounting information)。此栏填制有关财务说明事项。付款方式为现金支票或其他方式;用MC0付款时,只能用于作为货物运输的行李的运输,此栏应填制MC0号码,换取服务金额,以及旅客客票号码、航班、日期及航程。

> **注意:**代理人不得接受托运人使用MC0作为付款方式。货物到达目的站无法交付收货人而需退运的,应将原始货运单号码填入新货运单的本栏内。

(11)货币(currency)。填制始发国的ISO(国际标准组织)的货币代号。除目的站"国家收费栏"内的款项外,货运单上所列明的金额均按上述货币支付。

(12)运费代号(CHGS codg)(仅供承运人用)。本栏一般不需填写,仅供电子传送货运单信息时使用。

(13)运费(charges)。

①WT/VAL:航空运费(根据货物计费重量乘以适用的运价收取的运费)和声明的价值附加费的预付和到付。

②other(charges at origin):在始发站的其他费用预付和到付。

(14)供运输用声明价值(declared value for carriage)。打印托运人向货物运输声明的价值金额;如果托运人没有声明价值,此栏必须打印"NVD"字样(NVD——no value declared,没有申明价值)。

(15)供海关用声明价值(declared value for customs)。打印货物及通关时所需的商业价

值金额；如果货物没有商业价值，此栏必须打印"NCV"，字样（NCV——no customs value，没有商业价值）。

（16）保险的金额（amount of insurance）。如果承运人向托运人提供代办货物保险业务时，此栏打印托运人货物投保的金额；如果承运人不提供此项服务或托运人不要求投保时，此栏内必须打印"×××"符号。

（17）操作信息。一般填入承运人对货物处理的有关注意事项（handling information）。

①如果是危险货物，有两种情况：一种是需要附托运人危险品申报单的，则本栏内应打印"Dangerous Goods As Per Attached Shipper's Declaration"字样，对于要求装货机装运的危险货物，还应加上"Cargo Aircraft Only"字样；另一种是属于不要求附危险品申报单的危险货物，则应打印"Shipper's Declaration not Reuired"字样。

②当一批货物中既有危险货物也有非危险货物时，应分别列明，危险货物必须列在第一项，此类货物不要求托运人附危险品申报单，且危险货物不是放射性物质且数量有限。

③其他注意事项尽可能使用"货物交换电报程序"（CARGO-IMP）中的代号和简语，如：货物上的标志、号码及包装方法；货运单所附文件，如托运人的动物证明书"Shipper's Certification for Live Animal"，装箱单"Packing List"，发票"Invoice"等；除收货人外，另请通知人的姓名、地址、国家及电话、电传或传真号码，货物所需要的特殊处理规定，海关规定等。

（18）货物运价细目（consignment rating details）。一票货物中如含有两种或两种以上不同运价类别计费的货物应分别填写，每填写一项另起一行，如果含有危险品，则该危险货物应列在第一项。

①件数/运价组合点（NO. of pieces rcp）。打印货物的件数，如 10 包即填"10"。如果使用非公布直达运价计算运费时，在件数的下面还应打印运价组合点城市的 IATA 三字代号。

②毛重（gross weight）。适用于运价的货物实际毛重（以千克为单位时可保留至小数后一位）。

③重量单位 kg/lb。以千克为单位用代号"K"；以磅为单位用代号"L"。

④运价等级（rate class）。根据需要打印下列代号：

M——最低运费（minimum charge）。

N——45 千克以下（或 100 千克以下）运价（normal rate）。

Q——45 千克以上运价（quantity rate）。

C——指定商品运价（specific commodity rate）。

R——等级货物附减运价（class rate reduction）。

S——等级货物附加运价（class rate surcharge）。

U——集装化设备基本运费或运价（unit load device basic charge or rate）。

E——集装化设备附加运价（unit load device additional rate）。

X——集装化设备附加说明（unit load device additional information）。

Y——集装化设备折扣（unit load device discount）。

⑤商品品名编号（commodity item No. ）。使用指定商品运价时，此栏打印指定商品品名代

号(打印位置应与运价代号 C 保持水平);使用等级货物运价时,此栏打印附加或附减运价的比(百分比);如果是集装货物,打印集装货物运价等级。

⑥计费重量(chargeable weight)。打印与运价相应的货物计费重量。

如果是集装货物,则:

①与运价代号"U"对应打印适合集装货物基本运费的运价点重量。

②与运价代号"E"对应打印超过使用基本运费的重量。

③与运价代号"X"对应打印集装器空重。

⑦运价/运费(rate/charge)。当使用最低运费时,此栏与运价代号"M"对应打印最低运费;打印与运价代号"N""Q""C"等相应的运价;当货物为等级货物时,此栏与运价代号"S"或"R"对应打印附加或附减后的运价;

如果货物是集装货物,则:①与运价代号"U"对应打印集装货物的基本运费;②与运价代号"E"对应打印超过基本运费的集装货物运价。

⑧总计。打印计费重量与适用运价相乘后的运费金额。

⑨货物品名和数量(nature and quantity of goods)。本栏应按要求打印,尽可能地清楚、简明,以便使涉及组织该批货物运输的所有工作人员能够一目了然。

● 打印货物的品名(用英文大写字母)。

● 当一票货物中含有危险货物时,应分列打印,危险货物应列在第一项。

● 动物运输,本栏内容应根据 IATA 活动物运输规定打印。

● 对于集合货物,本栏应打印"Consolidation as Per Attached List"。

● 打印货物的体积,用"长×宽×高"表示,如 DIMS:40 厘米×30 厘米×20 厘米。

● 可打印货物的产地国。

(19)其他费用(other charges):

①打印始发站运输中发生的其他费用,按全部预付或全部到付。

②作为到付的其他费用,应视为"代垫付款"托运人应按代垫付款规定支付手续费,否则,对其他运费应办理到付业务。

③打印"其他费用"金额时,应冠以下列代号:

AC——动物容器租费(animal container)。

As——集中货物服务费(assembly service fee)。

AT——押运员服务费(attendant)。

AW——货运单国际航运代理实务弱费(air waybill)。

BR——银行放行(bank release)。

DB——代垫付款手续费(disbursement fee)。

DF——分发服务费(djstribution service)。

FC——运费到付手续费(charges collect fee)。

GT——政府捐税(government tax)。

HR——尸体、骨灰附加费(human remains)。

IN——代办保险服务费(insurance premium)。

LA——动物处理费(live animals)。

MA——代理人收取的杂项费用(miscellaneous-due agent)。

MZ——填开货运单的承运人收取的杂项费用(miscellaneous-due carrier)。

PK——包装服务费(packaging)。

RA——危险品处理费(dangerous goods surcharge)。

SD——目的站地面运输费(surface charge destination)。

SI——中途停运费(stop in transit)。

S0——始发站保管费(storage origin)。

SR——目的站保管费(storage destination)。

SU——地面运输费(surface charge)。

TR——过境费(transit)。

TX——捐税(taxes)。

UH——集装设备操作费(ULD handling)。

④承运人收取的其他费用"C"表示；代理人收取的其他费用"A"表示。例如：AWC 为承运人收取的货运单费；

AWA 为代理人收取的货运单费。

(20)预付(PREPAID)。

①预付运费(weight charge)。打印货物计费重量计得的货物运费。

②预付声明价值附加费(valuation charge(prepaid))。如果托运人向货物运输声明价值的话,此栏打印根据公式：

预付声明价值附加费＝(声明价值－实际毛重×最高赔偿额)×0.5%

③预付税款((prepaid)tax)。打印适用的税款。

④预付的其他费用总额(total other prepaid charges)。

total(prepaid)charges due agent,预付由代理人收取的其他费用总额。打印由代理人收取的其他费用总额。

total(prepaid)charges due carrier,预付由承运人收取的其他费用。打印由承运人收取的其他费用总额。

⑤无名称阴影栏目。本栏不需打印,除非承运人需要。

⑥预付总计(total prepaid)。打印有关预付款项之和。

(21)到付(collect)。

①到付运费(weight charge)。打印按货物计费重量计得的货物航空运费。

②到付声明价值附加费((prepaid)valuation charge)。托运人向货物运输声明价值的话,此栏打印根据下面公式计算的声明价值附加费金额：

到付声明价值附加费＝(声明价值－实际毛重×最高赔偿额)×0.5%

③到付税款((prepaid)tax)。打印适用的税款。

④预付的其他费用总额(total other prepaid charges)。total(prepaid)charges due agent,到付由代理人收取的其他费用总额的。打印由代理人收取的其他费用总额。total(prepaid)charges due carrier,到付由承运人收取的其他费用。打印由承运人收取的其他费用总额。

⑤无名称阴影栏目。本栏不需打印,除非承运人需要。

⑤预付总计(total prepaid)。打印有关预付款项之和。

(22)托运人证明栏(shipper's certification box)。打印托运人名称并令其在本栏内签字或盖章。

(23)承运人填写栏(carriers execution box)。

①填开日期(executed on(date))。按日、月、年的顺序打印货运单的填开日期(月份可用缩写),如 06SEP2000。

②填开地点(At(Place))。打印机场或城市的全称或缩写。

③填开货运单的承运人或其代理人签字(signature of issuing carrier or its agent)。填开货运单的承运人或其代理人在本栏内签字。

(24)for carrier's use only at destination,仅供承运人在目的站使用,本栏不需打印。

(25)用目的站国家货币付费(仅供承运人使用)。

①货币兑换比价(currency conversion rate)。打印目的站国家货币代号,后面是兑换比率。

②用目的站国家货币付费(charges in destination currency)。将到付总额折算成目的站国家货币的金额,打印在本栏内。

③在目的站的费用(charges at destination)。最后承运人将目的站发生的费用金额包括利息等(自然增长的),打印在本栏。

④到付费用总额(total collect charges)。

实战演练

1. 根据以下要求填制航空货运单

(1)如果始发站是北京首都国际机场,是否可以把"BEUING"城市全称填在货运单中,若可以,请填在该货运单中相应的位置上。

(2)如果没有供运输用的声明价值,在货运单上如何填写?请填在货运单中。

(3)如果托运人没有办理货物保险,在货运单上如何填写?请填在货运单中。

(4)如果运费是预付,在货运单中填入它的英文名称。

(5)如果货物从北京运往纽约,请在货运单中相应的位置上填入它的货币代号。

2. 请根据以下材料填写航空货运单。

北京天天乐水果批发公司(地址为:北京市海淀区四道口明光寺水果批发市场 西门南排 13 号,联系电话:010-62251234)委托中远国际航空货运代理有限公司将一批新鲜水果从北京机场运往日本成田机场,收货人为住友商事株式会社(地址为:东京部千代田区一桥1-2-2,联系电话:06-220-6000)。中远国际航空货运代理有限公司将货物交与中国国际航空公司进行承运,货物用木箱包装,总共 4 件,每件重 47.8 千克,每件体积为 128 厘米×42 厘米×36 厘米,没有声明价值,所涉运费全部预付,使用人民币进行结算。根据货主的托运书填写航空货运单。

航空货运单范本如附式 5.2 所示。

附表 5.2　航空货运单范本

Shipper's name and address	NOT NEGOTIABLE Air Waybill Issued by
Consignee's name and address	It is agreed that the goods described herein are accepted in apparent good order and condition (except as noted) for carriage SUBJECT TO THE CONDITIONS OF CONTRACT ON THE REVERSE HEREOF, ALL GOODS MAY BE CARRIED BY ANY OTHER MEANS, INCLUDING ROAD OR ANY OTHER CARRIER UNLESS SPECIFIC CONTRARY INSTRUCTIONS ARE GIVEN HEREON BY THE SHIPPER. THE SHIPPER'S ATTENTION IS DRAWN TO THE NOTICE CONCERNING CARIER'S LIMITATION OF LIABILITY. Shipper may increase such limitation of liability by declaring a higher value of carriage and paying a supplemental charge if required.
Issuing Carrier's Agent Name and City	

Agents IATA Code	Account No.

Airport of Departure (Add. of First Carrier) and Requested Routing	Accounting Information

to	By first carrier	to	by	to	by	Currency	Declared Value for Carriage	Declared Value for Customs

Airport of Destination	Flight/Date	Amount of Insurance	INSURANCE-If carrier offers insurance and such insurance is requested in accordance with the conditions thereof indicate amount to be insured in figures in box marked "Amount of Insurance"

Handling Information

No. of Pieces	Gross Weight	Rate Class	Chargeable Weight	Rate/Charge	Total	Nature and Quantity of Goods

Prepaid Weight charge Collect	Other Charges
Valuation Charge	

Tax	
Total Other Charges Due Agent	Shipper certifies that the particulars on the face hereof are correct and that insofar as any part of the consignment contains dangerous goods, such part is properly described by name and is in proper condition for carriage by air according to the applicable Dangerous Goods Regulations. ——————————————— Signature of Shipper or his agent
Total Other Charges Due Carrier	

Total Prepaid	Total Collect	Executed on _____ at _____ Signature of issuing? Carrier or as Agent
Currency Conversion Rates	CC Charges in des. Currency	
For Carrier's Use Only at Destination	Charges at Destination	Total Collect Charges	AIR WAYBILL NUMBER

子任务 5.5　特种货物收运

任务引领

特种货物包括贵重货物、动物、尸体、骨灰、危险物品、外交信袋、作为货物运输的行李和鲜活易腐货物等。随着经济结构的调整,这类货物的运输量呈现明显的增长趋势。运输这类货物利润空间比普通货物要大,因此愈来愈受到航空公司、代理公司的重视。同时,运输特种货物操作难度大,容易出现问题,因此除按一般运输规定外,还应严格遵守每一类特种货物的特殊规定。本任务要求掌握不同特种货物的收运条件,以及特种货物在仓储、运输过程中应注意的问题。

5.5.1　鲜活易腐货物

鲜活易腐货物是指在一般运输条件下易于死亡或变质腐烂的货物。如虾、蟹类,肉类,花卉,水果,蔬菜类、沙蚕、活赤贝、鲜鱼类、植物、树苗、蚕种、蛋种、乳制品、冰冻食品、药品,血清、疫苗、人体白蛋白、胎盘球蛋白等。

1. 收运条件

1)基本条件

鲜活易腐货物应具有必要的检验合格证明和卫生检疫证明,还应符合有关到达站国家关于此种货物进出口和过境的规定。托运人交运鲜活易腐货物时,应书面提出在运输中需要注意的事项及允许的最长运输时间。

2)包装

包装必须要适合此种货物的特性。要注意不要因在运输途中包装破损或有液体溢出而污损飞机或其他装载物。

凡怕压货物,外包装应坚固抗压;需通风的货物,包装上应有通气孔;需冷藏冰冻的货物,容器应严密,保证冰水不致流出。

带土的树种或植物苗等不得用麻袋、草包、草绳包装,应用塑料袋包装,以免土粒、草屑等杂物堵塞飞机空气调节系统。

为便于搬运,鲜活易腐货物每件重量以不超过 25 千克为宜。

3)标签

除识别标签外,货物的外包装上还应拴挂"鲜活易腐"标签和向上标签。

2. 文件

(1)货运单。货运单品名栏"nature and quantity"应注明"PERISHABLE"并注明已订妥的各航段航班号/日期。

(2)其他文件。在"handing information"栏内注明其他文件的名称和注意事项,并将装有各种卫生检疫证明的信封钉在货运单后面,随货运单寄出。

3. 仓储与运输

(1)仓储。为减少鲜活易腐货物在仓库存放的时间,托运人或收货人可直接到机场办理交运或提取手续。

（2）运输。承运前必须查阅 TACT 规则本中的第七部分,关于各个国家对鲜活易腐物品进出口、转口的运输规定。如机场能否提供冷库、清关的时间范围等,确定无误后方可承运。承运前还应查阅 TACT 规则本中第八部分有关承运人对鲜活易腐品的承运规定。

鲜活易腐货物应优先发运,尽可能利用直达航班;并需订妥航班。

收运鲜活易腐品的数量必须取决于机型以及飞机所能提供的调温设备。

鲜活易腐货物运达后,应由航空公司或其地面代理人立即通知收货人来机场提取。

如果在周末和节假日无法办理清关手续,应尽量安排货物在工作日到达中转站或目的站。

4. 对几类鲜活易腐品在处理中的要求

（1）鲜花。鲜花对温度的变化很敏感,所收运的数量应取决于机型的要求,通常可采用集装箱运输,托运人应在飞机起飞前的最后限定时间内到机场交货,装机时应注意天气的变化。

（2）蔬菜。由于一些蔬菜含较高的水分,若不保持充分通风状况,则会导致氧化变质,因此每件包装必须保证通风,摆放时应远离活动物及有毒物品以防止污染。如果用集装箱装运,不可与其他货物混装。大多数蔬菜会散发出乙醇气体,会对鲜花和植物造成影响,因此蔬菜不可与鲜花、植物放在同一舱内。

（3）新鲜/冷冻的鱼、肉。必须密封包装,不致渗漏液体,必须小心存放以免造成污染。机舱和集器内必须洁净,若之前运输过活动物的话,必须经过消毒处理,操作人员也应经过卫生检查。

（4）干冰。干冰常被作为货物的冷却剂。因此。应在货物包装、货运单以及仓单上注明。由于干冰是固体 CO_2,因此用干冰冷却的货物包装上应有使 CO_2 气体散出的漏孔,并根据 IATA 有关对限制物品的规定,在货物外包装上做好标记或贴有关标贴。

5. 运输不正常的处理

（1）延误。如遇班机延误、衔接脱班,因延长运输时间而对货物的质量发生影响时,航空公司应立即通知收货人或托运人,征求处理意见并尽可能按照对方意见处理。在此期间,对鲜活易腐货物按要求妥善保管。同时,尽可能安排最早的航班运出。

（2）变质。在运输途中货物发生腐烂变质或在目的站由于收货人未能及时提取使货物腐烂变质时,航空公司将视具体情况将货物毁弃或移交当地海关和检疫部门处理,由此发生的额外费用将通过货运单填制人向托运人收取。发现此类货物腐烂变质时,航空公司将填写运输事故记录并通知托运人或收货人。

5.5.2　活体动物

由于航空运输的快捷性、安全性,活体动物的运输在整个国际航空运输中占有非常重要的地位。活动物不同于其他货物,对环境的变化敏感性很强,由于活动物的种类繁多,特性各异等因素,工作中容易出现各种各样的麻烦。因此,工作人员一方面应多了解各种动物的个性,另一方面应严格按照运输规则来组织运输。

IATA 每年出版一期《活体动物规则》(live animal regulations, LAR),包括了有关活体动物运输的各项内容,如包装种类、操作和仓储标准等,目的是保证活体动物安全到达目的地。

1. 一般规定

收运活体动物应以 LAR 为依据,严格遵守各项规定。装卸活体动物时必须谨慎,以确保动物和人的健康与安全。装卸活体动物时应避免污染其他的货物。

2. 收运条件

1）基本条件

交运的动物必须健康状况良好，无传染病，并具有卫生检疫证明，妊娠期的哺乳动物一般不予收运；除非兽医证明动物在运输过程中无分娩的可能。但必须对此类动物采取防护措施。对于动物与尚在哺乳期的幼畜同时交运情况，只有大动物与幼畜可以分开时，方可收运。有特殊不良气味的动物，不予收运。

托运人必须办妥海关手续，根据有关国家的规定，办妥进出口和过境许可证，以及目的地国家所要求的一切文件。

2）包装

动物容器的尺寸，应适合不同机型的舱门大小和货舱容积。容器的大小应适应动物的特性，并应为动物留有适当的活动余地，大型动物容器需适合用机械进行装卸的要求。

容器应坚固，防止动物破坏、逃逸以及和外界接触。容器上应有便于搬运的装置。动物的出入口处，应设有安全设施，以防发生事故。容器必须防止动物粪便漏溢，污损飞机，必要时加放托盘和吸湿物（禁止用稻草作吸湿物）。容器还必须有足够的通气孔以防止动物窒息。对不能离水的动物，应注意包装防止水的漏溢以及因缺氧而造成动物在途中死亡。必要时容器内应备有饲养设备和饲料。

3）文件

（1）活动物证明书。托运人每交运一批活动物，应填制活动物证明书，一式两份，证明书应由托运人签字，一份交承运人留存，一份和其他证件一起附在货运单上寄往目的站。

填写完活动物证明书，托运人声明动物健康状况良好，并根据 LAR 中的规定和有关承运人、国家的要求对货物进行了适当的包装，符合空运条件。

（2）货运单。货运单的品名栏内必须写明与 LAR 中一致的动物俗名和动物的数量；并注明已订妥的各航段航班号/日期。所有文件的名称和其他操作要求都应写在"Handing Information"栏中。

（3）其他文件。其他文件包括动物卫生检疫证明、有关国家的进出口许可证等。

4）标签和标记

容器上应清楚地注明收货人的姓名和详细地址（与货运单上相同），容器上还应注明动物的习性和特性，有关特殊饲养的方法及应注意的事项。

容器上应贴有下列标贴：①"动物"标贴（LIVE ANIMAL）；②"不可倒置"标贴（THIS SIDE UP）；③对危害人的有毒动物应贴"有毒"标贴（POISONOUS）。

5）仓储与运输

根据动物习性，野生动物（包括哺乳动物和爬行动物）喜欢黑暗或光线暗淡的环境，一般放置在安静阴凉处；家畜或鸟类一般置在敞亮的地方。不可在高温、寒冷、降雨等恶劣天气时露天存放活体动物。互为天敌的动物、来自不同地区的动物、发情期的动物不能一起存放。实验用动物应与其他动物分开存放，避免交叉感染。动物不能与食品、放射性物质、毒性物质、传染物质、灵柩、干冰等放在一起。经常存放动物的区域应定期清扫，清扫时应将动物移开。装载活体动物的容器要求与其他货物有一定的隔离距离，以便通风。除非托运人有特别要求，承运人不负责给动物喂食、喂水。

运输必须在订妥全程舱位之后方可收运。动物运输不办理运费到付。动物运输应尽量利

用直达航班;如无直达航班,应尽量选择中转次数少的航班。应注意动物运达目的站的日期,尽量避开周末和节假日,以免动物运达后延误交付,造成动物死亡。只有部分机型的下货舱可以通风和控制温度。因此。动物装载在下货舱内运输时,应考虑不同的飞机所提供的运输条件。

动物在运输过程中,由于自然原因而发生的病、伤或死亡,承运人不负责任;除非证明由于承运人造成的责任。动物在运输途中或到达目的地后死亡(除承运人的责任事故外)所产生的一切处理费用,应由托运人或收货人承担。

由于托运人的过失或违反承运人的运输规定,致使动物在运输过程中造成对承运人或第三者的伤害或损失时,托运人应负全部责任,

5.5.3 危险物品

危险物品(DGR－dangerous goods),是指对人体健康、飞行安全、财产或者环境构成危害的物质或者物品。

按照现行有效的国际标准,即国际民航组织的《危险物品航空安全运输技术指令》和国际航协(IATA)的《危险物品规则》,航空运输活动中的危险物品根据其种类大致可以分为以下九大类:爆炸品、气体、易燃液体和易燃固体、自燃物质和遇水释放气体物质、氧化剂和过氧化物、有毒和传染性物质、放射性物质、腐蚀性物质、杂项危险物品。

1. 文件

(1)危险品申报单。托运人必须填写一式两份的危险品申报单,签字后一份交始发站留存,另一份随货物运至目的站。申报单必须由托运人填写、签字并对申报的所有内容负责。任何代理人都不可替代托运人签字。

(2)货运单。在货运单中的"handing information"注明:dangerous goods as per attached Shipper's Declaration。

2. 运输

(1)预先检查原则。危险物品的包装件在组装集装器或装机之前,必须进行认真检查,包装件在完全符合要求的情况下,才可继续进行作业。、

检查的内容包括:外包装无漏洞、无破损,包装件无气味,无任何漏泄及损坏的迹象;包装件上的危险性标签和操作标签正确无误、粘贴牢固,包装件的文字标记(包括运输专用名称、UN 或 ID 编号、托运人和收货人的姓名及地址)书写正确,字迹清楚。

(2)方向性原则。装有液体危险物品的包装件均按要求贴有向上标签(需要时还应标注"THIS SIDE UP")在搬运、装卸、装集装板或集装箱以及装机的全过程中,必须按该标签的指向使包装件始终保持直立向上。

(3)轻拿轻放原则。在搬运或装卸危险物品包装件时,无论是采用人工操作还是机械操作,都必须轻拿轻放,切忌磕、碰、摔、撞。

(4)固定货物、防止滑动原则。危险物品包装件装入飞机货舱后,装载人员应设法固定。防止危险物品在飞机飞行中倾倒或翻滚,造成损坏。

5.5.4 超大超重货物

超大货物一般是指需要一个以上的集装板方能装下的货物,这类货物的运输需要特殊处理程序以及装卸设备。

超重货物一般是指每件超过 150 kgs 的货物,但最大允许货物的重量主要还取决于飞机的机型(地板承受力)、机场设施以及飞机在地面停站的时间。

1. 收运条件

(1)订舱。如果一票货物包括一件或几件超大超重货物,订舱时应说明货物的重量和尺寸,并在货运单内单独列明,承运人可提前制定装载计划并准备必要的固定设施。

(2)包装。托运人所提供的包装应便于承运人操作,如托盘、吊环等,必要时应注明中心位置。

2. 运输

运输中要求确保货物内部不含有危险性的物品(像电池、燃油),如果有此类物品,应按 TACT 有关危险品规定来处理。

托运人应提供装卸超大、超重货物的设施。重货尽量装在集装器的中间位置。如果装载的货物未超过集装箱的 2/3 容积,属于重货的,需固定。

5.5.5 贵重货物

凡交运的一批货物中,含有下列物品中的一种或多种的,称为贵重货物:其声明价值毛重每千克超过(或等于)1 000 美元的任何物品;黄金(包括提炼或未提炼过的金锭)、混合金、金币以及各种形状的黄金制品,如金粒、片、粉、绵、线、条、管、环和黄金铸造物;白金(即铂)类稀有贵重金属(钯、铱、锇、钌、铑)和各种形状的铝合金制品,如铂粒、绵、棒、锭、片、条、网、管、带等,但上述金属以及合金的放射性同位素则不属于贵重货物,而属于危险品,应按危险品运输的有关规定办理;合法的银行钞票、有价证券、股票、旅行支票及邮票(从英国出发,不包括新邮票);石(包括工业钻石)、红宝石、蓝宝石、绿宝石、蛋白石、珍珠(包括养殖珍珠),以及镶有上述钻石、宝石、珍珠等的饰物;金、银、铂制作的饰物和表;金、铂制品(不包括镀金、镀铂制品)。

1. 收运条件

在收运贵重货物时要特别注意下列要求:

1)包装

贵重货物应用硬质木箱或铁箱包装,不得使用纸质包装,必要时外包装上应用"♯"字铁条加固,并使用铅封或火漆封志。

2)标记与标签

贵重货物只能使用挂签;除识别标签和操作标签外,贵重货物不需要任何其他标签和额外粘贴物;货物的外包装上不可有任何对内装物作出提示的标记。

3)价值

(1)托运人交运贵重货物自愿办理声明价值。

(2)每票货运单货物的声明价值不得超过 10 万美元。

(3)每票货运单货物的声明价值超过 10 万美元时,应按以下办法:请托运人分批托运,即分几份货运单托运,产生的运费差额或其他费用由托运人负担;告知上级机关,按照给予的答复办理。

(4)每次班机上所装载的贵重货物价值不得超过 100 万美元。

2. 文件

(1)货运单。货运单应记载详细的托运人、另请通知人和收货人的名称、地址、联系电话;除在"nature and quantity of goods"栏内填写真实的货物名称、准确净重、内装数量外,还应注

明"valuable cargo"字样;注明已订妥的各航段航班号/日期。

贵重货物不可与其他货物作为一票货物运输。

(2)其他文件。其他文件的名称和操作要求在"handling information"栏内注明。

3. 订舱

订舱时优先使用直达航班;收运贵重货物前,必须订妥全程舱位,并符合有关承运人的运输条件;如需变更续程承运人,必须得到有关承运人的许可;托运人应预先将货物的航班安排情况通知收货人。

贵重货物如需特别安全措施,应在电文中特别注明。如有关航站需采取特别安全措施(例如警卫),由此产生的费用,应由托运人负担,如托运人拒付,航空公司则不予收运。

4. 仓储与运输

贵重货物应存放在贵重货物仓库内,并随时记录出、入库情况,货物交接时必须有书面凭证并双方签字;保证始发站、中转站和目的站机场都设有贵重货物仓库;总重量在45千克以下,单件体积不超过45厘米×30厘米×20厘米的贵重货物,应放在机长指定的位置,有保险箱的尽量放在保险箱内,超过上述体积和重量的应放在有金属门的集装箱内或飞机散舱内。

运输贵重货物,应尽量缩短货物在始发站、中转站和目的站机场的时间,避开周末或节假日交运。贵重货物在装机或装集装箱过程中,至少应有三人在场,其中一人必须是承运人的代表。装在集装箱内的贵重货物,装机站负责监护装机至飞机舱门关闭,航班离港后,装机站应立即用电话或电报通知卸机站,并做好详细记录。卸机站接到通知,应安排专人监督卸机直至货物入库。中转站接收中转的贵重货物,应进行复核,发现包装破损或封志有异,应停止运输,征求始发站的处理意见。如果发现贵重货物由破损、丢失或短少等迹象,应立即停止运输,填写《货物不正常运输记录》,并通知有关部门。贵重货物不得使用地面运输。收货人提取货物前,应仔细检查货物包装,如有异议时,应当场向承运人提出,必要时重新称重,并详细填写运输事故记录。

5.5.6　尸体、骨灰

1. 尸体

1)包装

尸体应经防腐处理,然后装入厚塑料袋中密封,放在金属箱内。金属箱内应铺放木屑和木炭等吸湿物,金属箱的连接处焊牢,以防气味或液体渗溢。金属箱外应套装木棺,木棺的两侧应装有便于装卸的把手。

2)文件

(1)证明文件。托运人必须提供卫生或其他有关部门出示的死亡证明书、入殓证明书。

死亡证明书(death certificate):应包括死者姓名、年龄、性别、国籍、死亡时间、死亡原因,特别注明属于非传染病而死亡等内容。

入殓证明书(certificate of burial):应说明尸体的包装符合金属箱内应铺放木屑和木炭等吸湿物、连接处焊牢、以防气体或液体渗溢的要求;棺内除尸体及衬垫外,无其他物品;证明书上的死者姓名等项应与死亡证明书上所列内容相符。

各证明书一式两份,一份留始发站存查,一份附在货运单后,随货物带目的地。

(2)货运单。在货运单"路线和目的站"栏内要填写指定的运输路线和各航段指定的承运人;在"航班/日期",栏内应填写已订妥舱位的航班及日期;在"货运单所附文件"栏内,应注意附有死亡证明及入殓证明书各一份。

（3）在货物的外包装上应加贴"急货"及"不可倒置"标贴。

3）运输

灵柩最迟必须在飞机起飞前2小时由托运人送往机场。灵柩尽量装在集装板上，而且必须远离动物和食品。灵柩必须在旅客登机前装机，在旅客下机后卸机。灵柩装机前或卸机后，灵柩应停放在僻静地点，如果条件允许，应加盖罩布，与其他货物分开存放。

散装时，灵柩不能与动物装在同一货舱内。灵柩只可以水平放置，不可以直立或侧放。分别装有灵柩和动物的集装器，装机时中间至少应有一个集装器间隔。

凡经中国中转的尸体，续运前应停放在当地办理丧葬部门的停尸室内。如中转时间不长，也可停放在机场适当地点，但应妥善处置，加盖罩布，与一般货物分开。

到达站在收到关于尸体运输的通知后，将及时通知收货人在飞机到达前，在机场等候提取。

由于传染病死亡的尸体，必须火化后作为骨灰方可收运。

2. 骨灰

1）包装

骨灰需装在封妥的罐内或盒内，外面用木箱套装。

2）文件

（1）证明文件。托运人必须提供卫生或其他有关部门出示的死亡证明书、火化证明书。各证明书一式两份，一份留始发站存查，一份附在货运单后，随货物带往目的站。

（2）货运单。在货运单上标注"急"或加盖"急"的字样标记。在"货运单所附文件"栏内应注明附有死亡证明书及火化证明书各一份。

3）运输

骨灰可装在下货舱，亦可由旅客随身携带。但是，应事先通知机组人员。

5.5.7　作为货物运送的行李

作为货物运送的行李（baggage shipped as cargo），又称无人押运行李（unaccompanied baggage）。

作为货物运送的行李，仅限于旅客本人的衣服和与旅行有关的私人物品，包括手提打字机、小型乐器、小型体育用品；但不包括机器、机器零件、货币、证券、珠宝、表、餐具、镀金属器皿、皮毛、影片或胶卷、照相机、票证、文件、酒类、香水、家具、商品和销售样品。

1. 使用条件

（1）作为货物运送的行李，只能在旅客客票中所列各地点的机场之间运输，并且行李交付的时间不得晚于旅客乘机旅行当天。

（2）旅客须如实申报行李内容、提供有关的文件、自行办理海关手续，并支付所需费用。

（3）该货物运输的具体时间由承运人决定。

（4）行李折扣运价不得和任何普通货物运价或指定商品运价相加使用，以致相加后的运价低于适用的规定或组合运价。

（5）如果不满足上述条件，则其他任何航程均只能采用普通货物运价或指定商品运价；旅客持全程客票，旅行于欧洲和三区之间经过一区，则作为货物运送的行李可按照第9998号指定商品的运价规定办理。

2. 文件

(1)货运单。收运此种货物,需将旅客的客票号码、所乘班机的航班号、乘机日期等填入货运单,在"货物品名及数量"栏内应填明"无人押运行李"(unaccompanied baggage)。

(2)客票。在客票"签注(endorsement)"栏内应注明"unbag"字样,以及货运单号码、件数和数量。

3. 运输

如旅客要求将钥匙带往目的地站时应请其装入自备的结实信封内。在信封上写明收货人和托运人的姓名、地址,然后由航空公司收运部门封妥,订在货运单之后。在货运单"处理情况(Handing Information)"栏中应填明"KEY OF UNACCOMPANIED BAGGAGE"。

实战演练

学生分组,每组 5~6 个人,小组内部再分三个团队,分别代表托运人,代理人和承运人,分别模拟:托运人向代理人咨询特种货物的托运细节,代理人代托运人向承运人申报托运以及单证的填制和流转,承运人接受和处理。做完一遍后,互换角色。

任务小结

在本能力任务中,主要内容有认知国际航空货运业务、国际航空货物运输业务操作、计算航空运费、缮制航空货运单、收运特种货物。通过这些任务模块,我们要了解货代业务中的航空货运业务,能够熟练进行航空运输综合业务操作,缮制航空货运单证,计算航空运费,并能处理货损事故等业务,掌握从事航空货运的相关职业能力。

任务模拟演练

实训演练项目 特种货物运输的收运操作

一家航空货运代理公司同时接到三个货主的货:分别是金表、宠物狗、电子元件,都要求在 10 月 10 日运往纽约。请分别讨论以下问题:①代理公司是否可以将这三类货拼在一张主单上采用集中托运的方式?为什么?②这些货物是否需要贴分标签?为什么?③向航空公司订舱时,需要提供哪些信息?④这三类货物都能否办理运费到付?⑤在目的地,发现货物破损,应请航空公司开据什么证明作为索赔的依据?

学习任务6 国际多式联运

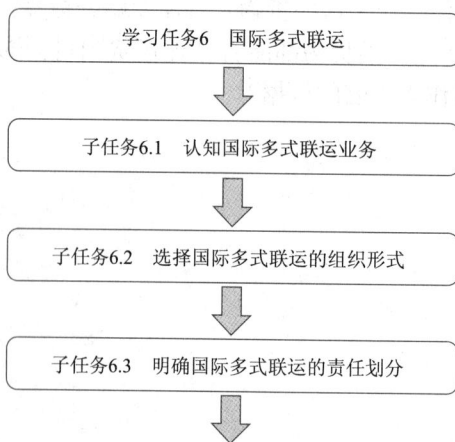

能力目标

通过本任务的学习,应该能够:

(1)办理国际多式联运业务

(2)缮制国际多式联运单证

(3)设计国际多式联运方案

(4)处理国际多式联运事故

核心技能

(1)掌握国际多式联运业务流程

(2)能够设计国际多式联运方案

学习导航

学习任务6 国际多式联运

↓

子任务6.1 认知国际多式联运业务

↓

子任务6.2 选择国际多式联运的组织形式

↓

子任务6.3 明确国际多式联运的责任划分

↓

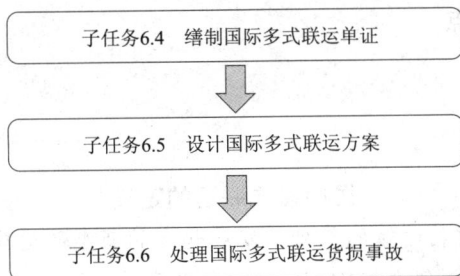

子任务6.4　缮制国际多式联运单证

↓

子任务6.5　设计国际多式联运方案

↓

子任务6.6　处理国际多式联运货损事故

案例导入

某货运代理接受中国香港出口商的委托,在其货运站将一批半成品的服装装入两个集装箱后,签发了"装港—香港、卸港—孟买,交付地—印度新德里"的海铁联运提单,表明货物是处于良好状态下被接受的。该提单规定多式联运经营人按网状责任制承担责任。该集装箱货物经海运运至孟买港卸船时发现其中 1 个集装箱外表损坏,货运代理在孟买的代理通知了铁路承运人;当集装箱经铁路转运至新德里开启后发现,外表损坏的集装箱所装货物严重受损,另一集装箱虽然外表完好、铅封也无损,但内装货物已受损。中国香港出口商要求货运代理赔偿其损失。

问题讨论:

(1)案例中这两个集装箱货物的损坏性质是什么(即是否为隐藏损害)?

(2)货运代理的法律地位是代理人还是当事人?

(3)货运代理是否有义务对两个集装箱货物受损予以赔偿?

(4)如果予以赔偿的话,按何种标准赔偿?

学习任务描述

本项目将引领学生学习国际多式联运的基础知识,明确国际多式联运经营人的责任划分,掌握国际多式联运的业务流程及单证的流转,设计国际多式联运方案,计算国际多式联运运费,处理国际多式联运货损事故等。

子任务模块剖析

子任务 6.1　认知国际多式联运业务

任务引领

本任务将引领学生了解企业国际多式联运工作任务,认知国际多式联运业务的特点、开展条件和发展现状,对国际多式联运工作有概括性的了解,建立起清晰的学习体系、脉络和目标。

1. 国际多式联运的特点

知识链接

国际多式联运的定义

国际多式联运是在集装箱运输的基础上发展起来的新型的运输方式。国际多式联运一般以集装箱为媒介,把海上运输、铁路运输、公路运输、航空运输和内河运输等传统的单一方式运输有机地结合起来,化为一体加以有效地综合利用,构成一种连贯的过程来完成国际间的运输。

20世纪60年代末,多式联运开始在美国出现,受到贸易界的欢迎。随后被美洲、欧洲及非洲部分地区采用。目前,国际多式联运已成为一种新型重要的国际集装箱运输方式。联合国为了适应并促进国际贸易和运输的顺利发展,于1980年5月8日至10日在日内瓦召开的国际多式联运公约会议上,经与会84个贸发会议成员国一致讨论通过,产生了当今世界上第一个国际多式联运公约,其全称为《联合国国际货物多式联运公约》(以下简称《公约》)。《公约》的总则部分第一条对国际多式联运作了如下的定义,即"国际多式联运是按照多式联运合同,以至少两种不同的运输方式,由多式联运经营人将货物从一国境内接受货物的地点运至另一国境内指定交付货物的地点。商检工作是使国际贸易活动能够顺利进行的重要环节,也是一个国家为保障国家安全、维护国民健康、保护动植物和环境而采取的技术法规和行政措施。对进出口商品进行检验检疫,通常是履行国际货物买卖合同中的一个重要方面,同时也是我们货代工作的一项重要内容。按业务内容不同,进出口商品检验检疫可分为进出口商品检验、进出境动植物检疫和过境卫生检疫三部分。在商检工作中,货代首先要熟悉商检内容与条款,其次才能有针对性的开展工作。

多式联运是货物运输的一种较高组织形式,它集中了各种运输方式的特点,扬长避短,融会一体,组成连贯运输,达到简化货运环节、加速货运周转、减少货损货差、降低运输成本、实现合理运输的目的,它与传统单一运输方式相比具有无可比拟的优越性,主要表现在:

(1)责任统一,手续简便。在多式联运方式下,不论全程运输距离多么遥远,也不论需要使用多少种不同运输工具,更不论途中要经过多少次转换,一切运输事宜统一由多式联运经营人负责办理,而货主只要办理一次托运、签订一个合同、支付一笔全程单一运费、取得一份联运单据,就履行全部责任。由于责任统一,一旦发生问题,也只要找多式联运经营人便可解决问题。与单一运输方式的分段托运、多头负责相比,不仅手续简便,而且责任更加明确。

(2)减少中间环节,缩短货运时间,降低货损货差,提高货运质量。多式联运通常是以集装箱为媒介的直达连贯运输,货物从发货人仓库装箱验关铅封后,直接运至收货人仓库交货,中途无须拆箱捣载,减少很多中间环节,即使经多次换装,也都是使用机械装卸,丝毫不触及箱内货物,货损货差和偷窃丢失事故就大为减少,从而较好地保证货物安全和货运质量。此外,由于是连贯运输,各个运输环节和各种运输工具之间,配合密切,衔接紧凑,货物所到之处,中转迅速及时,减少在途停留时间,故能较好地保证货物安全、迅速、准确、及时地运抵目的地。

(3)降低运输成本,节省运杂费用,有利于贸易开展。多式联运是实现"门到门"运输的有效方法。对货方来说,货物装箱或装上第一程运输工具后就可取得联运单据进行结汇,结汇时间提早,有利于加速货物资金周转,减少利息支出。采用集装箱运输,还可以节省货物包装费用和保险费用。此外,多式联运全程使用的是一份联运单据和单一运费,这就大大简化了制单和结算手续,节省大量人力物力,尤其是便于货方事先核算运输成本、选择合理运输路线,为开

展贸易提供了有利条件。

(4)实现"门到门"运输的有效途径。多式联运综合了各种运输方式,扬长避短,组成直达连贯运输,不仅缩短运输里程,降低运输成本,而且加速货运周转,提高货运质量,是组织合理运输、取得最佳经济效果的有效途径。尤其是采用多式联运,可以把货物从发货人内地仓库直运至收货人内地仓库,为实现"门到门"的直达连贯运输奠定了有利基础,工业上自动化大生产是通过自动化生产线,那么多式联运可以说是运输大生产的多式联运生产线。

2. 开展国际多式联运的条件

(1)必须要有一个多式联运合同。必须要有一个多式联运合同,明确规定多式联运经营人(承运人)和托运人之间的权利、义务、责任、豁免的合同关系和多式联运的性质。多式联运经营人根据合同规定,负责完成或组织完成货物的全程运输并一次收取全程运费。所以,多式联运合同是确定多式联运性质的根本依据,也是区别多式联运和一般传统联运的主要依据。

(2)必须使用一份全程多式联运单据。全程多式联运单据是指证明多式联运合同以及证明多式联运经营人已接受货物并负责按照合同条款交付货物所签发的单据。它与传统的提单具有相同的作用,也是一种物权证书和有价证券。国际商会为了促进多式联运的发展,于1975年颁布了《联合运输单据统一规则》,对多式联运单据作了认可的规定,如信用证无特殊规定,银行可接受多式联运经营人所签发的多式联运单据,这就为多式联运的发展提供了有利条件。

(3)必须是至少两种不同运输方式的连贯运输。多式联运不仅需要通过两种运输方式,而且是两种不同运输方式的组合。例如海—海,铁—铁或空—空等,虽经两种运输工具,由于是同一种运输方式,所以不属于多式联运范畴之内,但海—陆、海—空、陆—空或铁—公等,尽管也是简单的组合形态,却都符合多式联运的基本组合形态的要求。所以,确定一票货运是否属于多式联运方式,至少两种不同运输方式的组合是重要因素之一。为了履行单一方式运输合同而进行的该合同所规定的货物接送业务,则不应视为多式联运,如航空运输长期以来普遍盛行汽车接送货物运输业务,从形式上看已构成航空—汽车组合形态,但这种汽车接送习惯上视同航空业务的一个组成部分,作为航空运输的延伸,故《公约》规定,把这种接送业务排除在多式联运之外。这样进一步明确了两种不同运输方式组合的内容,以避免多式联运法规同单一方式法规在这个问题的上矛盾。

(4)必须是国际间的货物运输。这是区别于国内运输和是否适合国际法规的限制条件。也就是说,在国际多式联运方式下,货物运输必须是跨越国境的一种国际间运输。

(5)必须由一个多式联营经营人对全程运输负总的责任。这是多式联运的一个重要特征。多式联运经营人也就是与托运人签订多式联运合同的当事人,也是签发联运单据的人,它在联运业务中作为总承运人对货主负有履行合同的责任,并承担自接管货物起至交付货物时止的全程运输责任,以及对货物在运输途中因灭失损坏或延迟交付所造成的损失负赔偿责任。多式联运经营人为了履行多式联运合同规定的运输责任,可以自己办理全程中的一部分实际运输,把其他部分运输以自己的名义委托给有关区段的运输承运人(俗称分承运人)办理,也可以自己不办理任何部分的实际运输,而把全程各段运输分别委托有关区段分承运人办理,分承运人与原发货人不发生任何关系。分承运人只与多式联运经营人发生联系,它们之间的关系是承托关系。

(6)必须是全程单一运费费率。多式联运经营人在对货主负全程运输责任的基础上,制订一个货物发运地至目的地全程单一费率,并以包干形式一次向货主收取。这种全程单一费率一般包括运输成本(全程各段运输费用的总和)、经营管理费用(如通信、制单以及劳务手续费等)和合理利润。

3. 我国国际多式联运发展状况

我国于 1980 年 8 月由中国对外贸易运输总公司(简称中外运)开办境内国际集装箱接转西伯利亚大陆桥运输,当时的国际多式联运业务量并不大。1986 年,铁道部运输局与中国远洋运输总公司(简称中远)合作开办国际集装箱海铁联运业务,从而使得我国国际集装箱多式联运得到了较快的发展。从 1994 年开始,铁道部所属的中国铁路集装箱运输中心、中国铁路对外服务公司先后与中国香港九龙广州铁路公司、中国香港东方海外货柜航运有限公司、美国总统轮船公司、丹麦马士基航运公司合作开办国际集装箱多式联运业务。目前,中外运系统、中远系统、中国铁路系统、中国海运集团系统以及地方国际航运公司、国际货运代理企业、中外合资和中外合作企业等都在不同程度上开办了国际集装箱多式联运业务。

目前,我国已开办的国际多式联运线路主要有:

我国内地—我国港口—日本港口—日本内地(或反向运输)。

我国内地—我国港口(包括香港)—美国港口—美国内地(或反向运输)。

我国内地—肯尼亚的蒙巴萨港—乌干达内地(或反向运输)。

我国内地—我国港口(包括香港)—德国汉堡港或比利时的安特卫普港—北欧、西欧内地(或反向运输)。

我国内地—我国港口—科威特—伊拉克(或反向运输)。

我国东北地区—图们—朝鲜清津港—日本港口(或反向运输)。

我国港口—日本港口—大洋洲港口—大洋洲内地。

我国内地接转西伯利亚大陆桥运输(或反向运输)。

我国内地接转亚欧大陆桥运输(或反向运输)。

实战演练

选择题

1. 国际多式联运所应具有的特点不包括(   )。

    A. 签订一个运输合同   B. 采用一种运输方式

    C. 采用一次托运   D. 一次付费

2. 国际多式联运是在(   )基础上产生和发展起来的运输组织方式。

    A. 综合运输   B. 集装箱运输   C. 联合运输   D. 一体化运输

3. 国际多式联运的特点是(   )。

    A. 由不同运输企业按照统一的公约共同完成全程运输工作

    B. 签订一个运输合同,对货物运输的全程负责

    C. 采用两种或两种以上不同运输方式来完成运输工作

    D. 采用一次托运、一次付费、一票到底、统一理赔、全程负责的运输业务

4. 国际多式联运与一般国际货物运输的区别是(   )。

    A. 货运单证的内容与制做方法不同   B. 提单的适用性与可转让性不同

　　C. 信用证上的条款不同　　　　　　D. 海关验放的手续不同
　　5.国际多式联运的优点主要表现在(　　　)。
　　　　A. 无货损　　　　　　　　　　　　B. 降低运输成本,节约运杂费用
　　　　C. 安全迅速　　　　　　　　　　　D. 手续简便、提早结汇

子任务6.2　选择国际多式联运的组织形式

任务引领

　　本任务将引领学生学习国际多式联运的组织形式,强化学生对各种组织形式的认识,了解海陆联运、陆桥运输、海空联运等不同组织形式的特点和业务流程,更好地选择组织形式。

6.2.1　海陆联运

　　海陆联运是国际多式联运的主要组织形式,也是远东/欧洲多式联运的主要组织形式之一。目前组织和经营远东/欧洲海陆联运业务的主要有班轮公会的三联集团、北荷、冠航和丹麦的马士基等国际航运公司,以及非班轮公会的中国远洋运输公司、中国台湾长荣航运公司和德国那亚航运公司等。这种组织形式以航运公司为主体,签发联运提单,与航线两端的内陆运输部门开展联运业务,与大陆桥运输展开竞争。

1. 海铁联运

　　海铁联运是进出口货物由铁路运到沿海海港直接由船舶运出,或是货物由船舶运输到达沿海海港之后由铁路运出的只需"一次申报、一次查验、一次放行"就可完成整个运输过程的一种运输方式。其进出口业务流程如下:

　　(1)以 CIF 贸易术语为例,海铁联运出口的具体程序如下:

　　①委托并签定多式联运合同。由内地托运人向多式联运经营人提出托运申请,由多式联运经营人结合自己的经营线路以及经营状况,决定是否接受申请,一旦接受申请,立刻签订多式联运合同。

　　②编制用箱计划,向铁路部门。船公司订车,订舱。在合同订立后,由国际多式联运经营人应根据运输任务,编制计划,向铁路部门申报订车计划,同时及时向船公司订舱,并通知托运人安排货物运送适宜。

　　③提取空箱。在实际操作中,除货主自备集装箱外,大多由多式联运经营人提供。因此,多式联运经营人根据自身集装箱来源以及实际装箱地点情况,确定提箱方式及地点,并及时通知托运人,确定提取集装箱的方式。

　　如在集装箱转运点备有空箱并在装箱点进行货物的装箱,则通知仓库备箱;如在集装箱装运点装货,但装箱点无箱,则需要安排汽车或火车运空箱至装箱点;如在其他地方装货,则需要由多式联运经营人办理申请调箱、提箱,并安排汽车或火车送至货主生产地等事宜,以便货主装箱。但货主必须承担由此产生的费用。

　　④货主安排货物运至装货点。在货主接到多式联运经营人的装货通知后,由货主自行或委托代理安排,将货物按时送达至装箱地点,准备装货,并承担运送货物产生的费用。

　　⑤申请火车车皮,办理货物装车。多式联运经营人根据铁路部门多火车车皮的配给,在相应

的时间办理集装箱铁路运输事宜。

⑥报关报检。托运人向多式联运经营人交付委托书、货物买卖合同和发票等相关报关单证,由多式联运经营人在内地口岸海关办理转关运输手续,在取得海关批准后,将海关关封交付铁路部门。

⑦签发多式联运提单。在铁路部门审核通过后,多式联运经营人通知托运人在固定时间将货物交付铁路部门并装上铁路集装专列后,由多式联运经营人签发多式联运提单并交付给托运人,同时收取按照协议或合同规定的所有应付费用。

⑧传递货运信息和邮寄相关单证(多式联运经营人向中转地代理邮寄)。在货物转交铁路部门后,多式联运经营人应及时将与货物有关的相关单证,如铁路运单正本等单据转交中转港的多式联运经营人或其代理人,关注集装箱铁路运输的各种动态信息并及时通知中转地代理,以便其及时了解货物运输情况并做好接货准备。

⑨办理中转手续(通关以及上船等)。中转地的多式联运经营人或其代理在收到内地多式联运经营人提供的单证和信息后,及时办理通关手续,并根据收到的运单和信息制作一系列出口单证,如场站收据、提单等,及时办理海关手续并取得海关放行单证并送交码头,准备接货和装船。

⑩货交船公司,船公司签发提单,交给多式联运经营人。当货物运抵海港以后,由中转地多式联运经营人或其代理根据订舱情况组织货物装船,当货物装船后,由海运承运人签发海运提单并交付中转地多式联运经营人或其代理,以便多式联运经营人在目的港的分支机构或代理凭此提单提取货物。

⑪传递货运信息和邮寄相关单证(多式联运经营人向目的地代理邮寄,提货)。货物装船后,中转地多式联运经营人或其代理应及时向目的港的多式联运经营人或其代理人传送提单等相关单据,以便当地多式联运经营人凭此提取货物。同时,将货运情况通知给起运地多式联运经营人和目的港多式联运经营人,以便其能及时准确地掌握和了解货物的运输情况等信息。

⑫提取货物。多式联运经营人目的港分支机构或其代理人凭正本海运提单从海运区段承运人或其代理处提取货物,并通知收货人提取货物,根据收货人交付的正本多式联运提单签发提货单让收货人提货,同时根据合同规定收取收货人的全部应付费用。

(2)以FOB贸易术语为例,集装箱海铁多式联运进口程序为:

①委托、订立多式联运合同。进口方即收货人在内地口岸向当地多式联运经营人或其代理人提出申请并进行订舱,国际多式联运人根据订舱情况和自身情况决定是否接受申请,如果接受申请,则及时签订多式联运合同。

②多式联运经营人向船公司订舱并向铁路部门申请车皮。多式联运经营人当与进口人签订合同后,应根据收货人提供的信息分别向船公司进行订舱并同时向铁路部门申请火车车皮。

③收货人通知托运人准备集装箱装船事宜。收货人根据从多式联运经营人处得到的指示和信息,及时通知托运人安排货物并按时交至多式联运经营人在托运地的分支机构或代理人所指定的交货地点准备装船。

④签发多式联运提单。托运地的多式联运经营人或代理人在收到托运人交付的货物后签发多式联运提单,交付给托运人以便托运人交单结汇,同时将货物交由海运承运人装船并由海运承运人签发海运提单。

⑤传递与货运信息相关的单证。多式联运经营人在托运地的分支机构或代理人在货物装船后应及时将多式联运提单副本、海运提单等传递给多式联运经营人中转港分支机构或其代理人,并同时向有关方传递相关船舶动态信息。

⑥办理货物在中转港的海关转关手续及货运单据的制作。多式联运经营人中转港经营人或其代理人根据接收到的提单和相关信息等单证制作铁路运单,并办理相关海关转关手续,将海关放行单等单证交至码头,以及及时接货并装上集装箱班列。

⑦货交铁路,铁路部门签发运单。中转港多式联运经营人或其代理将货物转上指定火车后,铁路部门签发铁路运单交付给多式联运经营人或其代理人。

⑧传递货运信息及相关单证。中转港多式联运经营人或其代理人在转运货物取得运单后,应及时将运单等相关单证转交过目的地的多式联运经营人或其代理人,以便目的地经营人能及时接货。同时,中转港多式联运经营人或其代理人还应将铁路集装箱班列的动态情况告知多式联运经营人,以便多式联运经营人及时准确地掌握和了解货物情况。

⑨办理海关手续,提取货物并交付货物。目的地的国际多式联运经营人的分支机构或其代理在当地海关进行报关,并加盖海关放行章,持加盖海关放行章的运单,于规定时间去指定地点提取货物并同时通知收货人(即进口人),进口人持正本国际多式联运提单提取货物并缴纳所有应付费用。

2. 公海联运

作为陆海联运的另一种形式,公海联运(即公路海运联运)也是实际业务中经常被使用的方式。它与海铁联运的业务流程基本相同,主要差别表现在以下五个方面:

(1)公路汽车运输公司成为联运经营人的分承包商,发挥着与海铁联运当中铁路运输公司同样的作用。

(2)联运经营人签发的是公路海运联运提单,用于买卖双方进行结汇和提货。

(3)公路汽车运输公司使用"公路运单"作为运输合同,用以约束"公海联运"经营人与汽车运输公司的权利和义务。

(4)通常情况下,汽车运输公司不拥有货运站,而是由联运经营人直接指示汽车运输公司将货主的货物运输到指定的场站或仓库,这个场站或仓库可以是船公司的,也可以是联运经营人自己拥有或租赁的。

(5)公路运输同铁路相比具有灵活性,但对于长距离内陆运输,铁路运输具有价格优势。

6.2.2 陆桥运输

在国际多式联运中,陆桥运输(land bridge service)起着非常重要的作用。它是远东/欧洲国际多式联运的主要形式。陆桥运输是指采用集装箱专用列车或卡车,把横贯大陆的铁路或公路作为中间"桥梁",使大陆两端的集装箱海运航线与专用列车或卡车连接起来的一种连贯运输方式。严格他讲,陆桥运输也是一种海陆联运形式。只是因为其在国际多式联运中的独特地位,故在此将其单独作为一种运输组织形式。目前,远东/欧洲的陆桥运输线路有西伯利亚大陆桥和北美大陆桥。

1. 西伯利亚大陆桥

西伯利亚大陆桥(siberian land bridge,SLB)是指使用国际标准集装箱,将货物由远东海运到俄罗斯东部港口,再经跨越欧亚大陆的西伯利亚铁路运至波罗的海沿岸如爱沙尼亚的塔林或拉脱维亚的里加等港口,然后再采用铁路、公路或海运运到欧洲各地的国际多式联运的运输线路。现在全年货运量高达 10 万标准箱(TEU),最多时达 15 万标准箱。使用这条陆桥运输线的经营者主要是日本、中国和欧洲各国的货运代理公司。其中,日本出口欧洲杂货的1/3,欧洲出口亚洲杂货的 1/5 是经这条陆桥运输的。由此可见,它在沟通亚欧大陆、促进国际贸易中所处的重要地位。西伯利亚大陆桥运输包括"海铁铁""海铁海""海铁公"和"海公空"四种运输方式。由俄罗斯的过境运输总公司(SOJUZTRANSIT)担当总经营人,它拥有签发货物过境许可证的权利,并签发统一的全程联运提单,承担全程运输责任。至于参加联运的各运输区段,则采用"互为托、承运"的接力方式完成全程联运任务。可以说,西伯利亚大陆桥是较为典型的一条过境多式联运线路。西伯利亚大陆桥是目前世界上最长的一条陆桥运输线。它大大缩短了从日本、远东、东南亚及大洋洲到欧洲的运输距离,并因此而节省了运输时间。从远东经俄罗斯太平洋沿岸港口去欧洲的陆桥运输线全长 13 000 千米。而相应的全程水路运输距离(经苏伊士运河)约为 20 000 千米。从日本横滨到欧洲鹿特丹,采用陆桥运输不仅可使运距缩短 1/3,运输时间也可节省 1/2。此外,在一般情况下,运输费用还可节省 20%～30%,因而对货主有很大的吸引力。

由于西伯利亚大陆桥所具有的优势,随着它的声望与日俱增,也吸引了不少远东、东南亚以及大洋洲地区到欧洲的运输,使西伯利亚大陆桥在短短的几年时间中就有了迅速发展。但是,西伯利亚大陆桥运输在经营管理上存在的问题如港口装卸能力不足、铁路集装箱车辆不足、箱流严重不平衡以及严寒气候的影响等在一定程度上阻碍了它的发展。尤其是随着我国兰新铁路与中哈边境的土西铁路的接轨,一条新的"欧亚大陆桥"形成,为远东至欧洲的国际集装箱多式联运提供了又一条便捷路线,使西伯利亚大陆桥面临严峻的竞争形势。

2. 北美大陆桥

北美大陆桥(NorthAmerican land bridge)是指利用北美的大铁路从远东到欧洲的"海陆海"联运。该陆桥运输包括美国大陆桥运输和加拿大大陆桥运输。美国大陆桥有两条运输线路:一条是从西部太平洋沿岸至东部大西洋沿岸的铁路和公路运输线;另一条是从西部太平洋沿岸至东南部墨西哥湾沿岸的铁路和公路运输线。美国大陆桥于 1971 年底由经营远东/欧洲航线的船公司和铁路承运入联合开办"海陆海"多式联运线,后来美国几家班轮公司也投入营运。目前,主要有四个集团经营远东经美国大陆桥至欧洲的国际多式联运业务。这些集团均以经营人的身份签发多式联运单证,对全程运输负责。加拿大大陆桥与美国大陆桥相似,由船公司把货物海运至温哥华,经铁路运到蒙特利尔或哈利法克斯,再与大西洋海运相接。北美大陆桥是世界上历史最悠久、影响最大、服务范围最广的陆桥运输线。据统计,从远东到北美东海岸的货物有大约 50%以上是采用双层列车进行运输的,因为采用这种陆桥运输方式比采用全程水运方式通常要快 1～2 周。例如,集装箱货从日本东京到欧洲鹿特丹港,采用全程水运(经巴拿马运河或苏伊士运河)通常约需 5～6 周时间,而采用北美陆桥运输仅需 3 周左右的时间。随着美国和加拿大大陆桥运输的成功营运,北美其他地区也开展了大陆桥运输。墨西哥大陆桥(Mexican land bridge)就是其中之一。该大陆桥横跨特万特佩克地峡(Isthmus te-huantepec),连接太平洋沿岸的萨利纳克鲁斯港和墨西哥湾沿岸的夸察夸尔科斯港,陆上距离182 nmile(1 nmile＝1 852 m)。墨西哥大陆桥于 1982 年开始营运,目前其服务范围还很有限,对其他港口和大陆桥运输的影响还很小。在北美大陆桥强大的竞争面前,巴拿马运河可以说是最大的输家之一。随着北美西海岸陆桥运输服务的开展,众多承运人开始建造不受巴拿

马运河尺寸限制的超巴拿马型船(post-panamaxship),从而放弃使用巴拿马运河。可以预见,随着陆桥运输的效率与经济性的不断提高,巴拿马运河将处于更为不利的地位。

3. 其他陆桥运输形式

北美地区的陆桥运输不仅包括上述大陆桥运输,而且还括小陆桥运输(minibridge)和微桥运输(microbridge)等运输组织形式。

小陆桥运输从运输组织方式上看与大陆桥运输并无大的区别,只是其运送的货物的目的地为沿海港口。目前,北美小陆桥运送的主要是日本经北美太平洋沿岸到大西洋沿岸和墨西哥湾地区港口的集装箱货物。当然也承运从欧洲到美西及海湾地区各港的大西洋航线的转运货物。北美小陆桥在缩短运输距离、节省运输时间上效果是显著的。以日本/美东航线为例,从大贩至纽约全水运(经巴拿马运河)航线距离 9 700 nmile(1 nmile=1 852 m),运输时间 21~24 天。而采用小陆桥运输,运输距离仅 7 400 nmile,运输时间 16 天,可节省 1 周左右的时间。微桥运输与小陆桥运输基本相似,只是其交货地点在内陆地区。北美微桥运输是指经北美东、西海岸及墨西哥湾沿岸港口到美国、加拿大内陆地区的联运服务。随着北美小陆桥运输的发展,出现了新的矛盾,主要反映在:如货物由靠近东海岸的内地城市运往远东地区(或反向),首先要通过国内运输,以国内提单运至东海岸交船公司,然后由船公司另外签发由东海岸出口的国际货运单证,再通过国内运输运至西海岸港口,然后海运至远东。货主认为,这种运输不能从内地直接以国际货运单证运至西海岸港口转运,不仅增加费用,而且耽误运输时间。为解决这一问题,微桥运输应运而生。进出美、加内陆城市的货物采用微桥运输既可节省运输时间,也可避免双重港口收费,从而节省费用。例如,往来于日本和美东内陆城市匹兹堡的集装箱货,可从日本海运至美国西海岸港口,如奥克兰,然后通过铁路直接联运至匹兹堡,这样可完全避免进入美东的费城港,从而节省了在该港的港口费支出。

6.2.3 海空联运

海空联运又被称为空桥运输(airbridge service)。在运输组织方式上,空桥运输与陆桥运输有所不同:陆桥运输在整个货运过程中使用的是同一个集装箱,不用换装,而空桥运输的货物通常要在航空港换入航空集装箱。不过两者的目标是一致的,即以低费率提供快捷、可靠的运输服务。海空联运方式始于 20 世纪 60 年代,但到 80 年代才得以较大的发展。采用这种运输方式,运输时间比全程海运少,运输费用比全程空运便宜。20 世纪 60 年代,将远东船运至美国西海岸的货物,再通过航空运至美国内陆地区或美国东海岸,从而出现了海空联运。当然,这种联运组织形式是以海运为主,只是最终交货运输区段由空运承担。1960 年底,原苏联航空公司开辟了经由西伯利亚至欧洲航空线,1968 年,加拿大航空公司参加了国际多式联运,80 年代,出现了经由中国香港、新加坡、泰国等至欧洲航空线。目前,国际海空联运线主要有:

1. 远东—欧洲

目前,远东与欧洲间的航线有以温哥华、西雅图、洛杉矶为中转地,也有以中国香港、曼谷、海参威为中转地。此外还有以旧金山、新加坡为中转地。

2. 远东—中南美

近年来,远东至中南美的海空联运发展较快,因为此处港口和内陆运输不稳定,所以对海空运输的需求很大。该联运线以迈阿密、洛杉矶、温哥华为中转地。

3. 远东—中近东、非洲、澳洲

这是以中国香港、曼谷为中转地至中近东、非洲的运输服务。在特殊情况下,还有经马赛至非洲、经曼谷至印度、经中国香港至澳洲等联运线,但这些线路货运量较小。总的来讲,运输距离越远,采用海空联运的优越性就越大,因为同完全采用海运相比,其运输时间更短。同直接采用空运相比,其费率更低。因此,从远东出发,将欧洲、中南美以及非洲作为海空联运的主要市场是合适的。

实战演练

大众汽车有限公司有一批轿车出口伊朗,轿车的发货地为上海,交货地为伊朗的德黑兰市。这批轿车如果采用传统的单一运输方式,由大众公司分别与铁路、航运或汽车运输公司签订合同进行运输,将会耗费大量的人力和物力。如果委托广浩国际货运代理有限公司进行多式联运运输,享受"门到门"的服务,就会使这项工作变得简单、快捷。请根据上述背景选择合理的国际多式联运方式,完成国际多式联运的组织业务。

子任务 6.3　明确国际多式联运的责任划分

任务引领

本任务将引领学生学习国际多式联运经营人的责任,了解国际多式联运经营人的责任形式、责任期限以及赔偿责任限制,为未来从事相关工作打下良好的基础。

6.3.1　多式联运经营人的责任形式

国际多式联运是指通过托运人一次托运,一次计费,一张单证,一次保险,多式联运经营人与货物托运人签订一个多式联运合同,由多式联运经营人统一组织全程运输,统一理赔,全程负责,由各运输区段的实际承运人共同来完成货物的全程运输。

1. 网状责任制

网状责任制(又称混合责任制),是指在国际多式联运过程中,多式联运经营人对全程运输负责。但是各区段承运人在各区段运输中承担的责任并不相同,是以其承担运输的各个区段适用的公约和法律来规范,负责本区段货物运输的责任。在不适用上述国际法时,则按发生货差货损区段的相应国内法规定处理。同时,赔偿限额也是按各区段的国际法或国内法的规定进行赔偿,当货物在运输过程中发生货差货损,则损失不论发生在哪一运输区段中,货物损失方可以向多式联运经营人索赔,也可以向货物损失区段的承运人索赔。当无法确定货运事故发生的区段时,一般则按海运法规或双方约定的赔偿责任形式来确定承运人的责任。

2. 统一责任制

统一责任制也称之为同一责任制,是在国际多式联运过程中,由多式联运经营人按同样的责任内容对货主承担全程运输责任的制度。在统一责任制下,多式联运经营人对运输全程中货物的货差货损或延期交付负全部责任,无论事故发生在何种区段,责任是明显的、还是隐蔽的,均按一个统一原则由多式联运经营人统一按约定的限额进行赔偿。

只有在多式联运经营人已尽了最大努力去挽救和避免损失的发生或确实证明是货主的故意行为过失等原因所造成的货物灭失或损坏的情况下,多式联运经营人可免责。统一责任制

是一种科学、合理、手续简化的责任制度。但这种责任制对联运经营人来说责任负担较重,而且由于现阶段各种运输方式采用不同的责任基础和责任限额,因而目前多式联运经营人签发的提单均未能采用此种责任形式。

3. 责任分担制

责任分担制也称为区段负责制,是对统一责任制的修正,其责任范围实行统一责任制,但是赔偿责任按各区段的法律规定办理。它是指多式联运经营人对货物运输全程负责,但对于发生货差货损的赔偿责任,多式联运经营人并不承担全程运输责任的赔偿,仅对自己完成的区段货物运输负责;各区段的运输责任由各个区段的承运人负责,各区段的责任原则按该区段适用的法律予以确定。但由于这种责任形式与多式联运的基本特征不符,所以,当多式联运经营人签发全程多式联运单,并且声明采用这种责任形式时,也可能会被法院判定此种约定无效而要求多式联运经营人承担全程运输的责任。

4. 修正统一责任制

修正统一责任制是介于统一责任制与网状责任制之间的责任制,也称混合责任制,它是在责任基础方面与统一责任制吸纳共同,而在赔偿限额方面与网状责任制相同。

《联合国国际货物多式联运公约》基本上采用这种责任制。公约规定:"多式联运经营人对货损的处理,不管是否能够确定造成货损的实际运输区段,都将适用于本公约的规定。对于货损发生于某一特定区段,而该区段适用的国际公约或强制性国家法律规定的赔偿责任限额高于本公约规定的赔偿责任限额时,则应按照该区段适用的国际公约或强制性国家法律规定的赔偿责任限额予以赔偿。"

6.3.2 多式联运经营人的责任期限

责任期限是指多式联运经营人对货物负责的时间或期限,自《海牙规则》制定以来,承运的责任期限随着运输的变化也在不断发展着。《海牙规则》对承运人关于货物的责任期限规定为"自货物装上船舶时起,卸下船舶时止"的一段时间,也就是说货物的灭失、损害发生在该期间才适用《海牙规则》。《汉堡规则》则扩大了承运人的这一期限,规定承运人对货物负责的期间包括在装船港、运输途中和卸船港由承运人掌管的整个期间,也就是说,从接管货物时起至交付货物时止。《汉堡规则》的这一规定突破了《海牙规则》对承运人的最低责任期限,向货物装卸前后两个方面发展,在一定程度上加重了承运人的责任。联合国国际货物多式联运公约根据集装箱运输下,货物在货主仓库、工厂以及集装箱货运站、码头堆场进行交接的特点,仿照《汉堡规则》,对多式联运经营人规定的责任期间是"多式联运经营人对于货物的责任期间,自其接管货物之时起至交付货物时止"。依照多式联运公约条款的规定,多式联运经营人接管货物有两种形式:

(1)托运人或其代表处接管货物,这是最常用、最普遍的规定方式。

(2)根据接管货物地点适用的法律或规章,货物必须交给其运输的管理当局或其他第三方,这是一种特殊的规定。

在第二种接管货物的方式中,有一点应予以注意,即使用多式联运公约规定多式联运经营人的责任从接管货物时开始,但在从港口当局手中接受货物的情况下,如货物的灭失或损坏系在当局保管期间发生的,多式联运经营可以不负责任。

多式联运公约对交付货物规定的形式有三种:

(1)将货物交给收货人。

(2)如果收货人不向多式联运经营人提取货物,则按多式联运的合同或按照交货地点适用的法律或特定行业惯例,将货物置于收货人支配之下。

(3)将货物交给根据交货地点适用法律或规章规定的,必须向其交付的当局或其他第三方。

在收货人不向多式联运经营人提取货物的情况下,多式联运经营可按上述第二、三种交货形式交货,责任即告终止。在实践中,经常会发生这种情况:收货人并不急需该批货物,为了节省仓储费用;或市场价格下跌,在运费到付的情况下,都有可能造成收货人延迟提货。因此,多式联运公约的这种规定不仅是必要的,也是合理的。

6.3.3 多式联运经营人的赔偿责任限制

1. 赔偿责任限制基础

对承运人赔偿责任的基础,目前,各单一运输公约的规定不一,但大致可分为过失责任制和严格责任制两种。多式联运公约对多式联运经营人规定的赔偿责任基础包括:

(1)多式联运经营人对于货物的灭失、损害或延迟交货所引起的损失:如果该损失发生在货物由多式联运经营人掌管期间,则应负赔偿责任,除非多式联运经营人能证明其本人、受雇人、代理人,或其他有关人为避免事故的发生及其后果已采取了一切能符合要求的措施。

(2)如果货物未在议定的时间内交货,或者如无此种协议,未按照具体情况对一个勤奋的多式联运经营人所能合理要求的时间内交付,即构成延迟交货。

(3)如果货物未在按照上述条款确定的交货日期届满后连续 90 日内交付,索赔人即可认为这批货物业已灭失。从上述规定中可以看出,《多式联运公约》对多式联运经营人所规定的赔偿责任基础仿照了《汉堡规则》。

《多式联运公约》采用的是完全过失责任制,即除对由于多式联运经营人本人所引起的损害负责赔偿外,对于他的受雇人或代理人的过失也负有赔偿责任。在国际货物运输中,一般的国际货物公约对延迟交货责任一般都有明确的规定,只是有的规定明确,有的则相反。如海上货物运输,由于影响运输的原因较多,很难确定在什么情况下构成延迟交货,因此,《海牙规则》中对延迟交货未作任何规定。相形之下,多式联运公约的规定是明确的。

在延迟交货下,《多式联运公约》对多式联运经营人的赔偿责任规定有两种情况:

(1)未能在明确规定的时间内交货。

(2)未能在合理时间内交货。

在运输实务中,延迟交货情况一旦发生,收货人通常会采取以下处理方法:

(1)接收货物,再提出由于延迟交货而引起的损失赔偿。

(2)拒收货物,并提出全部赔偿要求。

2. 赔偿责任限制

赔偿责任限制是指多式联运经营人对每一件或每一货损单位负责赔偿的最高限额。《海牙规则》对每一件或每一货损单位的赔偿最高限额为 100 英镑;《维斯比规则》则为 10 000 金法郎,或毛重每千克 30 金法郎,两者以较高者计。此外,《维斯比规则》对集装箱、托盘或类似的装运工具在集装运输时也作了规定。如在提单上载明这种运输工具中的件数或单位数,则按载明的件数或单位数负责赔偿。《汉堡规则》则定每一件或每一货损单位则为 835 个特别提款权(国际货币基金组织规定的记账单位),或按毛重每千克 2.5 个特别提款权,两者以较高者为主。《汉堡规则》对货物用集装箱、托盘或类似的其他载运工具在集装时所造成的损害赔偿也做了与《维斯比规则》相似的规定。对于延迟交货的责任限制,《汉堡规则》作了相当于该延迟交付货物应付运费的 2.5 倍,但不超过运输合同中规定的应付运费的总额。关于货物延迟

交付的赔偿限额,各国际公约均有不同的规定,如表 6.1 所示。

表 6.1　国际公约关于货物延迟交付的赔偿责任限额的规定

公约	赔偿责任限额	赔偿责任总额
多式联运公约	应付运费的 2.5 倍(40% 以下)	不超过合同应付运费总额
华沙公约	无限额规定	无限额规定
海牙规则	无限额规定	无限额规定
汉堡规则	应付运费的 2.5 倍	不超过合同应付运费总额
铁路货物公约	应付运费的 2 倍	无限额规定
公路货物公约	延误货物运费总额	无限额规定

已通过的《多式联运公约》规定,货物的灭失、损害赔偿责任按每一件或每一货损单位计,不得超过 920 个特别提款权,或毛重每单位 2.75 个特别提款权,两者以较高者计。如果货物系用集装箱、托盘,或类似的装运工具运输,赔偿则按多式联运单证中已载明的该种装运工具中的件数或包数计算,否则,这种装运工具的货物应视为一个货运单位。表 6.2 所示为《国际货物运输公约》有关赔偿责任限额的规定。

表 6.2　《国际货物运输公约》有关赔偿责任限额的规定

公约名称	每一件或每一单位		毛重(kg)		备注
	责任限额(SDR)	多式联运公约所占(%)	责任限额(SDR)	多式联运公约所占(%)	
多式联运公约	920		2.75		包括海运或内河运
海牙规则	161	570			
维斯比规则	680	135	2.04	135.0	
汉堡规则	835	110	2.50	110.0	
CMR(公路)			8.33	33.0	
CIR(铁路)			16.67	16.5	
华沙公约			17.00	16.0	
多式联运公约			8.33		不包括海运或内河运
CMR			8.33	100.0	
CIR			16.67	49.9	
华沙公约			17.00	49.0	

有关延迟交货的赔偿是建立在运费的基数上的,与运费基数成正比。多式联运的运费基数是由各种货物、各运输区段的运费作为总的赔偿基数,可列式为:

$$X=a+b+c$$

式中:X 为运费总数;a、b、c 为各段的运费。

表 6.2 所示为《国际货物运输公约》有关赔偿责任限额的规定。从表中可以看出,多式联

运中不论是否包括海运或内河运输,多式联运经营人赔偿责任限额比《海牙规则》高出 5 倍以上,比《维斯比规则》高出 35％,与铁路、公路、华沙公约相比较,多式联运经营人的赔偿责任限额显得较低,只有公路承运人赔偿限额的 1/3,铁路承运人的 1/6。

3. 赔偿责任限制权利的丧失

为了防止多式联运经营人利用赔偿责任限制的规定,从而对货物的安全掉以轻心,致使货物所有人遭受不必要的损失,从而影响国际贸易与国际运输业的发展,多式联运公约明确规定在下列情况下,多式联运经营人将丧失赔偿责任限制:

(1)如经证明货物的灭失、损害,或延迟交货是由于多式联运经营人有意造成,或明知有可能造成而又毫不在意的行为或不作为所引起,多式联运经营人则无权享受赔偿责任限制的权益。

(2)如经证明货物的灭失、损害,或延迟交货是由于多式联运经营人的受雇人或代理人或为履行多式联运合同而使用其服务的其他人有意造成,或明知可能造成而又毫不在意的行为或不行为所引起,则该受雇人、代理人或其他人无权享受有关赔偿责任限制的规定。

但在实际业务中,作为明智的多式联运经营人,在有赔偿责任限制的保护下,故意造成货物灭失、损害而失去责任限制,是不现实的。所谓毫不在意的行为或不行为,即多式联运经营人已经意识到这种做法有可能引起损失,但他仍然采取了不当的措施,或没有及时采取任何措施,即为明知而又毫不在意。

实战演练

2009 年 6 月 5 日,A 货主与 B 货代公司签订一份关于货物全程运输的协议,约定由 B 货代公司承运 A 货主的货物,包括从 A 货主所在地汽车运输至中国香港,中国香港至新加坡的由海上船舶运输,A 货主一次性支付全程运费。该协议并无关于运输烟花等危险品的约定,且 B 货代公司的经营范围仅为普通货物运输服务。在 A 货主处装车时,B 货代公司发现所运货物为 16 000 箱烟花并表示拒绝运输,但 A 货主坚持要 B 货代公司承运,B 货代公司遂接受了运输任务。在汽运过程中,由于司机违章抢道行驶与火车相撞,导致货物发生爆炸全损。A、B 双方当事人就有关责任和赔偿发生纠纷并诉至法院。根据题意请分析回答:

(1)本案是否属于国际多式联运合同纠纷? 为什么?

(2)A 货主对此是否有责任? 为什么?

(3)B 货代公司是否有责任? 为什么?

子任务 6.4　缮制国际多式联运单证

任务引领

本任务将引领学生学习国际多式联运单据的定义、性质和种类,掌握国际多式联运单据的具体内容,提高处理多式联运单据业务的能力。

知识链接

国际多式联运单据的定义、性质和种类

1. 定义

1980 年联合国《国际多式联运公约》的定义：国际多式联运单据(MTD)，是指证明多式联运合同以及证明多式联运经营人接管货物并负责按照合同条款交付货物的单据。

1991 年贸发会议/国际商会《多式运输单据规则》的定义：多式联运单据是指证明多式联运合同的单据，该单据可以在适用法律的前提下，以电子数据交换信息取代，而且可以以可转让方式签发，或者表明记名收货人，以不可转让方式签发。

2. 性质

(1)它是国际多式联运经营人与托运人之间订立的国际多式联运合同的证明，是双方在运输合同中确定的权利和责任的准则。

(2)它是国际多式联运经营人接管货物的收据。

(3)它是收货人提取货物和国际多式联运经营人交货的凭证。

(4)它是货物所有权的证明。

3. 种类

国际多式联运单据分为可转让的和不可转让的两种形式：

(1)可转让的多式联运单据：可转让的多式联运单据，通常称为国际多式联运提单，具有多式联运合同的证明、货物收据与物权凭证三大功能。

(2)不可转让的多式联运单据：不可转让的多式联运单据，通常称为多式联运运单。目前，常见的标准格式为国际货运代理协会联合会的 FIATA 运单和波罗的海航运公会(BIMCO)的运单。不可转让的多式联运单据不具有物权凭证功能，仅具有"多式联运合同的证明和货物收据"两大功能。

这两类单据的共同点是它们均具有运输合同证明和货物收据的功能。其最大区别在于：可转让的多式联运单据具有物权凭证功能，可以转让；不可转让的多式联运单据则不具有物权凭证功能，不具有流通性。因此，收货人一栏必须是记名的。

6.4.1　多式联运单据的内容

国际多式联运单据一般包括以下 15 项内容：

(1)货物品类、标志、危险特征的声明、包数或者件数、重量。

(2)货物的外表状况。

(3)多式联运经营人的名称与主要营业地。

(4)托运人名称。

(5)收货人的名称。

(6)多式联运经营人接管货物的时间、地点。

(7)交货地点。

(8)交货日期或者期间。

(9)多式联运单据可转让或者不可转让的声明。

(10)多式联运单据签发的时间、地点。

(11)多式联运经营人或其授权人的签字。

(12)每种运输方式的运费、用于支付的货币、运费由收货人支付的声明等。

(13)航线、运输方式和转运地点。

(14)关于多式联运遵守本公约的规定的声明。

(15)双方商定的其他事项。

但是以上一项或者多项内容的缺乏,不影响单据作为多式联运单据的性质。如果多式联运经营人知道或者有合理的根据怀疑多式联运单据所列的货物品类、标志、包数或者数量、重量等没有准确地表明实际接管货物的状况,或者无适当方法进行核对的,多式联运经营人应在多式联运单据上作出保留,注明不符合之处及怀疑根据或无适当核对方法。如果不加批注,则应视为已在多式联运单据上注明货物外表状况良好。

6.4.2 多式联运单据的流转

(1)多式联运经营人或其代理人在合同约定地点接受货物并装运后,应及时缮制和签发多式联运单据给托运人。

(2)多式联运单据上的收、发货人是实际收、发货人,通知方是多式联运经营人在目的地指定的代理人或合同中指定的人。

(3)多式联运经营人缮制一套货运单据交沿途各区段代理人,作为向该区段承运人或其代理人进行提货的凭据。

(4)每一程货运单据中,发货人均是多式联运经营人在该区段的代理人或分合同方,收货人是多式联运经营人在下一程的代理人或作为分合同方的区段承运人或其代理人。

(5)货物运至目的地,区段承运人或其代理人按多式联运经营人的指示放货给多式联运经营人在目的地的代理人,多式联运经营人在目的地代理人凭货运单或提单办理手续提取货物的同时,通知目的地实际收货人凭多式联运正本单据前来办理提货手续,在缴纳了各项应交费用和收回多式联运正本单据后放货给实际收货人,并完成交货义务和终止货运责任。

实战演练

2012年10月4日,匈牙利雁荡山国际贸易有限责任公司作为买方与温州市进出口公司签订一份售货确认书,购买一批童装,数量500箱,总价为68 180美元。信用证"单据要求"中对提单描述为:FULL SET OF COMBINED TRANSPORT B/L MARKED "FREIGHT PREPAID" AND NOTIFY APPLICANT。

2013年2月11日,温州市进出口公司以托运人身份将该批童装装于一40尺标箱内,交由富天公司所属"金泉"轮(JIANQUAN)承运。富天公司加封铅,箱号为SCXU5028957,铅封号11021,并签发了号码为RS-95040的一式三份正本全程多式联运提单,厦门外轮代理公司以代理身份盖了章。该份清洁记名提单载明:收货地厦门,装货港香港,卸货港科佩尔,目的地为布达佩斯(Budapest),收货人为雁荡山公司。

2013年2月23日,货抵中国香港后,富天公司将其转至以星公司所属"海发"轮(ZIMHAI-FA)承运。以星公司在中国香港的代理新兴行船务公司(SUN-HING SHIPPING CO. LTD)签发了号码为ZIMUHKG166376的提单,并加号码为ZZZ4488593的箱封。2013年3月22日,以星公司另一代理R·福切斯(R·FUCHS)传真雁荡山公司,告知集装箱预计于3月28日抵斯洛

文尼亚的科佩尔港,用铁路运至目的地布达佩斯有两个堆场,让其择一。买方明确选择马哈特为集装箱终点站。3 月 29 日,以星公司将集装箱运抵科波尔,博雷蒂诺(BOLLETTINO)铁路运输公司出具运单,该运单载明箱号、铅封号以及集装箱货物,与以星公司代理新兴行船务有限公司出具给富天公司的提单内容相同。4 月 12 日,R·福切斯依照雁荡山公司指示,将箱经铁路运至目的地布达佩斯马哈特集装箱终点站。4 月 15 日,雁荡山公司向 R·福切斯提交富天公司签发的一份正本提单并在背面盖章。6 月 6 日,雁荡山公司提货。

操作:

(1)缮制作为结汇的国际多式联运单据。

(2)画出该票业务的多式联运单据流转程序。

子任务 6.5　设计国际多式联运方案

任务引领

本任务将引领学生学习国际多式联运方案的设计工作,能够根据具体情况制定各种国际多式联运方案,据此办理国际多式联运货物的运输,提高相关的业务能力。

6.5.1　制定国际多式联运方案

国际多式联运方案设计(international multimodal transport planning),也称为国际多式联运解决方案(international multimodal transport solution),是指国际多式联运企业针对客户的运输需求,运用系统理论和运输管理的原理和方法,合理地选择运输方式、运输工具与设备、运输路线以及货物包装与装卸等过程。

国际多式联运就是按照客户的要求,把货物从一个国家运到另一个国家去。在设计国际多式联运方案时,一定要根据客户的要求,主要做出对运输方式、运输工具与设备、运输路线和自营与分包这四个方面的正确决策,而且这四方面的决策是相互影响的。国际多式联运方案设计的内容与程序如图 6.1 所示。

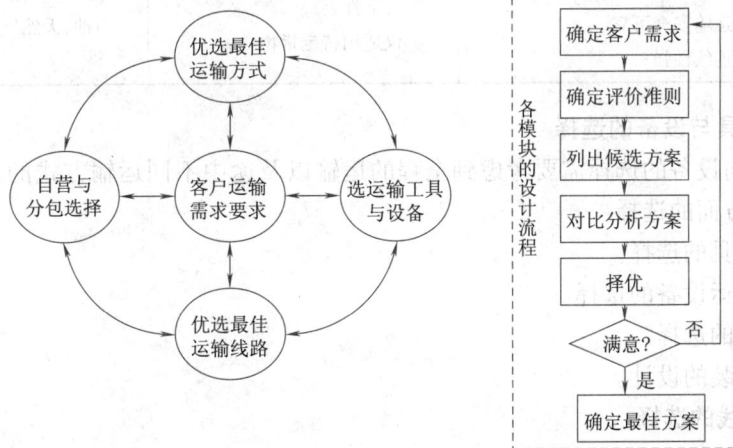

图 6.1　国际多式联运方案设计的内容与程序

1. 运输方式的选择

不管国际多式联运如何选择运输方式的组合,始终是铁路运输、公路运输、水路运输、航空运输、管道运输这几种基本运输方式的联合运输,而各种基本运输方式都具备各自的优缺点,都有不同的适合运输对象。所以,在设计国际多式联运方案时,必须根据客户的要求,确定合理的运输方式。

表 6.3 所示为各种运输方式的特点及适用范围。

表 6.3　各种运输方式的特点及适用范围

运输方式	优　点	缺　点	主要运输对象
铁路	①大批量货物能一次性有效运送 ②运费负担小 ③轨道运输,事故相对少、安全 ④铁路运输网完善,可运达各地 ⑤受自然和天气影响小,运输准时性较高	①近距离运输费用高 ②不适合紧急运输要求 ③由于需要配车编组,中途停留时间较长 ④非沿线目的地需汽车转运 ⑤装卸次数多,货损率较高	长途、大量、低价、高密度商品,比如,采掘工业产品、重工业产品及原料、制造业产品及原料、农产品等
公路	①可以进行门到门运输 ②适合于近距离运输,较经济 ③使用灵活,可以满足多种需要 ④输送时包装简单、经济	①装载量小,不适合大量运输 ②长距离运输费较高 ③环境污染较严重 ④燃料消耗大	短距离具有高价值的加工制造产品和日用消费品。如:纺织和皮革制品、橡胶和资料制品、润滑金属产品、通信产品、零部件、影像设备等
水运	①运量大 ②成本低 ③适于超长超宽笨重的货物运输	①运输速度慢 ②港口装卸费用较高 ③航行受天气影响较大 ④运输正确性和安全性较差	主要是长途的低价值、高密度大宗货物。如:矿产品、大宗散装货、化工产品、远洋集装箱等
民航	①运输速度快 ②安全性高	①运费高 ②重量和体积受限制 ③可达性差 ④受气候条件限制	通常适用于高价、易腐烂或急需的商品
管道	①运量大 ②运输安全可靠 ③连续性强	①灵活性差 ②仅适用特定货物	石油、天然气、煤浆

2. 运输工具与设备的选择

运输工具与设备的选择需要考虑到全程的运输以及途中不同运输方式的有效衔接,具体包括以下几个方面的选择:

(1)运输工具的选择。

(2)装卸搬运设备的选择。

(3)集装箱的选择。

(4)运输包装的设计。

3. 运输路线的选择

运输路线的选择应注意以下三点:

①运输线路选择与运输方式选择的协同。

②注重装卸地点的选择。

③注重不同装货量的拼装,以实现集运、拼装模式,从而影响运输路线选择。

4. 自营与外包的选择

由于国际多式联运的运输距离较长、运输方式比较复杂,所以在一般情况下,一个企业是不可能单独完成国际多式联运任务的。国际多式联运经营人往往把一部分业务外包出去,把有限的资源集中到优势业务上去。所以,在设计国际多式联运方案时,哪些业务是企业自己完成,哪些业务需要外包出去,这也是值得企业特别重视的一个问题。

6.5.2　实施国际多式联运流程

1. 接受托运申请,订立多式联运合同

多式联运经营人根据货主提出的托运申请和自己的运输线路等情况,判决是否接受该托运申请。发货人或其代理人根据双方就货物的交接方式、时间、地点、付费方式等达成协议并填写场站收据,把其送至多式联运经营人进行编号,多式联运经营人编号后留下货物托运联,将其他联交还给发货人或其代理人。

2. 空箱的发放、提取及运送

多式联运中使用的集装箱一般由多式联运经营人提供。这些集装箱的来源可能有三种情况:一是多式联运经营人自己购置使用的集装箱;二是向借箱公司租用的集装箱;三是由全程运输中的某一分运人提供。如果双方协议由发货人自行装箱,则多式联运经营人应签发提箱单(或租箱公司或分运人签发提箱单)交给发货人或其代理人,由他们在规定日期到指定的堆场提箱并自行将空箱拖运到货物装箱地点,准备装货。

3. 出口报关

若多式联运从港口开始,则在港口报关;若从内陆地区开始,则应在附近内陆的海关办理报关出口。报关事宜一般由发货人或其代理人办理,也可委托多式联运经营人代为办理。报关时应提供场站收据、装箱单、出口许可证等有关单据和文件。

4. 货物装箱及接受货物

若是发货人自行装箱,发货人或其代理人提取空箱后在自己的工厂和仓库组织装箱。装箱工作一般要在报关后进行,并请海关派相关人员到装箱地点监装和办理加封事宜。如需理货,还应请理货人员现场理货并与其共同制作装箱单。

对于由货主自行装箱的整箱货物,发货人应负责将货物运至双方协议规定的地点,多式联运经营人或其代表在指定地点接受货物。如果是拼箱货,则由多式联运经营人在指定的货运站接收货物,验收货物后,代表多式联运经营人接收货物的人应在场站据正本上签章并将其交给发货人或其代理人。

5. 订舱及安排货物运送

多式联运经营人在合同订立后,应立即制定该合同涉及的集装箱货物的运输计划。该计划应包括货物的运输路线、区段的划分、各区段实际承运人的选择及确定各区间衔接地点的到达、起运时间等内容。

这里所说的订舱泛指多式联运经营人要按照运输计划安排洽定各区段的运输工具,与选定的各实际承运人订立各区段的分运合同。这些合同的订立由多式联运经营人本人或委托的代理人办理,也可请前一区段的实际承运人作为后一区段的实际承运人订舱。

货物运输计划的安排必须科学并留有余地,工作中应相互联系,根据实际情况调整计划,避免彼此脱节。

6. 办理保险

在发货人方面,应投保货物运输保险。该保险由发货人自行办理,或由发货人承担费用而由多式联运经营人代为办理。货物运输保险可以是全程投保,也可以为分段投保。在多式联运经营人方面,应投保货物责任险和集装箱保险,由多式联运经营人或其代理人向保险公司或以其他形式办理。

7. 签发多式联运提单,组织完成货物的全程运输

多式联运经营人的代表收取货物后,多式联运经营人应向发货人签发多式联运提单,在把提单交给发货人之前,应注意按双方议定的付费方式及内容、数量向发货人收取全部应付费用。

多式联运经营人有完成和组织完成全程运输的责任和义务。在接受货物后,要组织各区段实际承运人、各派出机构及代表人共同协调工作,完成全程中各区段的运输,以及各区段之间的衔接工作,并做好运输过程中所涉及的各种服务性工作和运输单据、文件及有关信息等组织和协调工作。

8. 运输过程中的海关业务

按惯例,国际多式联运的全程运输均应视为国际货物运输,因此,该环节工作主要包括货物及集装箱进口国的通关手续、进口国内陆段保税运输手续及结关等内容。如果陆上运输要通过其他国家海关和内陆运输线路时,还应包括这些海关的通关及保税运输手续。

如果货物在目的港交付,则结关应在港口所在地海关进行,如果在内陆地交货,则应在口岸办理保税运输手续,海关加封后方可运往内陆目的地,然后在内陆海关办理结关手续。

9. 货物支付

当货物运往目的地后,由目的地代理通知收货人提货。收货人需凭多式联运提货。多式联运经营人或其代理人需按合同规定,收取收货人应付的全部费用,收回提单,签发提货单。提货人凭提货单到指定堆场和地点提取货物。

如果是整箱提货,则收货人要负责至掏箱地点的运输,并在货物掏出后将集装箱运回指定的堆场,此时,运输合同终止。

10. 货运事故处理

如果全程运输中发生了货物灭失、损害和运输延误,无论能否确定损害发生的区段,发(收)货人均可向多式联运经营人提出索赔。多式联运经营人根据提单条款及双方协议确定责任并作出赔偿。如能确定事故发生的区段和实际责任者,可向其进一步索赔;如不能确定事故发生的区段,一般按在海运段发生处理;如果已对货物及责任投保,则存在要求保险公司赔偿和向保险公司进一步追索问题;如果受损人和责任人之间不能取得一致,则需要通过在诉讼时效内提起诉讼和仲裁来解决。

实战演练

【实训任务】

大众汽车有限公司现有一批轿车出口伊朗,轿车的发货地为上海,交货地为伊朗的德黑兰市。现委托广浩国际货运代理有限公司组织多式联运,广浩国际货运代理有限公司为大众汽车有限公司设计多式联运方案,确定运输路线。

【实训目的】
掌握国际多式联运方案运输路线的选择。

【实训准备】
把学生分成 5～6 人一组,打开网络,准备世界地图一张。

【实训步骤】
步骤一:在世界地图上找到上海、伊朗的德黑兰市。
步骤二:设计从上海到伊朗德黑兰市的线路。
步骤三:选几组学生来分别就各自设计的路线进行分析;其他组学生对其进行评议,并提出理由。
步骤四:教师进行点评。

子任务 6.6 处理国际多式联运货损事故

任务引领

本任务将引领学生学习国际多式联运货损事故的特点,掌握国际多式联运货损事故中索赔和理赔的程序,提高防范意识,提高具体事故的处理能力。

6.6.1 国际多式联运货损事故的特点

1. 索赔与理赔的多层次性

在国际多式联运中,由货物托运人与多式联运经营人签订一份多式联运合同,多式联运经营人对货物运输全程负责。同时,多式联运经营人为了完成整个运输任务,又与各区段实际承运人签订分运合同。由于这种特点,使国际多式联运中的货差货损事故的索赔与理赔具有多层次性,特别是在托运人投保了货运运输险及多式联运经营人又投保了全程运输责任险的情况下,因还涉及向保险公司进行索赔,索赔与理赔的层次和次数增加。

2. 多式联运经营人责任形式对货损事故的影响

根据多式联运经营人采用的责任形式来确定多式联运经营人责任的原则和赔偿额度,多式联运经营人采用的责任形式一般包括网状责任制和统一责任制。

如果采用的是网状责任制,那么多式联运经营人对全程的运输负责。各区段实际承运人对各区段运输负责。一旦发生货损,如果知道事故发生的区段,则多式联运经营人与区段实际承运人按照事故发生区段的国际公约或当地地方法律法规进行赔偿。

如果采用的是统一责任制,多式联运经营人对全程运输负责,各区段实际承运人对各自承担的运输区段负责,一旦发生货损,则首先由国际多式联运经营人进行赔偿,赔偿后不再追究事故发生的具体区段,由所有的区段实际承运人按照统一的规定进行赔偿。

3. 多式联运中对货损货差中隐藏损害的处理

在国际多式联运中,由于整个运输过程是由多种运输方式共同组成,由多个实际承运人共同完成货物的运输,那么货物在运输过程中发生的损失有两种情况:一是能确定发生货损的实际运输区段及相应的承运人,二是不能确定货损发生的区段和承运人,这种称之为隐藏损害。

对于隐藏损害的处理，也可以分为两种方式：

（1）与多式联运经营人投保运输责任险相结合，假定事故发生在海运区段，在多式联运经营人按统一责任标准对货方进行赔偿后，从保险人处取得进一步赔偿。这种方式在目前已经得到多方面认可，成为在隐藏损害中的索赔处理大多采用的方式。

（2）由多式联运经营人按统一责任制对货方进行赔偿，赔偿后不追究造成货损的实际区段和实际承运人，而是由所有的承运人共同承担。

6.6.2 国际多式联运中的索赔和理赔

1. 索赔

1）根据货损情况确定索赔对象

受损人在提出索赔时，一定要首先根据造成货损的原因以及相关的合同规定情况来确定实际责任人并向其提出索赔要求。

如收货人在收到货物后发现货物与贸易合同有差距或由于货物外部包装和装箱不当，应由相关机构出具鉴定书向发货人提出索赔。

如果是由于在运输过程中或联运经营人责任范围内引起的货损，则可凭相关机构出具的证明书向多式联运经营人或实际承运人提出索赔；如果保险后，在保险责任期间和范围内，可向保险公司提出索赔。

2）索赔应具备的条件

作为索赔人，一般必须符合一定的条件才能被责任方和相关机构所接受，索赔必须具备的一般条件是：

①索赔人要有正当的索赔权，才能提出索赔。

②责任方应该对事故或事故所造成的损失具有实际赔偿责任。

③索赔人索赔时必须具有相应的单证，包括索赔申请书、运输合同及合同证明、货物残损检验证明书、索赔清单等。

3）索赔的金额必须合理

受损方在提赔时必须合理确定索赔的金额。合理确定赔偿金额必须考虑以下方面：

①必须考虑责任方在合同及相关法规中的免责条款，符合免责条款的损害一般不能获得赔偿。

②索赔金额以货损实际程度、数量和价格等因素为基础计算。

③考虑责任方在合同及相关法规中规定的责任限额，这种限额是责任方或多式联运经运人对货损赔偿的最高限额。

4）索赔必须在规定的时间内提出

《国际多式联运公约》规定：如果货物在交付之日后6个月内，或货物应交付日之后6个月仍未交付时没有提出书面索赔通知，则诉讼在此期限（6个月）期满后即失去实效。

5）诉讼与仲裁应在规定地点提出

可以提出诉讼与仲裁的地方是：被告的重要营业场所或经常居住地，订立多式联运合同的地点，货物接管地点或者货物交付地点，以及其他双方在合同中约定的地点。

2. 理赔

当国际多式联运发生货损事故后，受损人提出索赔，应由实际责任人受理，非实际责任人

无权受理受损人的索赔,应及时转交实际责任人并通知索赔人。责任人进行理赔的一般程序为:

(1)确定货损发生的原因及造成的损失,并确定需要承担责任的范围。

(2)审核。审核内容包括:

①货损是否发生在承运人应负责任的责任期间。

②索赔是否在合同与有关法律法规规定的期限内提出。

③提出索赔所出具的单证是否齐全,举证是否合理;单证间的关系是否一致。

④各区段责任方是否在各单证上签字确认。

⑤各区段、各中转地点衔接过程中理货计数是否准确。

⑥各实际承运人、仓储人、代理人、装卸机构等是否有事故报告、海事声明等内容。

(3)根据多式联运合同、分运合同和相应的法律法规,以及国际惯例等中的免责条款提出证明,进行免责和减少责任。

(4)根据调查计算货损金额,并结合索赔人提出的索赔要求确定赔偿金额,确定后由责任方。

(5)赔偿后根据具体造成货损的原因,对直接造成货损的相关部门和承运人进行追索,如果进行了货物保险和多式联运责任保险的投保,还可向保险公司要求赔偿。

实战演练

2012 年 10 月,中国土畜产进出口公司××畜产分公司委托××对外贸易运输公司办理333 箱的男士羽绒滑雪衫出口手续。外运公司将货装上××远洋运输公司的货轮并向畜产进出口公司签发了北京中国对外贸易运输总公司的清洁联运提单,提单载明货物数量共为 333 箱,分装 3 只集装箱。同年 6 月 29 日,货轮抵达目的港日本神户,7 月 6 日,日方收货人在港口装卸公司开箱发现其中一个集装箱 A 的 11 只纸箱中,有 5 箱严重湿损,6 箱轻微湿损。7 月 7 日,运至东京日方收货人仓库,同日由新日本商检协会检验,10 月 11 日出具的商检报告指出货损的原因是由于集装箱有裂痕,雨水进入造成箱内衣服损坏,实际货损约合 1 868 338 日元。在东京进行货损检验时,商检会曾邀请××远洋运输公司派人共同勘察,但该公司以"出港后检验无意义"为由拒绝。日方收货人从 AIU 保险公司取得赔偿后,AIU 公司取得代位求偿权,于 2013 年 9 月 25 日向上海海事法院提起诉讼,要求被告货运代理人和实际承运人赔偿日方损失,并承担律师费和诉讼费。两被告答辩相互指出应由另一被告承担全部责任,并要求原告进一步对减少货损的合理措施进行举证。

该案中的货损责任应由谁来承担?

任务小结

在本能力任务中,我们主要分认知国际多式联运业务、选择国际多式联运组织形式、明确国际多式联运责任划分、缮制国际多式联运单证、设计国际多式联运方案、处理国际多式联运货损事故 6 个子任务来完成。通过这个能力任务模块,我们要了解自己将来在从事货代业务中的国际多式联运业务;熟悉多式联运的单证缮制、运费计算和处理货损事故等业务,掌握从事国际多式联运的相关职业能力。

任务模拟演练

太原某服装公司准备运送一 20 英尺集装箱的整箱货到日本,委托某从事国际多式联运业务的货运代理企业代为办理。作为国际多式联运货代企业,需要为客户做到以下服务:制定多式联运方案、实施国际多式联运流程、进行相关单据的操作以及相应费用的核算。

如果你是该货运代理企业的业务员,应如何为客户提供多式联运货代服务?

学习任务7　国际陆路货物运输

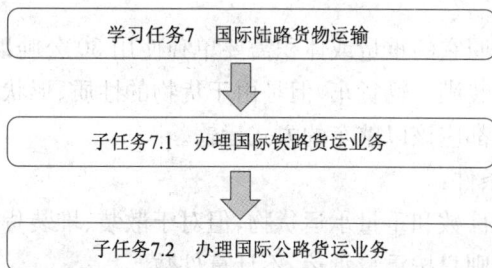

能力目标

通过本任务的学习,应该能够:

(1)选择国际铁路货物运输方式

(2)办理国际铁路货运业务

(3)计算国际铁路货物联运运费

(4)缮制国际铁路货运单证

(5)选择国际公路货运方式和线路

(6)办理公路货运业务

(7)缮制道路货物运单

(8)计算公路运输的费用

核心能力

(1)掌握国际铁路货物运输业务流程

(2)掌握国际公路货物运输业务流程

学习导航

学习任务7　国际陆路货物运输

↓

子任务7.1　办理国际铁路货运业务

↓

子任务7.2　办理国际公路货运业务

![案例导入图标]

案例导入

小王是华运物流广州分公司运输部的经理助理,10月24号华运物流广州分公司接到客户W公司要求一批30吨纸箱包装的利乐包装的W凉茶饮料从佛山运往昆山和苏州;A集团需要运输一批2吨N营养片从东莞运到宁波;G医药集团需要运输一批5吨的眼药水从广州运往鹰潭;Z电器照明有限公司需要运输一批15吨水晶灯从中山运往杭州。现在运输部李经理要求小王帮助其设计一份运输方案。小王该如何去做才能满足这四家企业的运输需求呢?

学习任务描述

本任务将引领学生学习根据实际情况选择具体运输方式的能力,熟悉国际铁路和国际公路货运业务流程,掌握有关运费计算和运单填制技巧。

子任务模块剖析

子任务 7.1　办理国际铁路货运业务

任务引领

本任务将引领学生了解国际铁路货物运输方式,认知国际铁路货运代理业务流程,掌握国际铁路联运业务并计算其运费,按要求缮制国际铁路货运单证,处理有关货损事故。

7.1.1　选择国际铁路货物运输方式

铁路货物运输是现代化运输业的主要运输方式之一,已经有150多年的历史。铁路货物运输具有运量大、速度快、安全可靠、运输成本低、运输准确性和连续性强、受气候影响较小等一系列特点。我国经由铁路运输的进出口货量,仅次于海洋运输而居于第二位。国际铁路货物运输是指起运地点、目的地点或约定经停地点位于不同国家或地区的铁路货物运输。由于运送货物都要涉及两个或两个以上国家,因此国际铁路货物运输主要采取联运方式。

1. 整车货物运输

一般来说,一批货物按照它的重量或体积需要单独使用30公吨以上的一辆车或超过一辆的货车装运,或者虽然不能装满一辆货车,但是由于货物的性质、形状或运送条件等原因,必须单独使用一辆货车装运时,都应该以整车的方式运输。

整车货物运输的基本条件:

(1)承运人原则上应按件数和重量承运货物,但对于散装、堆装货物,如规格、件数过多,在装卸作业中难于点清件数,则只按重量承运,不计算件数。

(2)货物的重量由托运人确定。

（3）按照货物运输途中的特殊需要，允许托运人派人押运。

（4）允许在铁路专用线、专用铁路内装车或卸车。

2. 零担货物运输

托运一批货物的重量、体积、形状、运送条件等不需要单独使用一辆货车运输，可以与其他几批货物拼装一辆货车运送时，则按零担运输的方式向铁路承运人办理托运手续。一件零担货物的体积最小不能小于 0.02 米^3（一件重量在 10 千克以上的除外），每批不得超过 300 件。

零担货物运输有以下几种形式：

（1）直达零担：指一同达到目的站的货物。

（2）中途零担：指不能直达，中途卸下再发送的货物。

（3）沿途零担：指沿途列车按到站顺序卸下的货物。

（4）快运零担：指挂运在快运开行区段的零担货运。

（5）普通零担：指可装棚车的货运。

（6）笨重零担：指需装敞车的大件货物的零担货运。

（7）定期零担：指定线、定到站、定班期、定车辆的货运。

3. 铁路集装箱货物运输

为了节约货物包装材料、降低商品成本、简化运输手续、提高装卸作业效率、加速货物和车辆的周转（以贵重、易碎、怕湿货物为主），在铁路集装箱运输营业所或集装箱办理站之间，可办理集装箱运输。铁路集装箱货物运输是指将货物装入集装箱，再将集装箱作为下个单元装载到货车上进行运输的方式。集装箱运输每批必须是同一箱型、同一箱主、同一箱态（同一重箱或空箱），至少一箱。最多不超过一辆铁路货车所能转运的箱数或集装箱总重之和不超过货车的容许载重量。通常，铁路集装箱运输的货物，从装箱、加封到启封、拆箱，应由发货人、收货人负责。铁路凭封印（即铅封）与发货人办理收箱、运输，并以发货人的封印向收货人办理支付。通用集装箱适合运输交电类、仪器仪表类、小型机械类、玻璃陶瓷建材类、工艺品类、日用品类、化工类、针纺织品类、小五金及其他适合集装箱运输的货物。

下列货物不得使用集装箱运输：容易污染箱体的货物（托运人自备箱除外）；易于损坏箱体的货物（（托运人自备箱除外）；鲜活货物（经铁路局确定在一定时间和区域内，可以使用集装箱的除外）；危险货物。铁路集装箱的运输方式主要有集装箱定期直达列车、集装箱专用列车、一般快运列车以及普通货运列车四种。

（1）集装箱定期直达列车。这种方式在发达国家普遍使用，其特点是：定期、定线、定点运行；固定车底循环使用；对始端站要求不高；列车编组不专，一般 20 节车厢为一列。

（2）集装箱专运列车。同定期直达列车的区别在于不定期，可缓解船期不定和货源不均衡的矛盾。

（3）一般快运列车。小批量集装箱编入快运列车的方式。

（4）普通货运列车。更小批量集装箱编入普通列车装运，到货慢，效率低。

7.1.2　办理国际铁路货物运输代理业务

1. 出口货物运输代理业务流程

（1）运输合同的签订。办理铁路货物运输，托运人与承运人应签订运输合同。大宗整车货物的运输合同可按季度、半年度、年度或更长期限签订，并提出月度铁路运输计划。其他整车货物可用铁路货物运输服务订单作为运输合同。整车货物交运货物时,还须向承运人递交货物运单,零担货物和集装箱货物,以货物运单作为运输合同。

(2)出口托运。承运人与发货人或代理人签订运输合同后,由发货人或其代理人向铁路车站填报运单。始发站接受运单后审核运单,同时查验有无批准的用车计划,如无问题便在运单上签署货物进站日期或装车日期,以便接受托运。

(3)核查货源。车站受理托运后,发货人按照指定日期将货物运到车站或指定货位,车站根据运单查对货物,经查验过磅无问题后交铁路保管。始发站在运单上加盖承运日期戳,负责发运。发运前,对棚车、保温车、罐车必须施封,有发货人装车时由发货人施封,由铁路装车的铁路施封。铅封内容有站名、封志号、年、月、日。

(4)国境站交接。国境站接到国内前方站的列车到达预报后,立即通知国际联运交接所,国际联运交接所需负责下述工作:办理货物、车辆和运送用具的交接和换装工作;办理各种交接手续,检查运送票据和编制商务记录;处理交接中发生的各种问题;计算有关费用;联系和组织与邻国货车衔接事宜。

(5)查验放行。列车进站后由铁路会同海关接车,铁路负责整理、翻译运送票据,编制货物和车辆交接单;外运负责审核货运单证,纠正错发、错运及单证的差错并办理报关、报验手续;海关查验货、证是否相符以及是否符合有关政策法规,如无问题则负责放行。最后由相邻两国的铁路双方办理具体的货物和车辆的交接手续并签署交接证件。

(6)到站交付。在货物到达终点站后,由该站通知收货人领取货物。在收货人付清一切应付的运送费用后,铁路将第一联、第五联运单交收货人凭以清点货物,收货人在领取货物时应在运单第二联上填写领取日期并加盖收货戳记。收货人只有在货物损坏或腐烂变质、全部或部分丧失原有用途时才可拒收。

2. 进口货物运输代理业务流程

(1)确定货到达站。国内订货部门应提出确切的到达站的站名称和到达路局的名称,除个别单位在国境站设有机构者外,均不得以我国国境站或换装站为到达站,也不得以对方国境站为到达站。必须注明货物经由的国境站。

(2)对外订货签约。进口单位对外订货签约时,必须按照商务部的统一规定编制运输标志,不得颠倒顺序和增加内容,否则会造成错发、错运事故。同时,应及时将合同的中文副本、附件、补充协议书、确认函电、交接清单等寄送国境站外运机构,在这些资料中要有合同号、订货号、品名、规格、数量、单价、经由国境站、到达路局、到站、唛头、包装及运输条件等内容。事后如有某种变更事项也应及时将变更资料抄送外运机构。

(3)国境站交接。进口货物列车到达国境站后,由铁路会同海关接车,双方铁路根据列车长提供的货物交接单办理交接。交接过程中,铁路负责签办交接证件,翻译货运单据,组织货物换装和继续发运。在交接过程中,如发现有残短,铁路部门应进行详细记载,以作为铁路双方签署商务记录的原始依据。外运部门负责根据进口合同资料对运单及其他所用货运票据进行核对,如无问题便制作进口货物报关单。海关负责对货物进行监管,进口货物报关后,海关根据报关单查验货物,在单、证、货相符的情况下签字放行。

(4)分拨与分运。国外发货人集中托运、以我国国境站为到站、外运机构为收货人的小额订货,以及国外铁路将零担货物合装整车发运至我国国境站的,外运在国境站接货后负责办理分拨、分运业务。所谓分拨、分运即按货物的流向换装车辆,换装后的车辆按流向重新编组向

内地运输。如货物在分拨、分运中发现有货损、货差情况且属于铁路责任的,应由铁路出具商务记录,如属于发货人责任的,应及时通知有关进口单位向发货人索赔。

(5)进口货物交付。铁路到站后需向收货人发出到货通知,收货人接到通知后即向铁路付清运送费用,然后由铁路将运单和货物交给收货人,收货人在取货时应在运行报单上加盖收货戳记,作为收货凭证。

(6)货物催领。承运人卸车完毕后对无人接收的货物需及时向收货人发出催领通知。到站发出催领通知(不能实行催领通知的为卸车之后)的次日起,两日内收货人应将货物全部搬出。对超出两日(铁路局可规定为一日)未能搬出者,车站向收货人核收货物暂存费。收货人拖延领取、拒绝领取或无人领取时,铁路采取解决措施无效后,自发出催领通知满三十日(搬家货物为六十日)仍无人领取或收货人未按规定期限提出处理意见的,承运人按无法交付货物进行处理。对性质不宜长期保管的货物,承运人根据具体情况可缩短处理期限。

7.1.3　办理国际铁路货物联运业务

国际铁路货物联运(以下简称"国际铁路联运"),是指使用一份统一的国际铁路联运单,跨及两个及两个以上国家铁路的货物运送中,由参加国铁路部门负责办理两个或两个以上国家运装货物过程,由托运人支付全程运输费用的铁路货物运输组织形式。国际铁路货物联运简化手续、方便货主;能够充分利用铁路运输在国际贸易中的优势;加速了资金的周转,促进铁路沿线经济及铁路运输企业的发展。

1. 国际铁路货物联运的特点

(1)涉及面广。凡办理国际联运,每运送一批货物都要涉及两个或两个以上国家,有时还要通过与国际货协有关的国家,向与国际货协无关的西北欧国家办理转发送,才能完成全程的运送工作,最后运到目的地。

(2)运输条件高。由于国际联运涉及多个国家的铁路、车站和国境站,有时还有收转人参加,这就要求每批货物的运输条件如包装、转载、票据的编制、添附文件及车辆使用都要符合有关国际联运的规章、规定,否则将造成货损、货差、延迟交货等运输事故。

(3)运输时间短、成本低。国际铁路货物联运的始发站和最终目的站大多是内陆车站,或发、收货的铁路专用线。货物从发货人的专用线或就近的车站出发,直接到达收货人的专用线或就近的车站。对内陆收发货人来讲,铁路运输时间比海运少,运输成本也比海运低。使用一份铁路联运票据完成货物的跨国运输。

(4)运输方式单一、责任统一。由于国际联运仅使用铁路一种运输方式,所以全程运输只由铁路运输承运人负责,运输责任方面统一、明确,便于协调与管理。

2. 国际铁路货物联运的基本条件

1)国际铁路货物联运的范围

(1)同参加《国际铁路货物联运协定》(以下简称《国际货协》)和未参加《国际货协》,但采用《国际货协》规定的铁路间的货物运送,铁路从发站以一份运送票据负责运送至最终到站,交付给收货人。

(2)同未参加《国际货协》铁路间的货物运送,发货人在发送路用《国际货协》运送票据办理至参加国际货协的最后一个过境路的出口国境站,由该站站长或收货人、发货人委托的收转人转运至最终到站。

（3）通过过境铁路港口站的货物运送。从参加《国际货协》铁路的国家,通过参加《国际货协》的过境铁路港口,向其他国家(不论这些国家的铁路是否参加《国际货协》)或者相反方向运送货物时,用国际货协运送票据只能办理至过境铁路港口站止或者从这个站起开始办理,由港口站的收转人办理转发送。

2)国际铁路货物联运的种类

国际铁路货物联运分为整车、零担和大吨位集装箱。

（1）整车。它是指按一份运单托运,按其体积或种类需要单独车辆运送的货物。

（2）零担。它是指按一份运单托运的一批货物,重量不超过 5 000 千克,按其体积或种类不需要单独车辆运送的货物,但如果有关铁路之间另有商定条件,也可不适用《国际货协》整车和零担货物的规定。

（3）大吨位集装箱。它是指按一份运单托运,用大吨位集装箱运送的货物。

3)国际铁路货物联运的运输限制

（1）在国际铁路直通货物联运中,不准运送的货物：①应当参加运送的铁路的任一国家禁止运送的物品；②属于应当参加运送的铁路的任一国家邮政专运物品；③炸弹、弹药和军火(但狩猎和体育用的除外)；④爆炸品、压缩气体、液化气体或在压力下溶解的气体、自燃品和放射性物质(指国际货协附件第 2 号之附件 1 中 1、3、4、10 表中没有列载的)；⑤一件重量不足 10 千克,体积不超过 0.1 米³ 的零担货物；⑥在换装联运中使用不能揭盖的棚车运送,一件重量超过 1.5 吨的货物；⑦在换装联运中使用敞车类货车运送的一件重量不足 100 千克的零担货物,但此项规定不适用附件第 2 号《危险货物运送规则》中规定的一件最大重量不足 100 千克的货物。

（2）只有在参加运送的各铁路间预先商定后才允许运送的货物：①一件重量超过 60 吨的；而在换装运送中,对越南重量超过 20 吨的；②长度超过 18 米的；而运往越南长度超过 12 米的；③超限的；④在换装运送中用特种平车装运的；⑤在换装运送中用专用罐车装运的化学货物；⑥用罐车运往越南的一切罐装货物。

（3）必须按特殊规定办理才可运送的货物：①危险货物；②押运人押运的货物；③易腐货物；④集装箱货物；⑤托盘货物；⑥不属于铁路或铁路出租的空、重车；⑦货捆货物。

3. 国际铁路联运进出口货物代理业务

1)国际铁路联运进口货物代理业务流程

（1）货物到达站的确定。

（2）货物运输标志的编制。

（3）货物运输条件的审核。

（4）合同资料的寄送。

（5）进口货物国境站的交接。

（6）货物的分拨与分运。

（7）进口货物的交付。

2)国际铁路联运出口货物代理业务流程

（1）出口货物运输计划的编制。

（2）出口货物的托运和承运。货物的托运,是发货人组织货物运输的一个重要环节。发货人在托运货物时,应向车站提交货物运单,以此作为货物托运的书面申请。车站接到运单后,应认真进行审核。

①整车货物办理托运,车站应检查是否有批准的月度、旬度货物运输计划和要车计划,检查货物运单上的各项内容是否正确,如确认可以承运,应予以签单。签单即在运单上签注货物进入车站的日期或装车日期,表明铁路已受理托运。签单完毕,发货人应按签单指定的日期将货物送入车站或指定的货位,铁路根据货物运单上的记载查对实货,认为符合《国际货协》和有关规章制度的规定,车站方接收货物并担负保管责任。整车货物一般在装车完毕后,发站在货物运单上加盖承运日期戳,即为承运。托运、承运完毕,铁路运单作为运输合同即开始生效。

②零担货物办理托运,发货人不需要编制月度、旬度要车计划,可凭运单直接向车站申请托运。车站受理托运后,发货人应按签单指定的日期将货物运进货场,送到指定的货位上。经查验、过磅后,即交由铁路保管。当车站将发货人托运的货物连同货物运单一同接收完毕,在货物运单上加盖承运日期戳时,即表示货物已承运。铁路对承运后的零担货物担负保管、装车和发运责任。

(3)出口货物的国境站交接。

①国境站准备接车。出口国境站货运调度根据国内前方站列车到达预报,通知交接所和海关做好接车准备工作。

②海关审核单证。出口货物列车进站后,铁路会同海关接车,并将列车随带的运送票据送交接所,交接所将全部货运单证送货运代理人审核。货运代理人在审核单证时,要以运单内容为依据,审查出口货物报关单、装箱单、商检证书等记载的内容和项目是否正确、齐全。出口货物单证经复核无误后,将出口货物报关单、运单及其他随附单证送海关,作为向海关申报和海关审核放行的依据。海关则根据申报,经查验单、证、货相符,并符合国家政策法令的规定后,即准予解除监督,验关放行。最后由双方铁路办理具体货物和车辆的交接手续,并签署交接证件。

(4)出口货运事故的处理。联运出口货物在国境站换装交接时,如发生货物短少、残损、污染、湿损、被盗等事故,国境站外运分公司应会同铁路查明原因,分清责任,分别加以处理。

(5)出口货物的交付。联运出口货物抵达到站后,铁路应通知运单中所记载的收货人领取货物。在收货人付清运单中所记载的一切应付运送费用后,铁路将货物连同运单交付给收货人。收货人必须支付运送费用并领取货物,收货人只有在货物因损毁或腐坏而使质量发生变化,以致部分货物或全部货物不能按原用途使用时,才可以拒绝领取货物。收货人领取货物时,应在运行报单上填写货物领取日期,并加盖收货戳。

7.1.4 计算国际铁路货物联运运费

1. 运费计算与核收的原则

(1)发送路运送费用。按承运当日发送路国内规章规定计费,以发送国货币在发站向发货人核收。

(2)过境路运送费用。对参加《统一货价》的铁路,按承运当日《统一货价》规定计费,以瑞士法郎算出的款额,按支付当日规定的兑换率折成核收运送费用国家的货币,根据运单第20栏的记载,在发站向发货人或在到站向收货人或直接向其代理人核收;对未参加《统一货价》铁路的过境运送费用,由该铁路直接向发货人或收货人或其代理人核收。

(3)到达路运送费用。按承运当日到达路规章规定,以到达国货币在到站向收货人核收。

2. 国际铁路货物联运运费的计算

国际铁路联运费用由发送路运送费用、过境路运送费用和到达路运送费用三部分所构成。国际铁路联运运送费用的计算和核收,必须遵循《国际货协》《统一货价》和中华人民共和国《铁路货物运价规则》(简称《国内价规》)的规定。

(1)过境运费的计算。过境运费按《统一货价》规定计算,其计算程序是:

①根据运单上载明的运输路线,在过境里程表中,查出各通过国的过境里程。

②根据货物品名,在货物品名分等表中查出其可适用的运价等级和计费重量标准化。

③在慢运货物运费计算表中,根据货物运价等级和总的过境里程查出适用的运费率。

其计算公式为

$$基本运费额=货物运费率×计费重量$$

$$运费总额=基本运费额×(1+加成率)$$

加成率系指运费总额应按托运类别在基本运费额基础上所增加的百分比。快运货物运费按慢运运费加 100%,零担货物加 50% 后再加 100%。随旅客列车挂运整车费,另加 200%。

(2)国内段运费的计算。国内段运费按《国内价规》计算,其程序是:

①根据货物运价里程表确定发到站间的运价里程。一般应根据最短路径确定,并需将国境站至国境线的里程计算在内。

②根据运单上所列货物品名,查找货物运价分号表,确定适用的运价号。

③根据运价里程与运价号,在货物运价表中查出适用的运价率。

④计费重量与运价率相乘,即得出该批货物的国内运费,其计算公式为

$$运费=运价率×计费重$$

7.1.5 缮制国际铁路货运单证

1. 国际铁路货物运单

(1)国际铁路货物运单的性质。托运人向承运人提出货物运单是一种签订合同的要约行为,即表示其签订运输合同的意愿。按货物运单填记的内容向承运人交运货物,承运人按货物运单记载接收货物,核收运输费用,并在运单上盖章后,运输合同即告成立。托运人、收货人和承运人即开始负有法律责任。

(2)国际铁路货物运单的格式。货物运单格式由两部分组成,左侧为运单,右侧为领货凭证。运单和领货凭证背面分别印有"托运人须知"和"收货人领货通知"。每批货物填写一张货物运单,使用机械冷藏车运输的货物,同一到站,同一收货人一起运输时,可以数批合提一份运单,整车分卸货物除提出基本运单外,每一份卸站应增加分卸货物运单两份(分卸站和收货人各一份)。如一批托运的货物品名过多或托运搬家货物时,运单上的"货物名"栏不够填写时,托运人须同时提出"物品清单"一式三份(一份由始发站存查、一份随运单交到站、一份退还收货人)。

(3)国际铁路货物运单的填写要求。运单需根据栏目要求分别由托运人和承运人填写。填写内容必须翔实正确,文字规范,字迹清楚,不得使用铅笔或红色墨水。内容如有更改,在更改处须加盖托运人或承运人印章证明。托运人对货物及物品清单各栏填写内容的真实性负责。承运人对货物运单内托运人的填写事项进行检查,填制货票,在货物运单领货凭证物品清单上加盖车站承运日期戳,填记货票号(整车货物包括车号、集装箱货物包括集装箱号),即为承运。承运同时,承运人应将货票丙联、物品清单一份、领货凭证交给托运人,托运人将领货凭证及时交给收货人,凭此联系到站领取货物。托运人向承运人交运货物时应按批提出货物运单。

2. 国际铁路货物运输证明文件

除货物运单外,下列货物须凭证明文件运输:物资管制方面的,如托运麻醉品、枪支、民用爆炸品,必须出具医药、公安部门的证明文件;卫生检疫方面的,如托运种子、苗木、动物和动物产品,应出具动、植物检疫部门的证明文件;物资运输归口管理方面的,如托运烟草、食用盐、酒类,应出具物资管理部门的证明文件;国家行政管理方面的,如进出口部门规定须凭运输许可证运输的货物,应出具运输许可证;须凭证明文件托运的货物,托运人不能出具规定的证明文件时,铁路可拒绝受理。

3. 国际铁路联运运单的构成

国际铁路联运运单(以下简称运单),由运单正本、运行报单、运单副本、货物交付单和货物到达通知单 5 张组成。

(1)运单正本:是运输合同的凭证,它随同货物至到站,并连同第 5 张(货物到达通知单)和货物一起交给收货人。

(2)运行报单:是参加联运各铁路办理货物交接、划分运送责任以及清算运送费用、统计运量和运输收入的原始依据,它随同货物至到站,并留存到达路。

(3)运单副本:运输合同签订后,交给发货人,但它不具有运单的效力,仅证明货物已由铁路承运。发货人可凭此副本向收货人结算货款,行使变更要求以及在货物和运单全部灭失时,凭此向铁路提出赔偿要求。

(4)货物交付单:随同货物至到站,并留存到达路。

(5)货物到达通知单:随同货物至到站,并连同第 1 张和货物一并交给收货人。

7.1.6 国际铁路货损事故处理

在铁路货物运输中,凡涉及铁路与发货人、收货人之间,或参加运送的铁路经营人之间、铁路经营人内部各部门间发生货损时,应在事故发生当天编制记录,作为分析事故原因、确定责任的原始证明和处理赔偿的依据。

1. 货损事故记录的编制

货运事故记录分商务记录、普通记录、技术记录三种。

1)商务记录

商务记录是在货物运送过程中对发生的货损、货差或其他不正常情况的如实记载,是具体分析事故原因、责任和请求赔偿的基本文件。在商务记录中,应确切地记载货物的实际情况和运送当时发现的不良状况,以及发生货物损坏的原因。记录中应列举事实,而不应包括关于责任问题和发生损失原因的任何判断。同时,对商务记录各栏内容应逐项填记。

遇有下列情况之一,应编制商务记录:

(1)发现货物的名称、重量、件数等同运单和运行报单中所记载的事项不符。

(2)货物发生全部或部分灭失或损害,或包装破损。

(3)有货无票或有票无货。

(4)由过境站开启装有危险货物的车辆。

商务记录必须在发现事故的当日编制,并按每票货物分别编制。如果运送同一发货人和同一收货人的同一种类的货物时,准许在到达站对数批货物编制一份商务记录。

接受商务记录的铁路部门,如对记录有异议,则应从收到记录之日起 45 天内,将异议通知编制商务记录的人。超过这一期限则被认为记录业已接受。

2)普通记录与技术记录

货物运送过程中,发现上述属商务情况以外的情况时,如有需要,车站应编制普通记录,普通记录不作为赔偿的依据。

当查明货损原因系车辆状况不良所致,除编制商务记录外,还应按该货损情况编制有关车辆状态的技术记录,并附于商务记录内。

2. 货损事故的赔偿

1)赔偿请求的提出与受理

发货人、收货人均有权根据运输合同提出赔偿要求。发货人向发送站提出赔偿要求必须以书面形式提出,如委托代理人办理,则代理人必须出示发货人或收货人的委托书,以证明这种赔偿请求权是合法的。

自赔偿请求提出之日(以发信邮戳或发送站在收到提出的赔偿请求书出具的收据为凭)起,发送站必须在180天内审查此项请求,并对赔偿请求给予答复。

2)索赔的依据及有关文件

索赔人在向铁路部门提出赔偿时,必须同时出具下列文件:

(1)一旦货物发生全部灭失,由发货人提出赔偿时,发货人应出具运单副本。如由收货人提出赔偿,则应同时出具运单副本和正本。

(2)货物发生部分灭失或质变、毁损时,收货人、发货人均可提出索赔,同时应出具运单以及铁路到达站给收货人的商务记录。

(3)货物发生运输延误时,应由收货人提出赔偿,并提交运单。

(4)对于承运人多收运送费用的情况,发货人可按其已付款向承运人追回多收部分的费用,但同时应出具运单副本或铁路规定的其他有关文件。如由收货人提出追回多收费用的要求,则应根据其支付的运费为基础,同时还需出具运单。

3. 索赔时效

根据《最高人民法院关于审理铁路运输损害赔偿案件若干问题的解释》第十五条的规定:对承运中的货物、包裹、行李发生损失或者逾期,向铁路运输企业要求赔偿的请求权,时效期间适用铁路运输规章180日的规定。自铁路运输企业交付的次日起计算;货物、包裹、行李全部灭失的,自运到期限届满后第30日的次日起计算。但对在此期间内或者运到期限内已经确认灭失的,自铁路运输企业交给货运记录的次日起计算。

实战演练

一票从我国郑州通过国际普通车经满洲里/后贝加尔运往俄罗斯莫斯科的货物,郑州的托运人承担全程运输费用。该托运人与北京的一个国际货运代理企业订立了国际铁路货物运输委托代理协议,约定由国际货运代理企业代表托运人支付从满洲里至莫斯科区段的运费。同时,托运人与铁路承运人订立了国际联运运输合同。此后货物从郑州某车站发出,并顺利通过满洲里,不久货物抵达莫斯科某车站。到达站通知收货人货物已到,并要求收货人支付俄罗斯区段运费,否则留置该货物。经调查得知,运单第20栏关于俄罗斯区段运费支付人的记载因被涂抹而模糊不清。委托人(运输托运人)因此与国际货运代理企业发生纠纷,欲通过诉讼解决。

问题：

(1)国际货运代理企业有无义务支付运费？为什么？

(2)在国际货运代理企业未支付运费情况下,委托人(托运人)是否有义务支付运费？为什么？

子任务7.2　办理国际公路货运业务

任务引领

本任务将引领学生了解国际公路运输方式,设计国际公路运输线路,培养国际公路货运业务能力,制作道路货物运单,计算国际公路货物的费用,处理有关货损事故。

7.2.1　选择国际公路货运方式

知识链接

国际公路货物运输的定义和特点

国际公路货物运输是指起运地点、目的地点或约定的经停地点位于不同的国家或地区的公路货物运输。在我国,只要公路货物运输的起运地点、目的地点或约定的经停地点不在我国境内,均构成国际公路货物运输。目前,世界各国的国际公路货物运输一般以汽车作为运输工具,因此,国际公路货物运输与国际汽车货物运输这两个概念往往是可以相互替代的。

综合分析各种运输方式的技术经济特征表明,公路货物运输的特点主要有：

(1)灵活方便性。公路运输机动灵活、方便,可以延伸到各个角落,时空自由度大。

(2)广泛适用性。公路网纵横交错,干支结合,适合各种用途、范围、层次、批量、条件的运输。

(3)快速及时性。公路运输可实现"门到门",减少中间环节,缩短运输时间,非常适合现代市场经济发展的需要。

(4)公用开放性。公路运输是一种全民皆可利用的运输方式。凡拥有汽车的社会和个人均可使用其基础设施。

(5)投资效益高。公路建设虽然投资大,但由于回收快,且兴办公路地方收益大,故筹资渠道多。

(6)经济效应大。公路运输的发展可直接带动汽车工业等相关产业的发展。

但是公路运输也有其局限性,主要是载重量受到限制、不适宜一次性大批量货物和重大件货物运输,长途运输、车辆运输中震动较大,易引发货损货差和被盗事故,消耗石油资源多,交通事故多,交通拥挤和环境污染等。

1. 公路货物运输车辆

根据2005年中国汽车分类新标准,我国汽车划分为8大类,其中与物流相关的主要是如下5类。

(1)载货汽车。载货汽车是指装载货物的汽车。分为重型、中型、轻型和微型四个种类。

重型和中型载货汽车核发大型货车号牌(俗称黄牌);轻型和微型载货汽车核发小型货车号牌(俗称蓝牌)。

(2)自卸汽车。自卸汽车又称翻斗车,是指以运送货物为主且有倾卸货厢功能的汽车。

(3)专用汽车。我国于1989年对"专用汽车"术语制定了相应的标准——ZB T 50004—1989专用汽车术语。ZB T 50004—1989标准对国产专用汽车定义为:"装置有专用设备,具备有专用功能,用于承担专门运输任务或专项作业的汽车和汽车列车"。该标准还将国产专用汽车划分为厢式汽车、罐式汽车、专用自卸汽车、起重举升汽车、仓栅汽车和特种结构汽车等六大类,它们分别定义为:

①厢式汽车。具有独立的封闭结构车厢或与驾驶室联成一体的整体式封闭结构车厢,装备有专用设施,用于载运人员、货物或承担专门作业的专用汽车和专用挂车。例如,救护车、售货车、淋浴车、冷藏车、电视转播车、邮政车。

②罐式汽车。指装置有罐状的容器,并且通常带有工作泵,用于运输液体、气体或粉状物质,以及完成特定作业任务的专用汽车和挂车。例如,油罐车、沥青运输车、液化气罐车、洒水车、消防车等。

③专用自卸车。装有由本车发动机驱动的液压举升机构,能将车厢卸下或使车厢倾斜一定角度,货物依靠自重能自行卸下的专用汽车。

④起重举升汽车。是指装置有起重设备或可升降的作业台(斗)的专用车。

⑤仓栅式汽车。是指具有仓笼式、栅栏式结构的车厢,用于运输散装颗粒食物、畜禽等货物的专用汽车和专用挂车。

⑥特种结构汽车。是指具有某种特殊结构如桁架形结构、平板结构等,完成某种特定任务的专用汽车和专用挂车,如清扫汽车和清障等。

(4)牵引车。牵引车又称拖车,也有称之为车头的,是专门用以拖挂或牵引挂车的车辆。和车箱之间是用工具牵引的(也就是该车车头可以脱离原来的车箱而牵引其他的车箱,而车箱也可以脱离原车头被其他的车头所牵引)。一般的大型货车(半挂车)多是牵引车。

(5)半挂车。半挂车是指本身没有牵引驱动能力,被牵引车拖着走的挂车,其前面一半搭在牵引车后段上面的牵引鞍座上,牵引车后面的桥承受挂车的一部分重量的车。牵引车和挂车的连接方式有两种,半挂车是其中一种,另一种是全挂车,就是挂车的前端连在牵引车的后端,牵引车只提供向前的拉力,拖着挂车走,但不承受挂车的向下的重量。依半挂车公路运行时厂定最大总质量(GA)划分为:轻型半挂车(GA≤7.1吨)、中型半挂车(7.1吨<GA≤19.5吨)和重型半挂车(19.5吨<GA≤34吨)。

2. 国际公路货物运输的类别

1)按托运批量大小划分

(1)公路整车运输。凡托运方一次托运货物在3吨及3吨以上的,或虽不足3吨,但其性质、体积、形状需要一辆3吨以上的汽车运输的业务为整车运输。其主要特点是:适用于大宗货物运输,货源的构成一致,流量、流向、装卸地点比较稳定。

(2)公路零担运输。凡托运方一次托运货物不足3吨者为零担运输。其主要特点是:货物品种繁杂、量小批多、到达站点分散、货物价格不一、时间紧迫。

2)按运送距离划分

(1)长途运输。运距在200千米以上的运输为长途运输;主要特点是:运输距离长、周转时

间长、行驶线路较固定。

(2)短途运输。运距在 50 千米以内的运输为短途运输;主要特点是:运输距离短,装卸次数多,车辆利用效率低;点多面广,时间要求紧迫;货物零星,种类复杂,数量忽多忽少。

3)按货物的性质及对运输条件的要求划分

(1)普通货物运输。受运货物本身的性质普通,在装卸、运送、保管过程中没有特殊要求,不必采用专用汽车的运输。普通货物按照货物的性质、使用价值、搬运装卸的难易,分为一等、二等、三等三个等级。便于确定搬运装卸费率和计算搬运装卸费。

(2)特种货物运输。受运货物本身的性质特殊,在装卸、运送、保管过程中需要特定条件、特殊设备,来保证其完整无损的运输。特种货物运输又可分为长大、笨重货物运输,危险货物运输,贵重货物运输和鲜活易腐货物运输。

①危险货物。凡是具有爆炸、易燃、毒害、腐蚀、放射性等性质,在运输、装卸和储存的过程中易造成人身和财产伤亡而需要特殊防护的货物即为危险货物。危险货物分为 9 类,即:爆炸品;压缩和液化气体;易燃液体;易燃固体、自燃物品和遇湿易燃物品;氧化剂和有机过氧化物;毒害品和感染性物品;放射性物品;腐蚀品;杂项危险物质和物品。

②大长、笨重货物。凡整件货物长度在 6 米以上,宽度超过 2.5 米,高度超过 2.7 米时称为长大货物,如大型钢梁、起吊设备等。而货物每件重量在 4 吨以上(不包括 4 吨)称为笨重货物,如锅炉、大型变压器等。

③鲜活易腐货物。在运输过程中,需要采取一定的措施防止货物死亡和腐坏变质,并需在运达期限内抵达目的地的货物。汽车运输的鲜活易腐货物主要有鲜鱼虾、鲜肉、瓜果、牲畜、观赏野生动物、花木秧苗、蜜蜂等。鲜活易腐货物在运输途中容易发生腐烂变质,采用冷藏方法能有效地抑制微生物的滋长,达到延长鲜活易腐货物保存时间的目的,被广泛采用。

④贵重货物。贵重物品是指价格昂贵、运输责任重大的货物。主要包括:黄金、白金、铱、铑、钯等稀有贵重金属及其制品;各类宝石、玉器、钻石、珍珠及其制品;珍贵文物(包括书、画、古玩等);贵重药品;高级精密机械及仪表;高级光学玻璃及其制品;现钞、有价证券以及毛重每千克价值在人民币 2 000 元以上的物品。

贵重货物价格昂贵,运输责任重大,因此装车时应进行清查。清查内容包括:包装是否完整,货物的品名、重量、件数和货单是否相等;装卸搬运时怕震的贵重货物,要轻拿轻放,不要挤压;贵重物品运输对驾驶员素质也有较高的要求,并要由托运方委派专门押运人员跟车。交付贵重货物要做到交接手续齐全,责任明确。

4)按货物运送速度划分

(1)一般货物运输。一般货物运输就是指普通速度运输或称慢运。

(2)快件零担货物运输。快件零担货运是指从货物受理的当天 15 时起算,300 千米运距内,24 小时以内运达;1 000 千米运距内,48 小时以内运达;2 000 千米运距内,72 小时以内运达。

(3)特快专运:是指应托运人要求即托即运,在约定时间内运达。

5)按运输的组织特征划分

(1)单式运输。是指使用一种运输方式将货物运送到达目的地的运输。

(2)联合运输。就是两个或两个以上的运输企业,根据同一运输计划,遵守共同的联运规章或签订的协议,使用共同的运输票据或通过代办业务,组织两种或两种以上的运输工具,相互接力,联合实现货物的全程运输。

（3）集装化运输。它是以集装单元作为运输的单位,保证货物在整个运输过程中不致损失,而且便于使用机械装卸、搬运的一种货运形式。集装化运输最主要的形式是托盘运输和集装箱运输。在运输生产实践中,货物运输都不是单纯的,而是综合的。公路货物运输主要是运用汽车等承载货物,在公路上实现货物空间位移的活动过程。显然,做好公路货物运输的基础首先就是要认识并掌握公路货物运输相关的设备与设施。公路运输的设备与设施主要包括运输车辆、公路、公路交通控制设备和汽车场站。

3. 国际公路货物运输的作用

目前,主要利用公路运输在中短程货物运输方式的优势,承担以下三个方面的进出口货物运输业务:

（1）公路过境运输。指根据相关国家政府间有关协定,经过批准,通过国家开放的边境口岸和公路进行出入国境的汽车运输。根据途经国家多少,公路过境运输可分为双边汽车运输和多边汽车运输。

（2）我国内地与港澳地区之间的公路运输。由于澳门、香港的特殊性,对于澳门、香港与内地之间的公路运输,并不完全按照国内货物运输进行运作和管理,而是依照国际公路运输进行管理,但管理模式又不是完全一样。

（3）内陆口岸间的公路集疏运。公路承担我国出口货物由内地向港口、铁路、机场集中,进口货物从港口、铁路、机场向内地疏运,以及省与省之间、省内各地间的外贸物资的调拨。

7.2.2 办理国际公路货物运输业务

公路货物运输的业务流程主要包括货物托运、派车装货、运送与交货、运输统计与结算等内容。公路货物运输的业务流程图如图 7.1 所示。

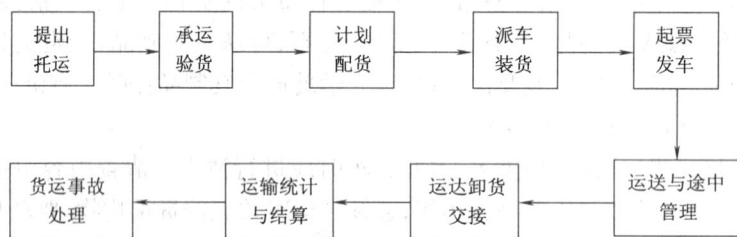

提出托运 → 承运验货 → 计划配货 → 派车装货 → 起票发车 → 运送与途中管理 → 运达卸货交接 → 运输统计与结算 → 货运事故处理

图 7.1　公路货物运输的业务流程图

1. 货物托运

货物托运是指货主委托运输企业为其运送货物,并为此办理相关手续的统称。具体包括托运、承运及验货等工作环节。

1）托运

托运一般采用书面方式,托运手续的办理就是货运合同的订立。公路货物运输合同由承运人和托运人本着平等、自愿、公平、诚实、信用的原则签订。公路货物运输合同可采用书面形式、口头形式和其他形式。

公路货物运输书面合同分为定期货运合同和一次性货运合同。定期运输合同适用于承运人、托运人、货运代办人之间商定的时期内的批量货物运输;一次性货运合同适用于每次货物运输。从快捷、方便的角度出发,最常用的公路货物运输合同就是格式文本的公路货物运单。

公路货物运单属于一次性货运合同,须经运输单位审核并由双方签章后方可具有法律效力。运单确定了承运方与托运方在货物运输过程中的权利、义务和责任,是货主托运货物的原始凭证,也是运输单位承运货物的原始依据。

根据运单,货主负责将准备好的货物向运输单位按期按时提交,并按规定的方式支付运费,运输单位则应负责及时派车将货物安全运送到托运方指定的卸货地点,交给收货人。

托运人应按运单填写相关内容,要求字迹清楚,内容准确,并注意以下事项:

(1)一张运单托运的货物必须是同一托运人、收货人。

(2)托运的货物品种不能在一张运单内逐一填写的,应填写货物清单。

(3)对拼装分卸货物,应将每一拼装或分卸情况在运单记事栏内注明。

(4)若自行装卸货物,需在运单内注明。

(5)易腐蚀、易碎货物、易污染货物与普通货物以及性质相互抵触的货物不能用一张运单。

(6)托运特种货物,托运人应按要求在运单中注明运输条件和特约事项。

(7)按照国家有关部门规定需办理准运或审批、检验等手续的货物,托运人托运时应将准运证或审批文件提交承运人,并随货同行;托运人委托承运人向收货人代递有关文件时,应在运单中注明文件名称和份数。

(8)已签订运输合同的运单由承运人填写,并在运单托运人签字盖章处填写合同序号。

(9)托运人、承运人修改运单时,需签字盖章。

2)货物承运

货物承运是承运方对托运的货物进行审核、检查、登记等受理运输业务的工作过程。货物承运自运输单位在托运单上加盖承运章开始。承运人应与托运人约定运输路线,起运前运输路线发生变化必须通知托运人,并按最后确定的路线运输。运输期限由承托双方共同约定后应在运单上注明。

3)验货

运输单位在托运单上加盖承运章前应派人验货,即对货物实际数量、重量、包装、标志以及装货现场等情况进行查验。

2. 派车装货

首先由运输单位的调度人员根据承运货物情况和运输车辆情况编制车辆日运行作业计划,平衡运力运量及优化车辆运行组织。据此填发"行车路单",并派车去装货地点装货。货物装车时,驾驶员要负责点件交接,保证货物完好无损和计量准确。车辆装货后,业务人员应根据货物托运单及发货单位的发货清单填制运输货票。

运输货票是承运的主要凭证,是一种具有财务性质的票据。它在起票站点是向托运人核收运费、缴纳运输费用、统计有关运输指标的依据。起票后,驾驶员按调度人员签发的行车路单运送货物。

3. 货物运送与运达交货

车辆在运送货物过程中,一方面,调度人员应做好线路车辆运行管理工作,掌握各运输车辆工作进度,及时处理车辆运输过程中临时出现的各类问题,保证车辆日运行计划的充分实施;另一方面,驾驶人员应及时做好货运途中的行行检查,既要保持货物完好无损、无漏失,又要保持车辆技术状况完好。

在货物起运前后如遇特殊原因托运方或承运方需要变更运输时,应及时由承运和托运双方协商处理,填制汽车运输变更申请书,所发生的变更费用,需按有关规定处理。

货物运达承、托双方约定的地点后,承运人知道收货人的,应及时通知收货人。收货人应凭有效单证及时提收货物;收货人逾期提收货物的,应当向承运人支付保管费等费用。收货人不明或者收货人无正当理由拒绝提收货物的,应赔偿承运人因此造成的损失;依照《中华人民共和国合同法》第一百零一条的规定,承运人可以提存货物。

货物交付时,承运人与收货人应当做好交接工作,发现货损货差,由承运人与收货人共同编制货运事故记录,交接双方在货运事故记录上签字确认。货物交接时,承托双方对货物的重量和内容有质疑,均可提出查验与复磅,查验和复磅的费用由责任方负担。

4. 运输统计与结算

运输统计是指对已完成的运输任务依据行车路单及运输货票进行有关运输工作指标统计,生成有关统计报表,供运输管理与决策使用。

运输结算,对运输单位内部是指对驾驶员完成运输任务应得的工资(包括基本工资与附加工资)收入进行定期结算;对运输单位外部是指对货主(托运人)进行运杂费结算。运杂费,包括运费与杂费两项费用。杂费指在整个运输过程中发生的除运费之外的调车费、放空费、养路费、过渡费、车船清扫费、港务费、过驳费、结合装卸进行的灌装封口过磅费和专用线、站台、码头租用费等。

5. 货运事故处理

货物在承运责任期内,因在装卸、运送、保管交付等作业过程中所发生的货物损坏、变质、误期及数量差错而造成经济损失的,称为货运事故。货运事故发生后应努力做好以下工作:

(1)货运事故发生后,承运人应及时通知收货人或托运人。

(2)查明原因、落实责任,事故损失由责任方按有关规定计价赔偿。

(3)承运与托运双方都应积极采取补救措施,力争减少损失和防止损失继续扩大,并做好货运事故记录。

(4)若对事故处理有争议,应及时提请交通运输主管部门或运输经济合同管理机关调解处理。

(5)当事人不愿和解、调解或者和解、调解不成的,可依仲裁协议向仲裁机构申请仲裁;当事人没有订立仲裁协议或仲裁协议无效的,可以向人民法院起诉。

7.2.3 缮制道路货物运单

国际道路货物运单也具有合同证明和货物收据的功能,但却不具有物权凭证的性质。因此,道路货物运单不能转让,只能在抬头记名,货物到达目的地后承运人通知运单抬头人提货。

1. 性质

(1)道路运输合同证明。《国际道路货物运输合同公约》简称《CMR 公约》,旨在统一公路运输所使用的单证和承运人的责任。我国没有参加此公约。我国的规则与《国际公路货运公约》的表述有所不同,但从本质上仍视运单为合同成立的证明,只有在一定条件下才可以作为运输合同。

(2)运单是承运人接受货物或货物已装上载运工具的证明。运单也是货物收据,在托运人将货物交付承运人或其代理人或装上指定的载运工具后,由承托双方验收交接,而后由承运人或其代理人在运单上签字并交给托运人,作为已经接受货物或货物已装上载运工具的证明。

此时承托双方即交接完毕,货物承运、保管等责任均转移至承运人。

2. 运单的签发及证据效力

《国际公路货物运输合同公约》第四条规定:"运输合同应以签发运单来确认,无运单、运单不正规或运单丢失不影响运输合同的成立或有效性,仍受本公约的规定约束。"运单签发有发货人、承运人签字的正本 3 份,这些签字是可以印刷的,或为运单签发国的法律允许,也可由发货人和承运人以盖章代替。第一份交付发货人,第二份应跟随货物同行,第三份由承运人留存。当货物准备装载于不同车内,或在同一车内准备装载不同种类的货物或者多票货物时,发货人或承运人有权要求对使用的每辆车、每种货或每票货物分别签发运单。

如在运单中未包括任何相关条款,该运输未遵照公路货运公约各项规定的,承运人应对由于处置货物的行为而产生的所有费用以及货物的灭失和损害负责。

3. 运单的制作

1)发货人填写运单的基本要求

(1)一张运单托运的货物必须是属于同一发货人,对于拼装分卸的货物应将每一拼装或分卸情况在运单记事栏内注明。

(2)易腐、易碎、易溢漏的液体,危险货物与普通货物,以及性质相抵触、运输条件不同的货物,不得用同一张运单托运。托运普通货物时,不得夹带危险货物、易腐货物、流质货物、贵重物品、货币、有价证券等物品。

(3)一张运单托运的货件,凡不具备同品名、同规格、同包装的,以及搬家货物,应提交物品清单。

(4)轻泡货及按体积折算的货物,要准确地填写货物的数量、体积、折算标准、折算重量及其有关数据。

(5)发货人要求自理装卸车时,经承运人确认后,在运单上注明;发货人不自理装卸作业时,应提交装卸机械作业申请书或委托承运人办理装卸机械的作业申请,并在运单中注明。

(6)发货人委托承运人向收货人代递有关证明文件、化验报告或单据等,须在托运人记事栏内注明名称和份数。

(7)对于有特殊要求的货物应在记事栏内注明商定的运输条件和特约事项。

(8)发货人应对所填写的内容及所提供的证明文件的真实性负责,并须签字盖章。

(9)已签订年、季、月度或批量运输合同的,必须在运单"托运人签章或运输合同编号"栏中注明合同编号,托运人委托发货人签章。

(10)应使用钢笔或圆珠笔填写,字迹清楚,内容准确。

2)发货人托运集装箱货物或集装箱时运单制作的特殊要求

(1)一张运单托运的集装箱货物或集装箱,必须是同一托运人、收货人、起运地。

(2)托运拼箱货物要写明具体品名、件数、重量;托运整箱货物除要写明具体品名、件数、重量外,还要写明集装箱箱型、箱号和封志号,并注明空箱提取和交还地点。

(3)易腐、易碎、易溢漏的液体,危险货物与普通货物,以及性质相抵触、运输条件不同的货物,不得用同一张运单托运。

(4)托运的整箱货物,应注明船名、航次、场站货位、箱位,并提交货物装箱单。

(5)托运人要求自理拆装集装箱或自理装卸集装箱时,经承运人确认后,在运单内注明。

(6)托运须经海关查验或商检、卫检、动植检集装箱时,应连同检验地点在运单中注明。

(7)托运特种集装箱货物,应在运单中注明运输条件和特约事项。一是托运冷藏保温集装箱,托运人应提供冷藏保温集装箱货物的装箱温度和在一定时间内的保持温度;二是托运鲜活货物集装箱,应提供最长运输期限及途中管理、照料事宜的说明书,货物允许的最长运输期限应大于汽车运输能够达到的期限;三是托运危险货物集装箱,应按交通运输部颁布标准《汽车危险货物运输规则》办理。

3)运单的签发

道路运单的签发由承运人或其具名代理人签署。

附式7.1所示为国际道路货物运单。

附式7.1　国际道路货物运单　　　　No:000000

CHN

1. 发货人　名称＿＿＿＿＿＿　国籍＿＿＿＿＿＿				2. 收货人　名称＿＿＿＿＿＿　国籍＿＿＿＿＿＿	
3. 装货地点　国家＿＿＿＿市＿＿＿＿　街道＿＿＿＿				4. 卸货地点　国家＿＿＿＿市＿＿＿＿　街道＿＿＿＿	
5. 货物标记和号码	6. 件数	7. 包装种类	8. 货物名称	9. 体积(m³)	10. 毛重(kg)

11. 发货人指示					
a. 进/出口许可证号码:			从	在	海关
b. 货物声明价值					
c. 发货人随附单证					
d. 订单或合同号		包括运费交货点			
e. 其他指示		不包括运费交货点			

12. 运送特殊条件	13. 应付运费			
	发货人	运费	币别	收货人
14. 承运人意见				
15. 承运人	共计			

16. 编制日期 　　到达装货_____时_____分 　　离去_____时_____分 　　发货人签字盖章_____ 　　承运人签字盖章_____	17. 收到本运单货物日期_____ 18. 到达卸货_____时_____分 　　离去_____时_____分 　　收货人签字盖章_____
19. 汽车牌号_____车辆吨位_____ 　　司机姓名_____拖挂车号_____ 　　行车许可证号_____路单号_____	20. 运输里程_____过境里程_____ 　　收货人境内里程_____ 　　共计_____
21. 海关机构记载：	22. 收货人可能提出的意见：

说明：(1)本运单使用中文和相应国家文字印制。

(2)本运单一般使用一式四联单。第一联：存根；第二联：始发地海关；第三联：口岸地海关；第四联：随车携带。

(如是过境运输可印制 6～8 联的运单，供过境海关留存。)

7.2.4　计算公路运输的费用

1. 公路货物运输计价标准

1)计费重量

(1)计量单位：

①整批货物运输以吨为单位。

②零担货物运输以千克为单位。

③集装箱运输以箱为单位。

(2)重量确定：

①一般货物，按毛重计算。

②整批货物吨以下计至 100 千克，尾数不足 100 千克的，四舍五入。

③零担货物起码计费重量为 1 千克，重量在 1 千克以上，尾数不足 1 千克的，四舍五入。

零担运输轻泡货物以货物包装最长、最宽、最高部位尺寸计算体积，按每立方米折合 333 千克计算重量。

(3)包车运输按车辆的标记吨位计算。

(4)散装货物按体积由各省、自治区、直辖市统一规定重量换算标准计算重量。

2)计费里程

货物运输计费里程以千米为单位，尾数不足 1 千米的，进整为 1 千米。

3)计时包车货运计费时间

包车货运计费时间以小时为单位。起码计费时间为 4 小时；使用时间超过 4 小时，按实际包用时间计算。整日包车，每日按 8 小时计算；使用时间超过 8 小时，按实际使用时间计算。时间尾数不足半小时舍去，达到半小时进整为 1 小时。

4)运价单位

(1)整批运输：元/(吨·千米)。

(2)零担运输:元/(千克·千米)。

(3)集装箱运输:元/(箱·千米)。

(4)包车运输:元/(吨位·小时)。

2. 货物运价价目

1)基本运价

(1)整批货物基本运价:指整批普通货物在等级公路上运输的每吨·千米运价。

(2)零担货物基本运价:指零担普通货物在等级公路上运输的每千克·千米运价。

(3)集装箱基本运价:指各类标准集装箱重箱在等级公路上运输的每箱·千米运价。

2)吨(箱)次费

(1)吨次费:对整批货物运输在计算运费的同时,按货物重量加收吨次费。

(2)箱次费:对汽车集装箱运输在计算运费的同时,加收箱次费。箱次费按不同箱型分别确定。

3)普通货物运价

普通货物实行等级计价,以一等货物为基础,二等货物加成15%,三等货物加成30%。

4)特种货物运价

(1)长大笨重货物运价:

①一级长大笨重货物在整批货物基本运价的基础上加成40%~60%。

②二级长大笨重货物在整批货物基本运价的基础上加成60%~80%。

(2)危险货物运价:

①一级危险货物在整批(零担)货物基本运价的基础上加成60%~80%。

②二级危险货物在整批(零担)货物基本运价的基础上加成40%~60%。

(3)贵重、鲜活货物运价:

贵重、鲜活货物在整批(零担)货物基本运价的基础上加成40%~60%。

5)特种车辆运价

按车辆的不同用途,在基本运价的基础上加成计算。

特种车辆运价和特种货物运价两个价目不准同时加成使用。

6)非等级公路货运运价

非等级公路货运运价在整批(零担)货物基本运价的基础上加成10%~20%。

7)快速货运运价

快速货物运价按计价类别在相应运价的基础上加成计算。

8)集装箱运价

(1)标准集装箱运价。标准集装箱重箱运价按照不同规格的箱型的基本运价执行,标准集装箱空箱运价在标准集装箱重箱运价的基础上减成计算。

(2)非标准箱运价。非标准箱重箱运价按照不同规格的箱型,在标准集装箱基本运价的基础上加成计算,非标准集装箱空箱运价在非标准集装箱重箱运价的基础上减成计算。

(3)特种箱运价。特种箱运价在箱型基本运价的基础上按装载不同特种货物的加成幅度加成计算。

9)出入境汽车货物运价

出入境汽车货物运价,按双边或多边出入境汽车运输协定,由两国或多国政府主管机关协商确定。

3. 货物运输的其他费用

1）调车费

应托运人要求，车辆调往外省、自治区、直辖市或调离驻地临时外出驻点参加营运，调车往返空驶者，可按全程往返空驶里程、车辆标记吨位和调出省基本运价的 50％ 计收调车费。

2）延滞费

（1）发生下列情况，应按计时运价的 40％ 核收延滞费：

①因托运人或收货人责任引起的超过装卸时间定额。

②应托运人要求运输特种或专项货物需要对车辆设备改装、拆卸和清理延误的时间。

③因托运人或收货人造成不能及时装箱、卸箱、掏箱、拆箱、冷藏箱预冷等。

（2）由托运人或收、发货人责任造成的车辆在国外停留延滞时间，延滞费按计时包车运价的 60％～80％ 核收。

（3）因承运人责任引起货物运输期限延误，应根据合同规定，按延滞费标准，由承运人向托运人支付违约金。

3）装货（箱）落空损失费

应托运人要求，车辆开至约定地点装货（箱）落空造成的往返空驶里程，按其运价的 50％ 计收装货（箱）落空损失费。

4）道路阻塞停运费

汽车货物运输过程中，如发生自然灾害等不可抗力造成的道路阻滞，无法完成全程运输，需要就近卸存、接运时，卸存、接运费用由托运人负担。已完运程收取运费；未完远程不收运费；托运人要求回运，回程运费减半；应托运人要求绕道行驶或改变到达地点时，运费按实际行驶里程核收。

5）车辆处置费

应托运人要求，运输特种货物、非标准箱等，需要对车辆改装、拆卸和清理所发生的工料费用，均由托运人负担。

6）车辆通行费

车辆通过收费公路、渡口、桥梁、隧道等发生的收费，均由托运人负担。

7）运输变更手续费

托运人要求取消或变更货物托运手续，应核收变更手续费。因变更运输，承运人已发生的有关费用，应由托运人负担。

4. 货物运费计算

1）整批货物运费计算

整批货物运费＝吨次费×计费重量＋整批货物运价×计费重量×计费里程＋货物运输其他费用

2）零担货物运费计算

零担货物运费＝计费重量×计费里程×零担货物运价＋货物运输其他费用

3）集装箱运费计算

重（空）集装箱运费＝重（空）箱运价×计费箱数×计费里程＋箱次费×计费箱数＋货物运输其他费用

4)计时包车运费计算

包车运费＝包车运价×包用车辆吨位×计费时间＋货物运输其他费用

【例题】 某货主托运一批瓷砖,重4 538千克,承运人公布的一级普货费率为RMB 1.2/(吨·千米),吨次费为RMB 16/吨,该批货物运输距离为36千米,瓷砖为普货三级,计价加成30%,途中通行收费RMB 35,计算货主应支付运费多少?

解:

①瓷砖重4 538千克,超过3吨按整车办理,计费重量为4.5吨。

②瓷砖为三级普货,计价加成30%。

运价＝1.2×(1+30%)＝1.56元/(吨·千米)

③运费＝16×4.5+1.56×4.5×36+35＝359.72＝360元

【练习题】

(1)某商人托运两箱毛绒玩具,每箱规格为1.0米×0.8米×0.8米,毛重185.3千克,该货物运费率为RMB 0.002 5/(千克·千米),运输距离120千米,货主要支付多少运费?

(2)某人包用运输公司一辆5吨货车5小时40分,包车运价为12元/吨·小时,应包用人要求对车辆进行了改装,发生工料费120元,包用期间运输玻璃3箱、食盐3吨,发生通行费70元,行驶里程总计136千米,请计算包用人应支付多少运费?

7.2.5 处理国际公路货运事故

1. 货损事故责任确定

承运人对自货物承运时起至交付货物期间内所发生的货物灭失、损害是由于装卸、运输、保管以及交接过程中发生运输延误、灭失、损坏、错运等负赔偿责任。

货损事故责任范围:

(1)货损。指货物磨损、破裂、湿损、变形、污损、腐烂等。

(2)货差。货差是指货物发生短少、失落、错装、错卸、交接差错等。

(3)有货无票。货物存在而运单及其他票据未能随货同行,或已遗失。

(4)运输过失。因误装、误卸,办理承运手续过程中的过失,或漏装、装卸损害等。

(5)运输延误。已接受承运的货物由于始发站未及时运出,或中途发生变故等原因,致使货物未能如期到达。

造成货损货差的其他原因,还有破包、散捆、票据编制过失等。

由于下列原因造成的货损事故,公路承运人不承担赔偿责任:

(1)由于自然灾害发生的货物遗失或损失。

(2)包装完整,但内容业已短少。

(3)由于货物的自然特性所致。

(4)根据卫生机关、公安、税务机关有关规定处理的货物。

(5)由托运人自行保管、照料所引起的货物损害。

(6)货物未过磅发生数量短少。

(7)承运双方订有协议,并对货损有特别规定者。

2. 货损事故记录的编制

(1)事故发生后,由发现事故的运送站或就近站前往现场编制商务记录。

(2)如发现货物被盗,应尽可能保持现场,并由负责记录的业务人员或司机根据发生的情

况会同有关人员做好现场记录。

（3）对于在运输途中发生的货运事故，司机或押送人应将事故发生的实际情况如实报告车站，并会同当地有关人员提供足够的证明，由车站编制一式三份的商务事故记录。

（4）如货损事故发生于货物到达站，则应根据当时情况，会同司机、业务人员、装卸人员编制商务记录。

（5）编制货运事故记录的注意事项：

①必须在交接或交付货物的当时编制货运事故记录，任何一方不得拒编，也不得事后补编（货运事故记录反映事故当时的真实情况）。

②货运事故记录的各栏必须填写清楚，如有更改应由交接双方经办人员在更改处盖章。

③不得判定责任（真实记录，不做结论）。

④一张运单中有数种品名时，应分别写明情况。

⑤内容必须填写真实，不能用揣测、笼统词句，事故情况要记录仔细、准确、具体。

⑥事故报告包括内容有基本情况、货物灭失或损失的原因、运输工具状况、关封状况、其他情况。如有必要，需加入照片、证人证词、检验报告。

3. 货损事故的赔偿

受损方在提出赔偿要求时，首先应办妥赔偿处理手续，具体做法如下：

（1）向货物的发站或到站提出赔偿申请书。

（2）提出赔偿申请的人必须持有有关票据，如行李票、运单、货票、提货联等。

（3）在得到责任方给予赔偿的签章后，赔偿申请人还应填写"赔偿要求书"，连同有关货物的价格票证，如发票、保单、货物清单等，送交责任方。

在计算货损货差的金额时，主要有三种情况：

（1）发货前的损失，应按到达地当天同一品类货物的计划价或出厂价计算，已收取的运费也应予以退还。

（2）到达后的损失，应按货物运到当天同一品类货物的调拨价计算赔偿。

（3）对价值较高的货物，则应按一般商品调拨价计算赔偿。

📄 实战演练

我国 A 公司与美国 B 公司签订了进口 3 套设备的贸易合同，FOB 美国西海岸，目的港为山东济南。委托 C 航运公司负责全程运输。C 航运公司从美国西雅图港以海运方式运输了装载于 3 个集装箱的设备到青岛港，C 航运公司委托 D 货代公司负责青岛到济南的陆路运输，双方订立陆路运输合同。D 货代公司并没有亲自运输，而是委托 E 汽车运输服务公司运输。货到目的地后，收货人发现 2 个集装箱破损，货物严重损坏。经查实发现涉案 2 个集装箱货物的损坏发生在青岛至济南的陆路运输区段。请分析解答下列问题：

（1）C 航运公司是否对货物的损失承担责任，为什么？

（2）阐述 C 航运公司和 D 货代公司的法律地位。

（3）本案是否按照中国《海商法》关于承运人赔偿责任和责任限额的规定来确定当事人的赔偿责任，为什么？

任务小结

在本任务中,我们主要分认知国际铁路货运业务与国际公路货运业务2个子任务来完成。通过这个能力任务模块,我们要了解自己将来在货代岗位将面临的选择货运方式、办理货运业务、缮制货运单证、计算运输费用、处理货运事故等5项国际陆路货物运输任务;熟悉国际铁路与国际公路的货运业务流程,掌握从事国际陆路货运的职业能力。

任务模拟演练

实训演练项目

天津立信货运代理有限公司是一家拥有公路营运资质和车队的货运代理企业,主要承揽全国各大中小城市的公路干线运输业务。2013年3月10日业务员小李接到一笔运输业务,北京佳美装饰公司从天津塘沽建材市场购进200箱瓷砖,每箱瓷砖的长宽高为80厘米×60厘米×30厘米,重量为39.5千克,这些瓷砖需要在3月12日前从塘沽运达北京某酒店进行酒店扩建。

结合这一任务,假如你是立信货代公司的业务员,要顺利承运该批货物,需要做哪些工作?相关运输单据应该如何填写?应收据北京佳美装饰公司多少运输费用?

学习任务 8　国际货运代理风险分析与规避

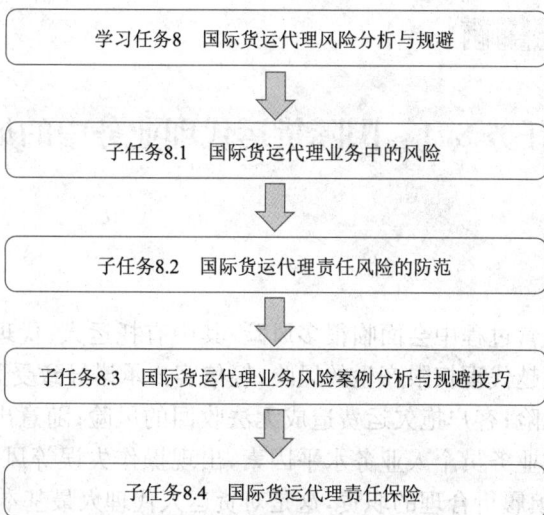

能力目标

通过本任务的学习,应该能够:
(1)能够明确国际货运代理责任、权利与义务
(2)能够区分和认定国际货运代理两种法律地位
(3)能够对国际货代业务风险进行规避

核心能力

国际货运代理风险规避技巧

学习导航

```
┌─────────────────────────────────────┐
│ 学习任务8　国际货运代理风险分析与规避 │
└─────────────────────────────────────┘
                  ↓
┌─────────────────────────────────────┐
│ 子任务8.1　国际货运代理业务中的风险   │
└─────────────────────────────────────┘
                  ↓
┌─────────────────────────────────────┐
│ 子任务8.2　国际货运代理责任风险的防范 │
└─────────────────────────────────────┘
                  ↓
┌─────────────────────────────────────────┐
│ 子任务8.3　国际货运代理业务风险案例分析与规避技巧 │
└─────────────────────────────────────────┘
                  ↓
┌─────────────────────────────────────┐
│ 子任务8.4　国际货运代理责任保险       │
└─────────────────────────────────────┘
```

案例导入

某公司长期从事国际货运代理业务,拥有稳定的客户群,公司以自己的名义同货主签订《货运代理协议》,协议约定直接收取货运代理费(实际上是运费差价);同时以自己名义和堆场、报关企业、仓储企业以及运输企业签订相关的场装协议、委托报关协议、仓储协议以及集装箱陆路运输协议等;以货主名义向实际承运人排载订舱并垫付运费和其他费用。近日运作过程中发生大量问题:

(1)货主货物进场后由于调柜、场装不及时等其他原因导致货物无法及时到码头报检、报关,货物装船延误产生额外费用,货主拒付而要求货代承担。

(2)2~4月份冻柜旺季,船东频繁甩柜或船期延误导致高额码头费用、仓储费用甚至货值减损致使外方收货人取消订单并拒收货物,货主因此遭受巨大经济损失后要求货代而不向船东要求承担赔偿责任。

(3)货代企业对冻柜货物特殊保管不善,如插电冷冻时间不足等导致货物变质、腐烂等货值减损,货主因此拒付、逾期支付全部或部分代理费。

国际货运代理身负哪些责任?处于什么样的法律地位?遇到风险都有哪些?如何进行防范和应对?

学习任务描述

货运代理身份已经由单一的代理人、兼负代理人和经营人的双重身份正式发展为独立承担运输责任的当事人(或称承运人)。身处机遇与挑战并存、利润与风险同在环境,货运代理人不可避免地会遇到一系列风险,如何积极地采取有效的对策避免和降低风险,值得关注。本模块任务要求大家能够明确国际货运代理的法律地位及责任、认清存在于国际货运代理业务中各类风险,并能掌握国际货运代理风险规避的业务技能。具体任务如下:

子任务模块剖析

子任务8.1 国际货运代理业务中的风险

任务引领

货运代理在业务经营过程中会面临很多风险,其中有托运人、代理人、独立经营人的概念模糊,造成身份错置;超越代理权限产生的风险;轻信客户承诺导致受骗产生的风险;未尽职责操作失误造成的索赔风险;客户拖欠运费造成无法收回的风险;随意出具保函导致赔偿风险;货代企业管理不规范或业务员个人业务水平因素,出现操作失误等风险。货运代理人在作为代理身份时,一定要谨慎履行合理的职责,这是对货运人代理人最基本的要求。本任务是带领大家认清存在于国际货运代理业务中各类风险。

8.1.1　按造成风险的影响因素分类

按造成风险的影响因素分类,见表8.1。

表 8.1　按造成风险的影响因素分类

因素	人为因素	物的因素	制度因素	环境因素
内容	客户(货主、供应商、分包商、代理商)、企业职工、第三人	物流设备、计算机系统、承运货物及其他	管理制度、岗位安排	自然灾害、战争罢工、意外事故

【案例分析】某货运代理公司接受某货主委托办理出口货物运输事宜。货物抵达目的地前,货运代理得到货主电话要求(后来否认)后,指示外代公司凭提单传真件和银行保函放货,外代在通知船公司时忽略了要求银行保函这一重要条件,造成国外收货人提货后不付款,货主损失惨重诉至法院。一审法院认为,见正本提单放货是船公司及其代理的行业惯例和法定义务,无单放货与货运代理的指示没有因果关系,但二审法院认为,货运代理作为原告的代理,擅自指示外代公司、船公司无单放货,而货主的损失与此指示有直接因果关系,应赔偿货主的全部损失。

【点评】造成风险的影响因素有很多,此案的风险来自于人为因素。货主的指示实际上是不符合船公司见正本提单方可放货的货运实践的,作为代理人,货运代理应当取得货主的书面授权,使其行为后果归属于货主,以避免本不应该承担的责任。

8.1.2　按企业的内外环境分类

按照企业的内外环境分类,风险可分为外部风险和内部风险。

外部风险产生原因有:客户蓄意欺诈及有意占用对方资金;客户经营不善,无力偿还;运输合同条款不清引起纠纷;与港口储运部门或内地收货单位各方接交货物时,数量短少、残损责任不清;自然灾害、战争罢工或意外事故等。

内部风险产生原因有:企业内部职工缺乏职业道德和业务素养,导致货代企业为其个人行为买单;企业管理不规范或个人业务水平不高,出现诸多操作失误;对客户资信掌握不全;对应收账款监控不严等。

8.1.3　按货运代理自身责任的风险分类

1. 作为代理人的主要风险

(1)因安排运输疏忽,错发、错运、错交、迟延运输货物,遗漏、错误缮制、签发运输单证、文件而给委托人造成的费用损失。

(2)因受托包装、加固货物不当,而给委托人造成的货物损失。

(3)因临时保管不善,造成委托人的货物损失。

(4)因选择承运人、仓储保管人不慎,造成委托人货物损失。

(5)因交付、接收货物疏忽,没有取得当时货物状况的证据,导致委托人不能向责任人索赔的损失。

(6)因装箱、拆箱、拼箱操作失误,造成委托人货物损失。

(7)因自身过错造成他人集装箱箱体及附属设备损坏。

(8)因报关、报检、报验失误,违反进出口管制规定或海关、商检、动植物检验、检疫机关要求而被有关当局征收额外的税费,处以相应的罚款。

(9)因代办保险失误,漏保、错保、申报错误,造成委托人不能或难以获得保险公司的赔偿。

（10）因侵权行为，造成第三方人身伤亡或财产损失。

2. 作为当事人的主要风险

（1）因运输工具发生火灾、爆炸、碰撞、倾覆，造成的货损。

（2）在运输、看管、仓储、搬运、装卸、包装、保管的过程中货物被盗、污染、水湿，造成货物损毁、灭失、污染、变质。

（3）运输过程因挤压、碰撞、震动造成货物破碎、弯曲、折断散落。

（4）因包装不善，配载、积载不当造成的货物损失。

（5）因错发、错运、错交致使货物迟延交付造成的运费损失。

（6）因其他原因迟延交付货物而被货主追究违约责任。

（7）因违规装运危险、特种货物，对运输工具或其他货物造成损坏。

（8）因操纵运输、装卸、搬运工具，使用集装箱不当，损坏其他运输工具、集装箱、托盘、拖车等承载工具及附属设备；

（9）因使用不合规定的燃润油、电源，而对出租人出租的运输、装卸、搬运工具，承载工具及附属设备造成的损失。

（10）因自有或租赁承载工具及所载货物重量申报不实造成的运输、装卸、搬运工具、设备损坏和他人的人身伤害。

（11）因驾驶运输、装卸搬运工具不当或其他原因造成第三人的人身伤亡和财产损失。

（12）因发生其他意外事故造成第三人的人身伤亡和财产损失。

（13）因信息系统损毁、故障、软件错误、漏洞而给客户造成的财产和费用损失。

（14）因违规丢弃包装、捆绑、衬垫物料，清理、排放残留货物、废水、废渣、废油、废物造成环境污染损害。

实战演练

要求学生分成 5 小组，每组 6 人。以小组为单位查找关于国际货运代理所遇风险的具体案例，通过小组讨论交流，使大家对国际货运代理风险有更充分的认识，并最终形成案例分析报告。

子任务 8.2 国际货运代理责任风险的防范

任务引领

本任务是在面对国际货运代理责任风险情况下，能够做出有效的相应防范措施。

8.2.1 预防性措施

（1）加强对国际货运代理人员的业务培训和风险管理培训。提高道德与业务素质，增强员工的风险意识，尤其是领导的风险管理观念与知识尤为重要。

（2）规范单证操作。使用的单证应规范、正确、字迹清楚，并且适合所需之目的。

（3）保证在国际货运代理协会标准交易条件下，其经营能够被客户及其分包人所理解和接受。

（4）谨慎选择分包人（即船舶所有人、仓库保管人、公路运输经营人等）。所雇用的分包人

应是胜任职务和可靠的,一定要选择资信好、业务操作规范的客户进行合作,国际货运代理应通知他们投保足够的和全部的责任保险。

(5)加强企业风险监督管理,并建立评估机构,使之规范经营,合理竞争,降低经营风险。

(6)注意抓好安全防范工作。如经营仓储业、汽车运输业的国际货运代理应做好防止偷窃、失火等措施。

8.2.2　挽救性措施

(1)拒绝索赔并通知客户向货物保险人索赔。

(2)在协议期限内通知分包人或对他们采取行动。

(3)在征得保险人同意后,只要可能,与货主谈判,友好地进行索赔。

(4)及时向保险人通知对国际货运代理的索赔或可能产生索赔的任何事故。

(5)及时、适当的通知有关的空运、海运、驳运、陆运承运人,包括其他的货运代理、货物拼装人、报关人及与事故或事件有关的保险人,并及时提供法律上所要求的事故通知书。

(6)立即将双方有关要求与答复的书面材料的副本抄送保险人,尚须将索赔人提出的口头要求的记录,或双方口头联系的记录,提供给保险人。

(7)必须与保险人及其法律代表,协商、调查或在诉讼中充分合作;遇到货物灭失或损坏时,与保险人联系检验事宜;向保险人提供单证和资料;收集支持案件的证据。

(8)没有保险人的允许,既不承认责任也不处理索赔。

(9)不得在没有得到保险人特别的书面同意的情况下,予以诉讼时效的延期。

(10)采取上述挽救措施时,尚须注意在以下情况无权对保险公司采取法律行为:未遵照保险单所规定的全部条款与条件行事或损失金额尚未通过法院的判决或仲裁员的裁决而获得解决,或损失金额尚未得到被保险人、保险人和索赔人的同意,该事故/事件发生超过诉讼或仲裁时效后采取的法律行为。在请求法院裁定被保险人在这一事故/事件中对损失是否负有责任的案件中,被保险人与索赔人均不得将保险公司列为被告或共同被告。

(11)被保险人与保险人之间发生有关承保争议时(包括保险公司是否有责任为被保险人抗辩某索赔案),还应注意适用下述规定:首先应尽快向保险公司提供下述情况,任何有关的文件、通信、抗辩书、向对方提供的文书副本、合同等;和按时间顺序排列的、导致发生有关索赔的有关事实与有关情况,以及最了解该项索赔的人员的姓名、住址及电话号码;一份详细说明,解释该项索赔应属于承保范围的所有理由。如果将上述资料提交给保险公司仍不能解决与其之间的争议时,可采取法律手段解决。

8.2.3　补偿性措施

风险发生尽快采取有效补救措施:

(1)可以先征得保险公司同意,赔付给索赔人,然后再从保险公司获得补偿。

(2)为保险公司向责任人进行追偿,如果这种追偿取得成功,则可从保险公司获得一定比例的赔款。

【案例分析】承保范围内的责任,从保险公司得到赔偿

某年,中国香港某货运代理受委托人的委托,将 35 包中国丝绸分别装入集装箱运往日本的 YOKOHAM 和意大利的 GENOA。由于装箱人员的疏忽,错将发往日本 YOKOHAM 的 B/L NO. CSC/98017 货装入发往意大利 GENOA 的 B/L NO. CSC/98018 货中,造成 YOKO-HAM 日本客户急需的货物不能按时收到,要求以空运形式速将货物运至 YOKOHAM,否则

整批货无法出售,其影响更为严重。为了减少客户的损失,委托人通知有关代理将货物空运到 YOKOHAM,另外将误运到 YOKOHAM 的货运到意大利 GENOA 去。这样使产生两票货物的重复运输费用,共计 14 724.04 港元。

分析:上述损失是货运代理的装箱员失职,导致货物错运造成的,因此,其责任全部应由货运代理承担。鉴于该货运代理投保了责任险,且保单附加条款 A 明确规定:本保单承保范围延伸至由于错运货物所产生的重复运输的费用及开支,只要不是被保险人及其雇员的故意或明知造成的。根据保单条款的上述规定,在货运代理赔付了委托人后,保险公司赔偿货运代理所承担的全部损失。同时,又因该保单规定了免赔额为 3 500 港元,故保险公司从应赔付的 14 724.04 港元中扣除 3 500 港元的免赔额,货运代理实际获得赔偿金额为 11 224.71 港元。

实战演练

某货代公司接受货主委托,安排一批茶叶海运出口。货代公司在提取了船公司提供的集装箱并装箱后,将整箱货交给船公司。同时,货主自行办理了货运一切险。收货人在目的港拆箱提货时发现集装箱内异味浓重,经查明,该集装箱前一航次所载货物为精萘,致使茶叶受精萘污染。请问:①收货人可以向谁索赔?为什么?②最终应由谁对茶叶受污染事故承担赔偿责任?

通过此案例,要求学生分成 5 小组,每组 6 人,以小组为单位进行讨论交流,使学生对国际货运代理应承担的责任有充分的认识,同时进一步熟悉货代责任险的承保范围以及风险防范措施,并最终形成案例分析报告。

子任务8.3 国际货运代理业务风险案例分析与规避技巧

任务引领

本任务是引领学生对国际货运代理业务中存在风险的典型案例进行详细分析并提出措施,能够掌握风险规避技巧。

8.3.1 身份错置风险

对于货运代理人而言,不同的身份决定不同的法律地位,同时也决定不同的权利和义务,很多货运代理企业由于不清楚或不明确自己的身份,尤其是在货运代理人具有双重身份的时候,混淆托运人、代理人、独立经营人的概念,摆错自己的位置,从而行事不当,造成该行使的权利没有行使,不该承担的责任却要承担的被动局面。

【案情介绍】

原告 A 公司委托被告美商 Y 公司将一批机翼壁板由美国长滩运至中国上海。实际承运人 M 公司签发给被告的提单上载明"货装舱面,风险和费用由托运人承担"。而被告向原告签发的自己抬头的提单上则无此项记载,同时签单处表明被告代理实际承运人 M 公司签单。货抵上海港后,商检结果确认部分货物遭受不同程度的损坏及水湿。原告遂向法院提起诉讼,请求判令被告赔偿货损 68.2 万美元,并承担诉讼费。被告辩称,其身份是货运代理人,不应承担承运人的义务。

【案例分析】

在目前实践中,很多无船承运业务往往是货代公司业务的一部分,很多无船承运人事实上也是货运代理人,往往容易把两者混淆。在此案中,被告的身份识别就十分重要,其是无船承运人,还是货运代理人,直接关系到被告是否要承担货物损失的赔偿责任。如果是无船承运人,就需要承担此责任,如果是货运代理人,就不需要承担此责任。本案被告和货主之间签订了货物运输合同,签发了自己的提单且所签发的提单经美国登记注册,其系列操作过程,完全符合无船承运人的操作方式,而原告与实际承运人并未发生任何法律关系,故被告身份应为无船承运人。

知识链接

1. 货代身份识别

根据 1998 年出台的《中华人民共和国国际货物运输代理业实施细则(试行)》第二条规定:国际货运代理企业既可以作为进出口货物收、发货人的代理人,也可作为独立经营人从事货运代理业务。由此可见,国际货代的法律地位可分两类:第一类是指作为代理人的法律地位(即接受进出口收货人、发货人的委托办理货运代理业务的狭义上的货运代理人),第二类是指作为当事人的法律地位(即签发运输单证、履行运输合同的独立经营人,分为无船承运人和多式联运经营人)。货代所处的法律地位不同,其所承担的法律责任也就有着巨大的差异。简而言之,当货代公司作为"纯正代理人"的角色,所担法律风险较小;作为"当事人"的角色,所担法律风险非常大。

现实中,货运代理身份是具有易变性的,有时作为代理人身份出现,有时作为承运人身份出现。当作为代理人时,也可能以自己的名义与第三人开展业务活动,而且不能排除在一单业务的不同阶段,货代一身兼有不同身份的可能性,如在存储货物、报关、报检等环节是代理人,同时又签发提单,证明是在运输环节是承运人角色。因此,应正确对货运代理的身份识别,明确其责任,避免风险产生。

(1)货代以委托人的名义开展业务,货代身份为代理人。此时关系为最普通、最直接的代理关系,其只能在委托人的授权范围内实施法律行为,以委托人的名义同第三人进行法律行为,委托人对代理人的代理后果承担责任。各方之间所产生的法律关系如下图所示:

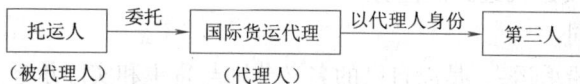

```
托运人        委托      国际货运代理   以代理人身份   第三人
(被代理人)              (代理人)
```

(2)货代以自己的名义开展业务。在这种情况下,货代有可能处于两种不同的法律地位,即货代可能是纯粹代理人,也可能是当事人,要依情况判定:

①托运人与货代订立的是委托合同。

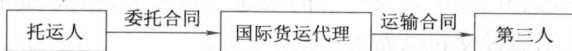

```
托运人      委托合同    国际货运代理   运输合同    第三人
```

在此,还须进一步考虑这里根据货代在与第三人交易时是否披露自己作为受托人的身份。可分为:①货代以自己名义办理货运,但表明代理人身份与第三方(即承运人)订立合同。此时只要货代公开自己的法律地位,无论是否披露委托人,均可构成代理关系,其法律地位仍是代理人;②货代以自己名义办理货运,但不表明代理人身份与第三方订立合同。

在我国《合同法》中第四百零二条和第四百零三条都规定"第三人在订立合同时知道受托人与委托人之间的代理关系的","第三人不知道受托人与委托人之间的代理关系的",都确认此种符合间接代理要件的法律行为为代理。因此以上两种情况在法律上称其为间接代理。

间接代理与直接代理的区别

(1)直接代理中代理人是以被代理人的名义从事法律行为;间接代理则是代理人以自己的名义从事法律行为。

(2)直接代理的结果归属于本人;间接代理的结果先归代理人再转给被代理人。

(3)直接代理的内容是被代理人与第三人的关系;间接代理的内容是代理人与第三人的关系。

---

③托运人与货代订立合同并以自己的运输工具或雇佣他人进行运输。

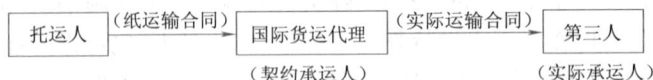

```
┌────────┐  (纸运输合同)  ┌──────────────┐  (实际运输合同)  ┌────────┐
│ 托运人  │───────────────│  国际货运代理  │───────────────│  第三人  │
└────────┘                └──────────────┘                └────────┘
                             (契约承运人)                    (实际承运人)
```

此时,货代是这两个"背对背"合同中的当事人,如果发生纠纷首先要确定争议存在于哪一个合同中,再确定货代的角色与责任。

【案例分析】我国 A 贸易公司委托同一城市的 B 货运代理公司办理一批从我国某港运至韩国某港的危险品货物。A 贸易公司向 B 货运代理公司提供了正确的货物名称和危险品货物的性质,B 货运代理公司为此签发其公司的 HOUSE B/L 给 A 公司。随后,B 货运代理公司以托运人的身份向船公司 C 办理该批货物的订舱和出运手续。A、B、C 三者什么关系?

【解析】B 货运代理公司对于 A 贸易公司来说,B 货运代理公司属于承运人,对于 C 船公司来讲,B 货运代理公司属于托运人。因此无船承运人一身兼有承运人和托运人的性质。

---

③货运代理人作为中介人。货运代理人仅提供与运输有关的信息、机会等,促成国际多式联运承运人与发货人订立多式联运合同,从中收取一定费用。这种情况下,货运代理人不同任何一方订立代理合同或运输合同。他处于居间人的法律地位,享有请求报酬权,并依法承担诚信义务,不得提供虚假情况或故意隐瞒与订立合同有关的重要事实。

2. 无船承运人和货运代理人的区分

1)两者的业务不同

作为当事人的无船承运人,是以自己的名义分别与货主和实际承运人订立运输合同,通常将多个货主提供的散装货集中拼装在一个集装箱中,与实际承运人洽定舱位,虽然此时无船承运人也会提供包装、仓储、车辆运输、过驳、保险等其他服务,但这些服务并非是主业而是辅助性的。而作为纯粹代理人的货运代理人,其主要业务就是揽货、订舱、托运、仓储、包装、货物的监装、监卸、集装箱装拆箱、分拨、中转及相关的短途运输服务、报关、报检、报验、保险、缮制签发有关单证、交付运费、结算及交付杂费等。

2)两者的法律地位不同

无船承运人具有双重的法律地位,相对于货主,其是承运人,承担承运人的责任;相对于国际船舶运输经营者,其是托运人,承担托运人的责任。货运代理人与托运人、收货人或承运人之间是委托代理关系,他是受托人,一般不直接承担责任,只有在因其过错给委托人造成损失

时，承担赔偿责任。

3）两者的适用的法律不同

无船承运人与货主签订的是海上货物运输合同，所以和货主之间的关系受《海商法》及国际公约有关提单运输之法律的约束；和国际船舶运输经营者签订的是另一份运输合同，两者之间的关系也受《海商法》的调整。而货运代理人和其委托人之间签订的是委托合同，他们之间的关系受《合同法》中的有关委托合同的法律规定的调整。

4）两者收取的报酬不同

无船承运人收取的是运费，货运代理人收取的是代理费或佣金。在实践中，有些货运代理人把自己收取的费用也称作运费，赚取运费差价。这种情况下，需要结合其他的一些信息来确定其法律地位。

5）两者签发的单证不同

无船承运人在收到货物以后，签发的是无船承运人提单，它是物权凭证（货运代理人欲经营无船承运人业务须到交通部申请资格办理有关手续）。而货运代理人无权以承运人的身份签发提单，如果货运代理人签发或代承运人签发任何运输提单都会令发货人无法结汇，其通常要求承运人签发提单，然后交给货主。

3. 货运代理、无船承运人和多式联运经营人异同比较

货运代理、无船承运人和多式联运经营人异同比较如表 8.2 所示。

表 8.2　货运代理、无船承运人和多式联运经营人异同比较

比较项目		传统货运代理	无船承运人	多式联运经营人
相同处		均属于运输中间商，其主要业务是为供需双方提供运输服务或代理服务，以求赚取运费或代理费		
不同处	运输方式	海运、陆运或空运	海运	至少两种运输方式
	法律地位	代理人	相对货主是承运人，相对船公司是货主	相对货主是承运人，相对各区段承运人是货主
	实施行为的标准和参与运输程度	遵守被代理人的指示，忠实和合理谨慎地选择承运人，辅助安排运输	参与货运、拼箱、集运等业务	参与货运、仓储、包装等业务
	投资运作	成本低	成本较高	成本高
	拥有船舶	不允许	不允许	必要时可以
	拥有陆运或空运工具	不允许	必要时可以	必要时可以
	是否签发了自己的提单	没有	有	有
	拥有运价表	没有	有	有
	收取报酬	代理佣金	运费差价	运费差价及其他费用

4. 规避风险措施

1）货代企业应充分重视与客户间的合同签订

货运代理在从事具体代理业务时，一定要重视与客户间的合同，不能自以为某些行为已成为通例就能够不取得托运人的许可而私行决定，也不能抱有与托运人有长期或是优良合作关系就没必要的留有必要书面证据想法。从合同名称上，尽量签署"货运代理合同"而不是"货物

运输合同";从合同内容上,货代企业的义务条款尽量使用"安排、协助、配合运输"、"代理范围"等字眼,而不是"负责运输"字眼。适时加入如"货代企业可以托运人或自己的名义代为办理托运事宜"等表述列明代理权限,为隐名代理的确认打下伏笔。

在揽货受托时,相对于实际托运人,在货运代理人协议、提单内容和货代具体业务活动中避免承担承运人的角色和法律责任;在与船东和同行订舱时,相对于实际承运人,在书面合同上及实际操作中避免承担托运人的角色和法律责任;在代理进口货时,相对于实际收货人,在合同约定上及实际操作中避免承担收货人的角色和法律责任。

2)不作能力范围之外的承诺

作为货代公司来说,从货物运输代理各个环节明确自己的法律地位,千万不要因承揽业务的需要身份混乱,而向货主作出自己能力范围之外的承诺,比如船期、保证货物的安全到达等,否则一旦发生迟延交付或者货物损毁事件,货代公司就要承担不应当由自己承担的赔偿责任。

3)不任意填开托运人栏

承运人签发的提单中对托运人的记载也是货代企业身份确定的关键因素之一。假如承运人提单记载托运人为货主,则阐明海上货物运输合同的当事人是货主和现实承运人,而货代企业只是代理货主向现实承运人经管托运手续的代理人。假如承运人提单记载托运人为货代企业,则要阐明货代企业能否组成隐名代理,若不能组成,则货代企业很有可能被认定为承运人。而隐名代理的证明又要依赖于货代企业与货主间的合同,看合同中能否体现隐名代理的内容。

4)及时诉之法律保证合法权益

货代企业碰到的非自身原因和过错导致的货主损失,如船东甩柜、船期耽误、收货人拒收货物等,货代企业不必承受责任。当然,货代企业有必要提出证据证明在代理进程中不存在渎职行为,即尽到了合理、留心、及时的代理责任;如若未能提供证据证明或货代企业在代理进程中确实存在过失的,应就过失范畴内承受相应的赔偿责任。

8.3.2 超越代理权限风险

货运代理人作为代理人时,其代理行为应当在托运人的委托范围内,如果超越了委托范围,擅自行事,则由货运代理人自行承担责任。如货代企业经常为货主出具盖货代企业公章的保函或在货主出具的保函上加盖货代企业公章,再如承诺支付运费、同意货装甲板、更改装运日期、将提单直接转给收货人等,导致货代企业承担责任。

【案情介绍】

某货主委托某货运代理公司进行上海到香港的出口运输,货运代理公司未经授权签发了某提单抬头人的提单。同时又以提单抬头人的名义委托某船公司实际承运。该船公司向该货运代理签发了自上海到南美某港口的提单。这样该货主虽手持提单却已经丧失了货物的控制权,法院判决货运代理公司双重代理违法,赔偿货主的全部损失。

【案例分析】

本案中,货运代理首先接受了货主的委托,成为货主的代理人;接着签发了某提单抬头人的提单,同时又以提单抬头人的名义委托某船公司实际承运。如果提单抬头人追认该货运代理的行为,则提单抬头人在本案中为无船承运人,货运代理为提单抬头人的代理。由此可见,本案中,货运代理同时代表了一个运输合同的双方,即货主和承运人某提单抬头人,这违反了《民法通则》关于禁止双方代理的规定。因此,在具体的业务中,货运代理要么代理货主,要么代理承运人,绝不能同时代理,否则很可能承担不利的法律后果。

知识链接

1. 货运代理作为代理人的权利与义务

(1)权利：

①以委托人名义处理委托事务。

②在授权范围内自主处理委托事务。

③要求委托人提交待运输货物和相关运输单证、文件资料。

④要求委托人预付、偿还处理委托事务费用，如运输费、仓储费、港杂费、报关报检费等。

⑤要求委托人支付服务报酬。

⑥要求委托人承担代理行为后果。货运代理在委托权限内为了委托人的利益从事的行为，不论是否使用了委托人的名义，代理行为产生的后果由委托人承担。

⑦要求委托人赔偿损失。《中华人民共和国合同法》(简称《合同法》)第四百零七条、第四百零八条规定：受托人处理委托事务时，因不可归责于自己的事由受到损失，或委托人经受托人同意另行委托第三人处理委托事务而给受托人造成损失，受托人有权要求赔偿。

⑧解除委托代理合同。可随时解除，但应赔偿损失。

(2)义务：

①按照指示处理委托事务。

②亲自处理委托事务。

③向委托人报告委托事务处理情况。

④披露委托人、第三人。

⑤向委托人转交财产。

⑥协助、保密。

2. 货运代理作为承运人的权利与义务

(1)权利：

①检查货物、文件权。

②拒绝运输权。

③收取运费、杂费权。

④取得赔偿权。运输合同成立后，尚未履行或全面履行前，托运人可单方中止合同或变更合同内容，在此情况下承运人有权要求托运人赔偿。

⑤货物留置权。托运人或收货人不支付运费、保管费及其他运输费用，承运人有权留置相应货物。

⑥货物提存权。承运人无法得知收货人或收货人无正当理由拒不提货，承运人有权向公证机关提出提存申请，将货物交给公证机关指定的保管人保管。对不易保管的依法拍卖变卖，扣除运杂费后提存余款。

(2)义务：

①及时安全运送货物义务。

②选择合理运输路线义务。

③发送到货通知义务。

④妥善保管货物义务。

规避风险措施：

作为代理人的货代，在业务开展过程中，应注意如下措施：

(1)根据与委托方订立的协议或合同规定，或严格依照委托方指示在其授权范围内进行业务活动。明确托运人的权利和责任，分清货运代理人与托运人权利和责任的界限，不可出现越权代理的现象；也不能在未取得客户同意的情况下想当然地安排与货运代理业务有关的服务。

(2)当委托人的指示与货运代理实践不一致时，一定要得到委托人的明确、书面的指示。货代有责任如实汇报一切重要事项，在委托办理业务中向委托方提供的情况、资料必须真实。

(3)不能进行双方代理，只能代理一个当事人。对代理过程中所得到的资料进行保密。

8.3.3 未尽代理职责风险

在实践中，货运代理企业往往疏于管理，马虎大意未能尽到合理的义务，因自身的过错而给委托方造成损失，实际上也是给自己造成了损失。主要情况有：选择承运人不当；选择集装箱不当；未能及时搜集、掌握相关信息并采取有效措施；对特殊货物未尽特殊义务；遗失单据；单据缮制错误、这些问题很容易导致被索赔。

【案情介绍】

某货运代理作为进口商的代理人，负责从 A 港接受一批艺术作品，在 120 海里外的 B 港交货。该批作品用于国际展览，要求货运代理在规定的日期之前于 B 港交付全部货物。货运代理在 A 港接收货物后，通过定期货运卡车将大部分货物陆运到 B 港。由于定期货运卡车出现季节性短缺，一小部分货物无法按时运抵。于是货运代理在卡车市场雇佣了一辆货运车，要求其于指定日期之前抵达 B 港。而后，该承载货物的货车连同货物一起下落不明。

【案例分析】

货运车造成的损失，货运代理是否也要负责呢？对此，有人提出货运代理仅为代理人，对处于承运人掌管期间的货物灭失不必负责，这一主张似乎有道理。然而根据 FIA-TA 关于货运代理的谨慎责任之规定，货运代理应恪尽职责采取合理措施，否则需承担相应责任。

本案中造成货物灭失的原因与货运代理所选择的承运人有直接的关系。由于其未尽合理谨慎职责，在把货物交给承运人掌管之前，甚至没有尽到最低限度的谨慎，即检验承运人的证书、考察承运人的背景，致使货物灭失。因而他应对选择承运人的过失负责，承担由此给货主造成的货物灭失的责任。

知识链接

货运代理的责任，是指货运代理作为代理人和当事人两种情况时的责任。

1. 作为代理人

作为代理人负责代为发货人或货主订舱、保管和安排货物运输、包装、保险等，并代他们支付运费、保险费、包装费、海关税等，然后收取一定的代理手续费（通常是整个费用的一个百分

比),上述所有的成本均由(或将由)客户承担,其中包括:货运代理因货物的运送、保管、保险、报关、签证、办理汇票的承兑和为其服务所引起的一切费用;同时,还应支付由于货运代理不能控制的原因,致使合同无法履行而产生的其他费用。客户只有在提货之前全部付清上述费用,才能取得提货的权利。否则,货运代理对货物享有留置权,有权以某种适当的方式将货物出售,以此来补偿其所应收取的费用。

(1)货运代理作为代理人的民事法律责任:

①因过错而给委托人造成损失的赔偿责任。

②与第三人串通损害委托人利益的,与第三人承担连带赔偿责任。

③明知委托事项违法的,与委托人承担连带责任。

④擅自将委托事项转委托他人,应对转委托的行为向委托人承担责任。

⑤无权代理,对委托人不发生效力,自行承担责任。

(2)货运代理作为纯粹的代理人,通常应对其本人及其雇员的过错承担责任,其错误和疏忽包括:

①未按指示交付货物。

②尽管得到指示,办理保险仍然出现疏忽。

③报关有误。

④运往错误的目的地。

⑤未能按必要的程序取得再出口(进口)货物退税。

⑥未取得收货人的货款而交付货物。

⑦其经营过程中造成第三人的财产灭失或损坏或人身伤亡。

如果货运代理能够证明他对第三人的选择做到了合理谨慎,那么他一般不承担因第三人的行为或不行为引起的责任。

2. 作为当事人

货运代理作为当事人,系指在为客户提供所需的服务中,是以其本人的名义承担责任的独立合同人,他应对其履行货运代理合同而雇佣的承运人、分货运代理的行为或不行为负责。一般而言,他与客户接洽的是服务的价格,而不是收取代理手续费。比如,货运代理提供混装或多式联运服务,或者他亲自从事公路运输,那么他就处于当事人地位。尤其当货运代理以承运人的身份提供多式联运服务时,作为货运代理的标准交易条件中的纯粹代理性质的条款就不再适用了。其合同义务受他所签发的多式联运提单条款的制约,即使此时货运代理本人并不拥有船舶或其他运输工具,也将作为多式联运经营人,对全程负责,承担如同承运人的全部责任。

3. 违反合同承担的责任

①迟延运输的赔偿责任(如属海上运输,按照我国《海商法》第五十七条的规定赔偿限额为"迟延交付的货物的运费数额")。

②货物毁损、灭失的赔偿责任(如属海上运输,按照我国《海商法》第五十六条的规定赔偿限额为"每件货运单位 666.67 SDR 或每千克为 2 SDR");

③承运人之间的连带责任。

表 8.3 所示为各种运输方式承运人责任、诉讼时效等方面规定一览表。

表8.3 各种运输方式承运人责任、诉讼时效等方面规定一览表

公约或法律名称	责任限额			责任期间	责任基础	诉讼时效
	计算货币单位	每件或每单位	毛重每千克			
海牙规则	英镑	100		船/船	不完全过失责任制	一年
1979年维斯比规则	金法郎	1 000	30	船/船	不完全过失责任制	一年,3月追偿期
	SDR	666.67	2			
汉堡规则	SDR	835	2.5	港/港	完全过失责任制	2年,3月追偿期
	金法郎	12 500	37.5			
我国海商法	SDR	666.67	2	非集装箱货:船/船 集装箱货:港/港	不完全过失责任制	1年,3月追偿期
华沙公约	金法郎		250	机场/杨场	不完全过失责任制	2年
蒙特利尔议定书	SDR		17	机场/机场	完全过失责任制	2年
	金法郎		250			
我国民航法	SDR		17	机场/机场	双重责任制	2年
国际多式联运公约 包含水运	SDR	920	2.75	收货/交货	完全过失责任制	2年,3月追偿期
	金法郎	13 750	41.25			
国际多式联运公约 不含水运	SDR		8.33			
	金法郎		124			

公约或法律名称	责任限额			责任期间	责任基础	诉讼时效
	计算货币单位	每件或每单位	毛重每千克			
国际铁路货物联运公约	金法郎		50	车站/车站	严格责任制	1年,故意或严重过失为2年
	折算 SDR		16.66			
国际公路货运公约	金法郎		25	车站/车站	严格责任制	1年,故意或严重过失为3年
	折算 SDR		8.33			

规避风险措施:

(1)建立健全内部规章,制定标准业务流程。

(2)对可能出现因疏忽造成风险的业务环节进行科学、全面的分析,使业务环节程序化、制度化,并不断完善。

(3)加强检查力度,使疏忽大意产生的概率降到最低。

8.3.4 法律适应问题的风险

国际货代公司在作为国际多式联运经营人时,由于可能涉及不同运输方式、运输路段涉及多个国家。不同运输方式所使用的法律不同,其规定的责任区间、责任限额、责任大小都不尽相同,而不同国家的具体法律规定又是不同。这样就可能导致因为法律适用问题而给货代公司造成一定的风险损失。

【案情介绍】

上海某出口商委托一多式联运经营人作为货运代理,将一批半成品的服装经盂买转运至

印度的新德里。货物由多式联运经营人在其货运站装入 2 个集装箱,且签发了清洁提单。集装箱经海路从上海运至孟买,再由铁路运至新德里。在孟买卸船时发现其中 1 个集装箱外表损坏。多式联运经营人在该地的代理将此情况于铁路运输前通知铁路承运人。当集装箱在新德里开启后发现,外表损坏的集装箱所装货物严重受损;另一箱虽然外表完好、铅封也完好无损,但内装物也已受损。上海出口商要求多式联运经营人赔偿其损失。多式联运经营人对 2 箱货损是否负责? 如负责,如何适用法律? 其赔偿责任如何? 可否享受责任限制?

【案例分析】

多式联运经营人对全程运输负责。作为当事人,国际多式联运经营人收到货物后,如货物是处于多式联运过程中发生的损失,则首先应由多式联运经营人承担责任,然后再向实际责任人追偿。况且在本案中,集装箱是多式联运经营人自己装箱,并已承认收货时货物外表状况良好,因而对于 2 箱货物的损失,多式联运经营人都要负责。其中,第 1 个集装箱是在香港至孟买的海运途中损坏的,很明显,货物也是此时受损的。多式联运经营人在赔付出口商时,可根据《海牙规则》或《海牙—维斯比规则》享受责任限制,且有权向海上承运人索赔。对于第 2 箱货损,应看作隐藏损害,因为货损发生在哪一阶段无从查明。此时,多式联运经营人的责任可以按照国际商会对于"统一联运单证"的规定限制在 2SDR/千克。

知识链接

1. 各种运输方式承运人责任区间及公约或惯例适用

(1)国际海运:

非集装箱货物——"船至船"《海牙规则》

集装箱货物——"港至港"《汉堡规则》

(2)国际陆运、空运:

站(场)/站(场)——《华沙公约》

(3)国际多式联运:

接货/交货——《国际多式联运公约》

2. 国际多式联运经营人的责任限额

(1)联合国《多式联运公约》规定 MTO 对货物灭失或延迟交付的赔偿责任。对于货物灭失或损坏的赔偿限额最多不超过每件或每运输单位 920 SDR,或每千克不得超过 2.75 SDR,以较高者为准。但是国际多式联运如果根据合同不包括海上或内河运输,则 MTO 的赔偿责任按灭失或损坏货物毛重每千克不得超过 8.33 SDR 计算单位。

对于货物的迟延交付,规定了 90 天的交货期限,MTO 对迟延交货的赔偿限额为迟延交付货物的运费 2.5 倍,并不能超过合同的全程运费。目前尚无通用的、统一规范的标准多式联运单证,尚处于纷繁杂乱的状态。

(2)我国《海商法》规定 MTO 对货物灭失或延迟交付的赔偿责任。对于货物灭失或损坏:每件或者每个其他运输单位 666.67SDR,或按照灭失或损坏的货物毛重,每千克 2 SDR,以两者中较高的为准。

对于迟延交付,我国的《海商法》规定货物交付期限为 60 天,MTO 迟延交付的赔偿限额为迟延交付货物的运费数额,但承运人的故意或者不作为而造成的迟延交付则不享受此限制。

规避风险措施：

(1)货运代理企业一定要分清自己以何种身份行事,在与委托人所签合同条款中要明确自己权利、义务和责任,及所适用的法律法规。

(2)加强对国际公约及相关国家法律的研究和了解。有关货运代理在海、陆、空及多式联运业务中所涉及的重要国际公约和国际惯例中,有关责任、责任期限、责任限制、免责条款、索赔程序、诉讼时效及管辖权等内容更要熟悉掌握。

(3)货运代理企业平时做好信息追踪,及时关注最新出台的法律法规,避免触犯有关的法律法规。

8.3.5 信用风险

现阶段货代业已经进入高度竞争的时代,货代公司为了承揽生意拥有更多客户,除了为货主争取优惠运价、提高服务质量外,很多货代公司往往采取垫付运费,向承运人争取结算宽限期方式。例如货物装船出运后,货代公司须先行向船公司或者订舱的其他货代公司付款赎取正本提单后直接交付给货主。在货主取得正本提单的情况下,恶意拖欠运费,货代公司就失去了追索运费的控制权和主动权。如果货主拒绝支付运费,一些货代公司通常只能选择法律途径解决,另一些货代企业面对这种情况由于考虑到诉讼成本、维系客户问题而放弃权益。

有时一些货主为了逃避海关监管,可能会虚报、假报进出口货物的品名以及数量,当货代企业代其报关后,经海关查验申报品名、数量与实际不符时,货代企业可能首当其冲遭受海关的调查和处罚。在集装箱运输方式下,由于货物不便查验,货主可能会实际出运低价值的货物,而去申报高价值的货物,并与收货人串通(或者收货人就是该货主或其关联企业),伪造出具假发票、假信用证、假合同,当货物到达目的地,通过各种手段骗取无单放货后,发货人凭正本提单向货代企业索要高于出运货物实际价值的赔偿。

【案情介绍】

连云港胜恒型钢有限公司与青岛德玛国际物流有限公司天津分公司(以下简称德玛天津公司)签订货物运输代理合同,约定由德玛天津公司代理胜恒公司办理两批(四票)高硅热轧带肋钢筋自天津港出口至也门亚丁的货运代理事宜,双方约定了费率及结算方式。合同签订后,德玛天津公司分别将该四票货物配载在 2008 年 8 月 6 日开航的"ARISI"轮第 0342-116B 航次(德玛天津公司向胜恒公司签发两票货代提单);2008 年 8 月 7 日开航的"SAFMARINE-ORANJE"轮第 0343-003A 航次(德玛天津公司向胜恒公司签发两票货代提单)。长荣公司实际承运涉案货物并向德玛天津公司签发了以德玛天津公司为托运人的四票承运人提单。2008 年 8 月 6 日,胜恒公司对上述两条船运输涉案货物费用数额向德玛天津公司进行确认,费用总计 369 600 美元、277 490 元人民币。

德玛天津公司将自己的货代提单承运人的名称变更签发给了胜恒公司,胜恒公司接收德玛天津公司签发的提单后,于 2008 年 9 月 4 日要求德玛天津公司对其所签发的货代提单对应的船公司提单上的收货人及通知方进行更改,并承诺承担改单费每票 100 美元。德玛天津公司按照胜恒公司的指示对长荣公司四票提单相应内容进行了更改。在胜恒公司给德玛天津公司的保函中,胜恒公司要求德玛天津公司一定要收回德玛天津公司签发的货代提单,然后再将更改后的船公司提单交给胜恒公司客户。现德玛天津公司一直持有船公司签发的提单,而胜恒公司所属 142 个集装箱的货物存放在运输目的港无人提取,胜恒公司没有向德玛天津公司

支付货运代理合同中约定的费用。

德玛天津公司请求法院依法判令胜恒公司支付拖欠的货代费用 277 490 元人民币及 369 600 美元(折合 2 550 240 元人民币,按照 1∶6.9 计算),共计 2 827 730 元人民币,本案诉讼费及保全费由胜恒公司承担。

德玛天津公司向原审法院提交货运代理合同、提单、费用确认单、保函、催费函、长荣公司出具的提单、盛世华公司出具的发票、境内汇款申请书及水单、支票存根、发票第三联、快递单及签收联。

胜恒公司向天津海事法院提交了提单复印件、船舶证明、长荣国际股份有限公司网页查询资料、交通部辅助网站查询资料、银行信用证及拒绝结汇电文。

天津海事法院认为,德玛天津公司与胜恒公司之间存在货运代理合同关系,德玛天津公司作为受托人按照合同约定代理胜恒公司将所属货物出运,办理相关事宜,德玛公司在代理过程中并无过错。在双方的货运代理合同中没有关于德玛天津公司如何签发提单的约定,胜恒公司主张德玛天津公司签发的货代提单是虚假的,对胜恒公司构成欺诈,没有法律依据。德玛天津公司签发货代提单和船公司签发的承运人提单,在货运代理合同关系存在的情况下,表明德玛天津公司履行了货运代理合同约定的代理义务。本案中的运费确认书、保函与货运代理合同共同构成德玛天津公司与胜恒公司之间的合同关系内容。德玛天津公司履行了合同义务,有权要求胜恒公司支付相应的价款,胜恒公司应履行合同义务。

综上所述,德玛天津公司履行了货运代理合同关系下的代理义务,其要求胜恒公司支付相应的代理费用,符合法律规定,胜恒公司应承担合同约定的给付义务。依照《中华人民共和国合同法》第 107 条、第 109 条之规定,判决:一、胜恒公司向德玛天津公司支付货运代理费用 277 490 元人民币、369 600 美元,上述款项应于判决生效之日起十日内支付;二、上述款项逾期履行,按《中华人民共和国民事诉讼法》第 229 条规定加倍支付迟延履行期间的债务利息。本案受理费 29 421.8 元人民币、财产保全申请费 15 020 元人民币,共计 44 441.8 元,由胜恒公司承担。

【案例分析】

本案系货运代理合同纠纷。根据双方所签《货运代理合同》的约定,德玛天津公司接受胜恒公司的委托,办理涉案货物的订舱、报关等相关业务。虽然胜恒公司提出德玛天津公司未将实际承运人长荣公司所签发的提单交予胜恒公司,并主张德玛天津公司未完成委托事项。但本案事实表明,德玛天津公司向胜恒公司签发了无船承运人提单,德玛天津公司则持有长荣公司签发的提单。因德玛天津公司作为货运代理企业签发提单的行为非为法律所禁止,且根据胜恒公司所出具《保函》的内容,亦可以证实胜恒公司对上述签发提单的形式予以认可。与此同时,根据该《保函》的约定,在德玛天津公司收回其签发的提单并将更改后的船公司提单交给胜恒公司的客户后,胜恒公司保证其客户凭德玛天津公司签发的提单换领新提单。胜恒公司虽以德玛天津公司所签提单虚假为由,主张其无法提取货物,但胜恒公司未能提交证据证明其客户凭德玛天津公司签发的提单换取了实际承运人提单而无法提取货物,故其该项主张不能成立。因德玛天津公司所提交的证据能够证明涉案货物已经运抵目的港,德玛天津公司履行了代理职责并垫付了相关费用,而胜恒公司无证据否定上述事实,故根据双方所签《货运代理合同》中关于"费用结算"条款的约定,胜恒公司应将相关费用支付德玛天津公司。虽然胜恒公司基于本案所涉及的法律关系,在另案中向德玛天津公司提起诉讼,但本案立案在先,胜恒公司提出本案应中止审理之主张缺乏依据,本院不予支持。

知识链接

货运代理协议书样本

合同编号：_____

甲方：_____

乙方：_____

甲、乙双方本着共同发展，互惠互利的原则，经友好协商，就货运事宜达成如下协议。

一、报关，报验，单据传递

1. 乙方接受甲方委托，并根据甲方的指示，为甲方办理下列全部或部分业务：进出口报关、报验；送货；其他与进出口货运有关的业务。

2. 甲方根据乙方要求，负责提供下列全部或部分单据和文件：报关委托书，报检委托书；手册；正本提单，发票，箱单，合同；报关所需要进口许可证如系危险品，应提供相关文件；其他与进出口货运有关的单据和文件。

3. 单据的传递

(1) 报关单据：甲方委托乙方代理报关，甲方负责在货物到达当天或前1天将流转单及报关、报验所需的单据交至乙方，由乙方负责办理报关、报验手续。

(2) 送货单据：甲方委托乙方送货，甲方负责将运输地址、联系人及电话等提供于乙方，由乙方负责派车并在甲方规定的时间内将货物送至指定地点。

(3) 更改单据：对于任何更改，甲方须在报验、报关前以书面形式通知乙方，乙方由此产生的实际发生的直接费用和损失由甲方承担。

二、费用结算

乙方会根据甲方需要给甲方垫付税款，垫付税款限额为_____元，超过垫付限额，乙方向甲方出具税款垫付见证性材料等必须的资料，并经甲方确认后3个工作日内甲方支付乙方垫付税款。

运费及报关费用(具体收费比率或标准将在本协议附件中予以约定)每月结算一次。乙方应在每月_____日前将账单明细用电子文档交给甲方，甲方每月收到乙方的账单明细及相应见证性材料后，审核期限为_____天，甲方应在费用审核无误后10个工作日内付款。甲方逾期付款的，在乙方书面催告15日后仍不付款的，则乙方有权要求甲方按中国人民银行同期存款利率支付未付款项的利息作为违约金，但甲方支付违约金总额不应超过未付款项的1%。

甲方除按本条的规定支付乙方费用外，不需支付乙方其他任何费用或款项。

三、报关服务

1. 乙方根据甲方需要，为甲方提供专人、专车服务。

2. 乙方根据甲方需要，为甲方提供限时服务，其中包括通关速度限时、结汇报关单和送货通知单的返回限时。异地的限时通关速度为5天，青岛地区的限时通关速度为3天。限时通关速度的前提是：甲方提供的报关单据应当准确无误，若因单据本身有误而造成的报关事故，乙方概不负责；若因报关单据问题而影响通关速度，乙方概不负责；若因乙方原因造成的报关事故，甲方有权要求乙方赔偿。

3. 乙方会在货物正式通关完毕到海关签发结汇报关单的_____天内返回(异地的返回时间为_____天)；送货通知单应在送货完毕、仓库保管员在送货通知单上全部签字确认后5个工作日返回(异地的返回时间为_____天)，不签、送货通知单打印有误或先送货后补单的情况除外。但乙方应当将此种情形及时告知甲方，并采取相应的补救措施。

4. 送货时货物包装异常、数量出现短缺，或者送货通知单的签收出现异常，乙方应于第一时间将情况及时反馈给甲方，由甲方负责协调解决，若乙方未第一时间反馈甲方，出现货损货差损失由乙方承担。货物在运抵甲方并经甲方接受前应由乙方承担风险责任。乙方若委托第三方承运货物的，则乙方应对第三方的行为承担连带责任。

5. 乙方为甲方提供门到门送货服务，乙方会按照甲方的指示及时送货上门，甲方负责安排留人接货、卸货。乙方未按规定或约定的时间将货物运到甲方约定地点，每逾期一天，按货物运费的_____％支付甲方违约金。

四、代理安排运输的过程中，如因乙方过错而给甲方造成损失，甲方有权要求乙方赔偿。

五、抵消

依据法律或本协议约定乙方应支付甲方的违约金或其他款项，将被视为甲方的可向乙方主张的债权，对该债权的实现，双方同意甲方可以主张从甲方应支付乙方的本协议下的款项或其他甲方应支付乙方的款项中直接扣除直至抵消完毕，不足的部分乙方当然同意予以补足。甲方没有从应支付乙方的款项中扣除的并不应该视为甲方对主张该违约金或款项的放弃。

六、解除

1. 甲方未及时、全面、正确履行合同约定之义务的，乙方将书面催告甲方予以正确履行，甲方在乙方催告后 30 日内仍不能整改到位的，乙方将有权解除合同。但该合同解除的权利乙方在 7 日内未向甲方主张的，则该权利消灭。

2. 若合同一方不能清偿到期债务或因其他原因进入破产程序，则另一方取得在书面通知对方后即解除合同的权利。甲方因进入经营困难的境地，使履行合同成为一种不可能或一种沉重的负担，则乙方应许可甲方有权解除合同。

3. 为对等之目的，乙方未及时、全面、正确履行合同约定之义务的，甲方将书面催告乙方予以正确履行，乙方在甲方催告后 30 日内仍不能整改到位的，甲方将有权解除合同。

4. 合同解除后甲方提供给乙方的相关单据和文件，乙方应当及时返还甲方，不得未经甲方同意擅自留存、复制。

5. 尽管有上述之约定，在合同解除后若乙方尚有甲方的业务正在进行的，乙方仍应当妥善予以完成，由此发生的费用甲方当然将按照本协议的收费标准向乙方支付相关费用。若因乙方违反本款的约定导致甲方受有损失的，则乙方应当负责赔偿。

七、保密

1. 乙方应该保证并且不会发布或向社会公众披露在双方合作过程中所知悉的甲方的保密信息，包括但不限于甲方的客户信息、价格等，未经甲方同意乙方不得以任何理由泄漏、复制、留存。除非法律要求披露或取得甲方事先的书面同意方可披露。该保密义务同样适用于乙方的雇员和代理人。乙方对于其雇员和代理人违反该项保密义务，给甲方造成的损失承担连带责任，情况严重时将追究乙方的刑事责任。

2. 不论本协议是否变更、解除、中止，本条款均有效，乙方若违反本条之规定应当向甲方支付_____元的违约金。

八、甲乙双方同意因本协议发生的或一切与本协议有关的纠纷应协商解决，协商不成的提交甲方所在地人民法院诉讼解决。

九、对本协议条款如有任何修改或补充，甲乙双方均应在友好协商的基础上订立补充协议。该补充协议作为本协议的组成部分，与本协议具有同等法律效力。

十、本协议自双方盖章或法定代表人签字之日起生效，有效期为_____年。

十一、本协议一式两份，甲乙双方各执一份。

甲方(盖章)：_____　　　　乙方(盖章)：_____

代表人(签字)：_____　　　　代表人(签字)：_____

_____年____月____日　　　　_____年____月____日

规避风险措施：

（1）坚持定期收款。企业必须对客户进行事前评估信用、偿债能力、财务状况等，事中监控，事后跟踪催收。

（2）规范货代业务操作，货代公司与货主签订正式的书面货运代理协议、及时进行运费确认等业务环节，加大控制力度，避免发生诉讼。不能仅通过电话确定货物出运，业务操作中的重要文件（如订舱委托、运费确认、电放保函等）通过要求传真发送。确须垫付的，应在代理协议中约定逾期支付或返还所垫付运费的违约责任，以约束货主违约。

（3）如果是陌生货主委托业务，货代公司务必坚持付款赎单的原则，避免在交付正本提单的情况下无法顺利回收运费。

（4）对货主实行信用管理，实行资信等级考察制度，不同等级的货主实行不同的对待策略，同时，提高警惕性，明辨真假，时刻注意保护自身的利益。

8.3.6 随意出具保函风险

业务中倒签、预借提单现象比较普遍，凭保函签发清洁提单或无单放货的情况更是普遍。就倒签提单来讲，在取得货主的保函后，承运人还是可以同意签发，原因是由于航运惯例和贸易的需要，在一定条件下，如在所签的日期是船舶已抵港并开始装货后的某一天，或签单的货物是零星杂货而不是数量很大的大宗货，或倒签的时间与装完时间的间隔不太长等情况下。承运人签发这种提单要承担因此而可能产生的风险。

不少国家的法律规定和判例表明，在签发预借提单或倒签提单的情况下，承运人不但要承担货损赔偿责任，而且会丧失享受责任限制和援引免责条款的权利。即使该票货物是因免责事项原因受损的，承运人也必须赔偿货物的全部损失。因此船公司为了规避自己的风险，一般在货主提出上述要求时要求货主出具保函。但经常由于货主远在异地或者货主的资信不能得到船公司的信任和认可，往往会要求货运代理人出具保函以保证承担由此引起的一切责任，或要求货运代理人在货主出具的保函上加盖公章，承担连带担保责任。

货运代理人为向货主体现自己"优质"的服务质量，一般随意地按照船公司的要求出具保函。货运代理人此时仅是货主的代理人，出具保函的行为是超越代理范围的自身行为，因此货运代理人所承担的风险责任也远远超越了其应当所承担责任的范围。

【案情介绍】

船东A公司承运一批货物，提单收货人一栏中注明"凭指示"，货到目的港后，A公司根据某货代公司B公司为提货人C公司出具的"收货人无正本提单提货保函"，擅自将货物放给C公司。后由于C公司没有支付货款，提单持有人即进出口合同的卖方起诉船东A公司，A公司承担责任后，向海事法院以货代B公司以及提货人C公司为被告提起了诉讼，要求B公司C公司承担连带责任。货代B公司辩称保函是在接受C公司的提货委托后才出具的，因此，保函不是为他人担保，而是为自己提货所出具，但是货物又不是自己所提，所以B公司不应承担连带的保证责任。最后法院判决，提货人C公司无正本提单提货，侵犯了提单持有人的权力，应承担赔偿责任，B公司对提货人C公司的赔偿负连带责任。

【案例分析】

本案就货代出具的保函而言，属于担保中的保证。所谓保证，根据《担保法》第6条的规定，是指保证人和债权人约定，当债务人不履行债务时，保证人按照约定履行债务或者承担责任的行为。货代B公司虽然抗辩称保函不是为他人担保，是为自己提货所出具，而自己又没

有提货。但是正是由于其自己没有提货而是由 C 公司凭借其出具的保函提到的货物，因此，本案保函属于第三人出具的保函，具有担保的作用。

知识链接

（1）保函即为保证书，其作用包括凭保函交付货物、凭保函签发清洁提单、凭保函倒签预借提单等。在凭保函交付货物的情况下，收货人保证在收到提单后即向船公司交回全套正本提单，承担应由收货人支付的运费及其他费用的责任，对因未提交提单而提取货物所产生的一切损失均承担责任，并表明对于保证内容由保函人与收货人一起负连带责任。凭保函签发提单则使得托运人能以清洁提单、已装船提单顺利地结汇。

（2）关于保函的法律效力，《海牙规则》和《维斯比规则》都没有作出规定，考虑到保函在海运业务中的实际意义和保护无辜的第三方的需要，《汉堡规则》第一次就保函的效力问题作出了明确的规定：汉堡规则第 17 条规定：保函是承运人与托运人之间的协议，不得对抗第三方，承运人与托运人之间的保函，只是在无欺骗第三方意图时才有效；如发现有意欺骗第三方，则承运人在赔偿第三方时不得享受责任限制，且保函也无效。我国《海商法》没有关于保函的规定，实践中参照以上规定。

（3）不同主体出具的保函其性质也不同，如果由第三人出具的保函，可以起到担保作用，如果由债务人自己出具的保函，其实质上是债务人作出的一种表示愿意承担责任和履行债务的承诺，其不具有担保意义。

（4）应该说保函在实践中是一种商业惯例。一般来说如果不存在欺骗第三方意图时，各国法律都认可有效，这也是一种为了使货物及时流通的变通做法。但是出具保函就需要承担相应的法律责任和风险，因此，货代企业需要严格注意保函的形式、内容、范围以及保证期限。保证分为一般保证和连带保证两种。一般保证的保证人在主合同纠纷未经审判或者仲裁，并就债务人财产依法强制执行仍不能履行债务前，对债权人可以拒绝承担保证责任。连带责任保证的债务人在主合同规定的债务履行期限届满没有履行债务的，债权人可以要求债务人履行债务，也可以要求保证人在其保证范围而承担保证责任。如果当事人在保证合同中约定，债务人不能履行债权时，有保证人承担保证责任的，为一般保证。因此，即便货代企业实践需要出具保函，也应该尽量承担一般保证责任，而不要承担连带保证责任。而且，货代企业对外出具保函时，要对被担保人进行资信审查，必要时还可以要求被担保人提供相应的担保，以保障自己的合法权益。

规避风险措施：

（1）审慎出具保函，完善合同条款，转移风险。

（2）对必须出具保函的情形，应事先取得货主承担责任的书面承诺，以备追偿。

（3）在委托第三方协议中明确约定由于场装公司、报关报检行以及运输公司等的责任导致货主经济损失，货代企业均有权要求责任方予以赔偿。

8.3.7　员工行为风险

【案情介绍】

仓单品名有误，货运代理赔偿数千美元

浙江省某货运代理公司接受某进出口公司的委托出运一票货物，即 100 桶扑热息痛，40

桶葡萄糖酸钙,至哥伦比亚。当货物运抵目的港后,哥伦比亚海关发现实际货物为 140 桶扑热息痛,海关当即将多发的 40 桶扑热息痛(价值 3 800 美元)扣下和罚款 1 900 美元(合计 5 700 美元)的决定。

该进出口公司得知这一错装时间后,便通知货运代理。货运代理立即进行调查,查明果然是多装了 40 桶扑热息痛,同时误将 40 桶葡萄糖酸钙留在货运代理仓库内。究其原因,是因为业务人员工作疏忽,在开出仓单时,仅写了一种货名(即扑热息痛)而造成的。

事故发生后,客户要求中方为其洗刷走私罪名和取消没收货物及罚款的决定。为此,货运代理与哥伦比亚驻中国大使馆签证处联系,请他们出具签证以免除哥伦比亚海关的处罚。哥伦比亚驻中国大使馆商务参赞处要求提供公证处公证及外交部领事司的证明,方可办理签证。为搞清具体解决途径,货运代理的上级主管部门与买方所在国的有关部门直接联系。然而,最终还是无法免除被哥伦比亚海关没收和罚款的处罚。结果货运代理需承担由于代理过失(即打单错误)所引起的全部经济损失。

【案例分析】

此案情节简单、责任分明,向人们揭示员工的行为是不容忽视的。货运代理看起来是一种无本生意,极易操作,其实并非如此。它学问很深,任何一个环节出现错误操作,都可能造成无法挽回的损失,如:选择运输工具有误、选择承运人有误、发往目的地有误、报关内容有误、投保有误、保单内容被忽视以及仓库保管不当等。针对本案,有效方法之一,就是加强对员工规范操作管理;其二,货运代理为转移其风险,还应投保货运代理责任险。

知识链接

我国国际货物运输代理业管理规定

1. 货运代理备案制代替审批制

(1)国务院于 2004 年取消了货运代理企业经营资格审批,除货运代理设立无须商务部审批外,《货代管理规定》的大部分内容仍然是有效的。

(2)作为过渡阶段,2005 年 3 月 2 日,商务部以 2005 年第 9 号部长令发布了《国际货运代理企业备案(暂行)办法》。

(3)2005 年 3 月 23 日商务部办公厅专门发出《关于委托中国国际货运代理协会组织实施货代企业业务备案有关事宜的通知》,委托中国国际货运代理协会具体组织实施货运代理企业业务备案工作。

(4)我国目前货运代理的管理体制实行的是商务部门为主,其他相关部门依职权参与管理,政府主管部门行政管理和行业协会自律并重的货运代理行业管理体制。

(5)货运代理企业每年 3 月底前向注册地货运代理行业中介组织或商务主管部门报送上年业务经营情况。

2. 国际货运代理企业的备案范围

(1)需要备案的货运代理企业范围

目前我国仅对全部由国内投资主体投资设立的货运代理企业及其分支机构实行登记注册后的备案制度,对于外商投资国际货物运输代理企业的设立仍然实行审批制度。

(2)货运代理企业的备案项目范围

①货运代理企业设立、变更以后,应当填写《国际货运代理企业备案表》(1)对该表所列项目信息进行备案。

②货运代理企业分支机构设立、变更以后,应当填写《国际货运代理企业备案表》(2)对该表所列项目信息进行备案。

③货运代理企业或其分支机构应在每年3月底前填写《国际货运代理企业业务备案表》(3)对其上年业务经营情况进行备案。

规避风险措施:

(1)货代企业要严格加强内部管理制度,规范操作流程,完善监督机制,以制度来提升职员的职业道德和业务素养。

(2)货代企业对业务操作人员应重视培训,严格要求,使他们积极提高自身的业务水平,提高工作责任心,尽量避免因操作问题造成损失。

实战演练

要求学生分成5小组,每组6人。以小组为单位讨论除了本次子任务之外国际货运代理人还会遇到哪些风险,针对这些风险如何做出防范措施,请以书面形式上交具体风险防范措施方案。

子任务8.4　国际货运代理责任保险

任务引领

国际货代企业的风险可以说是层出不穷,防不胜防,在某种程度上说只能减少风险发生的几率,却不能完全避免风险发生。货代还可将风险转移,而投保货代责任险是其有效方法。投保货代责任险是货代企业自我保护手段之一,能够为企业的长期稳定经营提供保障,维护自身利益。

8.4.1　货运代理责任险承保内容

1. 国际货运代理责任险的产生

国际货运代理所承担的责任风险主要产生于以下三种情况:

一种是国际货运代理本身的过失。国际货运代理未能履行代理义务,或在使用自有运输工具进行运输出现事故的情况下,无权向任何人追索。

另一种是分包人的过失。在"背对背"签约的情况下,责任的产生往往是由于分包人的行为或遗漏,而国际货运代理没有任何过错。此时,从理论上讲国际货运代理有充分的追索权,但复杂的实际情况却使其无法全部甚至部分地从责任人处得到补偿,如:海运(或陆运)承运人破产。

还有一种是保险责任不合理。在"不同情况的保险"责任下,单证不是"背对背"的,而是规定了不同的责任限制,从而使分包人或责任小于国际货运代理或免责。

以上三种情况所涉及的风险,国际货运代理都可以通过投保责任险,从不同的渠道得到保险的赔偿。

2. 国际货运代理责任险的内容

(1)错误与遗漏。如虽有指示但未能投保或投保类别有误;迟延报关或报关单内容缮制有误;发运到错误的目的地;选择运输工具有误;选择承运人有误;再次出口未办理退还关税和其他税务的必要手续;保留向船方、港方、国内储运部门、承运单位及有关部门追偿权的遗漏;不顾保单有关说明而产生的遗漏;所交货物违反保单说明。

(2)仓库保管中的疏忽。在港口或外地中转库(包括货运代理自己拥有的仓库或租用、委托暂存其他单位的仓库、场地)监卸、监装和储存保管工作中代运的疏忽过失。

(3)货损货差责任不清。在与港口储运部门或内地收货单位各方接交货物时,数量短少、残损责任不清,最后由国际货运代理承担的责任。

(4)迟延或未授权发货。如:部分货物未发运;港口提货不及时;未及时通知收货人提货;违反指示交货或未经授权发货;交货但未收取货款(以交货付款条件成交时)。

8.4.2 货运代理责任险除外责任

(1)在承保期间以外发生的危险或事故不予承保。

(2)索赔时间超过承保条例或法律规定的时效。

(3)保险合同或保险公司条例中所规定的除外条款及不在承保范围内的国际货运代理的损失。

(4)违法行为造成的后果,如运输毒品、枪支、弹药、走私物品或一些国家禁止的物品。

(5)蓄意或故意行为,如倒签提单、预借提单引起的损失。

(6)战争、入侵、外敌、敌对行为(不论是否宣战)、内战、反叛、革命、起义、军事或武装侵占、罢工、停业、暴动、骚乱、戒严和没收、充公、征购等的任何后果,以及为执行任何政府、公众或地方权威的指令而造成的任何损失或损害。

(7)任何由核燃料或核燃料爆炸所致核废料产生离子辐射或放射性污染所导致、引起或可归咎于此的任何财产灭失、摧毁、毁坏或损失及费用,不论直接或间接,还是作为其后果损失。

(8)超出保险合同关于赔偿限额规定的部分。

(9)事先未征求保险公司的意见,擅自赔付对方,亦可能从保险公司得不到赔偿或得不到全部赔偿。例如:当货物发生残损后,国际货运代理自认为是自己的责任,未征求保险公司的意见,自做主张赔付给对方。如事后证明不属或不完全属国际货运代理的责任,保险公司将不承担或仅承担其应负责的部分损失。

【案例分析】承保范围外的责任,得不到保险人的赔偿

某货运代理受原铁道部某队委托,为西康铁路一线桥吊装钢筋混凝土预制梁。梁长20米、高0.9米、宽1米,中梁设计重量为21.7吨,边梁设计重量为2 533吨,吊装高度为2.7米。一天傍晚,当施工人员将一根中梁和一根边梁吊放上桥墩时,天色已昏暗、视线不清,于是决定收工,次日继续作业。次日上午开始重新作业。由于前日吊装上去的边梁尚垫有垫木,纵向间隙也需调整,所以首先要对已吊上去的边梁稍稍提起,以便取出垫木,调整间隙。预制梁刚吊离桥墩约0.3米高时,即发生吊车臂撞击中梁,吊臂折弯,吊钩中心偏离,吊起边梁的钢丝绳被闪断,边梁坠落地面,明显断裂,经检验已毫无价值,属全损。事故造成的直接损失是:货

运代理的吊车修理费约 20 多万元人民币,委托人的两根预制梁约 6 万元人民币。此前,该货运代理投保了责任险,但货运代理所从事的吊装预制梁任务是否属于其业务范围?上述事故中,货运代理自身的财产损失即吊车的修理费和委托人的两根预制梁的重新购置费是否属于责任保险范围?货运代理责任险包括的范围是什么?

【分析】保险公司承保的货运代理责任险,是指货运代理在其正常业务范围内发生的事故所应承担的责任,而不承保货运代理从事非正常业务范围的工作所产生的责任。本案中,货运代理承担一项工程桥梁的钢筋混凝土预制梁的安装任务,已超出货运代理经营的范围,纯属货运代理在其正常业务之外承揽的项目,因此,所产生的损失责任不属于作为货运代理应承担的责任范围,故保险公司是不会给予赔偿的。

至于吊车本身的损失更不在货运代理责任险范围内,而属财产险范围。如果是因托运人所报预制梁重量有误,而使吊杆折弯,造成吊车损坏和预制梁的坠落断裂,则应由委托人承担该财产损失并负责赔偿。

假如货运代理在自己的码头或仓库场地进行正常的吊装货物,因吊车本身发生故障或其操作人员的过失导致货物受损,一般来说属货运代理责任险范围,因为他所从事的是货运代理业务范围内的活动,除非是货主本身原因造成吊车发生故障,使吊车受损与货物损坏。

8.4.3　货运代理责任险投保的主要渠道

货运代理责任险投保的主要渠道有:所有西方国家和某些东方国家的商业保险公司;伦敦的劳埃德保险公司,通过辛迪加体制,每个公司均承担一个分保险,虽然该公司相当专业,但市场仍分为海事与非海事,并且只能通过其保险经纪人获得保险;互保协会也可以投保责任险。这是一个具有共同利益的运输经纪人,为满足其特殊需要而组成的集体性机构(例如联运保赔协会,TT club)。也可以投保责任险,通过保险经纪人(其自身并不能提供保险),可为国际货运代理选择可承保责任险的保险公司,并能代表国际货运代理与保险人进行谈判,还可提供损失预防、风险管理、索赔程度等方面的咨询,并根据国际货运代理协会标准交易条件来解决国际货运代理的经济、货运、保险及法律等问题。

【阅读资料】劳埃德保险公司

劳埃德保险公司是当今世界保险业中信誉最高、名气最大、资金最雄厚、利润最多的一家大保险公司,它成立于 1680 年,迄今已有 300 多年的历史。坐落在伦敦中心的劳埃德总部建筑造型酷似一个豪华的火车站,在大门口站着披红斗篷的卫士;楼房里摆着狄更斯时代的长椅子、大桌子和高书橱,楼内的休息室高挂着"船长室"的标志牌;复杂的计算机系统里储藏着投保者的所有资料,而记录员却用着 17 世纪的鹅毛管笔。劳埃德公司以敢于承保任何风险而闻名于世,大到火箭升空和人造卫星,小到电影明星漂亮的脸蛋和超级名模那双修长的玉腿,这家保险公司都敢毫不犹豫地予以担保。

1912 年英国巨型客轮"泰坦尼克号"触冰山沉没,劳埃德又为此付出了 250 万美元的赔款,这在当时都是令人咋舌的数字。1937 年,德国"兴登堡"号飞船在空中发生爆炸,也是由劳埃德公司承保并付出了近千万美元的赔偿费。20 世纪 70 年代以后,劳埃德为几起大灾难所付出的赔偿费多得让人怵目惊心。一起是全世界要求赔偿在使用石棉时造成的副作用,折算成货币损失高达 300 亿美元,其中应由劳埃德承付 60 亿美元赔偿费。再一起是美国某公司计算机系统失灵,造成了规模空前的大损失,经计算劳埃德公司要赔偿 4 亿美元。1984 年,劳埃德斗胆承保了美国的三颗通信卫星。谁料想,这三颗卫星竟偏离了轨道而失灵,这一赔将是 3 亿美元的庞大金额。惊慌之余,劳埃德的保险商们突发奇想:能否把这几个满天乱飞的卫星逮回来,修好后重新发射,就可以少赔钱了。于是劳埃德拨款 550 万美元给美国"发现号"航天飞机,要求它捕获价值 1.5 亿美元的"西联星 6 号"卫星和价值 7 500 万美元的印度尼西亚"默那波 B-2"卫星。这一年的 11 月,"发现号"航天飞机成功地进行了世界上首次空间商用性修理业务,把"西联星 6 号"和"默那波 B-2"两颗卫星回收修理,这两颗卫星在第二年 7 月再次发射,从而使劳埃德少付赔款 7 000 万美元。劳埃德敢冒大风险敢付大赔款的作风赢得了全世界的瞩目,它终于在全世界挽回了卫星保险的声誉。

劳埃德公司的组织形式十分独特,尤其是在公司组织结构高度集中统一的今天。它既不属于个人,也不是通常形式的那种股份公司,而是一个遍及全球 50 多个国家,拥有 2.6 万多个成员的企业联合体。由 430 个辛迪加组织组成。劳埃德保险公司并不是以自己的资金直接地承接保险业务,而是由公司的投资者个人承担投保风险,辛迪加再承接各种保险业务,但必须统一由公司出面与客户进行接洽和签订协议。由于盈亏的承担是放在投资者个人的肩上,因此,对想加入劳埃德保险公司的个人投资者,公司的审查十分严格。它要审定这个投资者的品格、财力和社会地位等,并规定每个投资者必须以个人的全部财产付保险金,直至赔到剩下最后一颗纽扣时为止。投资者还必须出示 10 万英镑的资产证明,并另需抵押附属担保品,才有资格加入,否则不能成为劳埃德保险公司的成员。

实战演练

1. 多项选择

(1)国际货运代理人代表承运人时应该( )等。

　　A. 揽货,配载　　　　B. 装箱　　　　　C. 拼箱,拆箱　　　　D. 签发运输单据

(2)国际货运代理的除外责任有( )

　　A. 货代自己的疏忽和过失所致　　　　B. 货物的自然特性或潜在缺陷所致

　　C. 不可抗力所致　　　　　　　　　　D. 货物包装不牢固、缺乏或不当包装所致

2. 货代英语译句

货运代理人代表发货人(出口商)所要做的工作 On Behalf of the Consignor (Exporter)

(1)Choose the route, mode of transport and a suitable carrier.

(2)Book space with the selected carrier.

(3)Take delivery of the goods and issue relevant documents such as the Forwarders' Certificate of Receipt, the Forwarders' Certificate of Transport, etc.

(4)Study the provisions of the letter of credit and all Government regulations applicable to the shipment of goods in the country of export, the country of import, as well as any transit country; he would also prepare all the necessary documents.

(5)Pack the goods, taking into account the route, the mode of transport, the nature of the goods and applicable regulations, if any, in the country of export, transit countries and country of destination.

任务小结

本任务分为认知国际货运代理业务中的风险、国际货运代理责任风险的防范、国际货运代理业务风险案例分析与规避技巧、国际货运代理责任保险 4 个子任务。通过这部分知识的学习，我们明确了国际货运代理责任、权利与义务，能够区分和认定国际货运代理两种法律地位，并学会国际货运代理业务风险规避技巧，这对今后工作的顺利开展有着深刻意义。

任务模拟演练

1. 讨论问题

(1)国际货运代理作为代理人和当事人两种情况时的责任有何区别？

(2)国际货运代理从事第三方物流业务时，应如何进行风险防范？

(3)国际货运代理责任险的主要内容是什么？

2. 案例分析

(1)武夷山一客户委托南方物流公司出运一批干木耳，委托书中指示：由南方物流公司安排订舱、装船出运，并为客户出口报关、检验，由南方物流公司安排卡车将干木耳运南方物流公司仓库装箱。为确定集装箱能否装载干木耳，装箱前南方物流公司向商检提出验箱，商检报告证明可装载。但由于该批货物未能在信用证装运期内出运，因而客户要求船公司出具倒签提单，但船公司不接受倒签提单的签发，于是南方物流公司出具自己的提单给客户办理结汇，再由船公司出具提单给南方物流公司。南方物流公司出具的提单签发日期是信用证规定的装运期，而船公司签发的提单是货物实际装船日期，信用证规定的运输条款是 CY－CY，因而两份提单上均记载 CY－CY。南方物流公司将干木耳装箱后运厦门港出运，集装箱进 CY 大门时，集装箱设备交接单对进 CY 的集装箱外表状况未作任何批注。装船时，外理也未对装船的集装箱外表状况提出异议，到进口国卸船时，国外公证机构也未对集装箱外表状况提出异议，收货人在进口国 CY 提取集装箱时也未对集装箱外表状况提出异议。根据集装箱整箱货 CY－CY 运输条款规定，承运人与收货人责任以集装箱出大门作为划分点，既然收货人在提取集装箱时对集装箱外表状况、关封状况未提出异议，则表明承运人已完整交货。收货人在将集装箱运回自己仓库拆箱时发现箱内有一部分干木耳受潮，即申请公证行到拆箱现场检验，检验报告证明干木耳受潮系箱子顶部漏水，而且是淡水所致。

请问：你认为收货人应该向谁提出索赔？为什么？

(2)某国际货运代理企业经营国际集装箱拼箱业务，此时他是 CONSOLIDATOR，由于他签发自己的提单，所以他是无船承运人。2004 年 9 月 15 日，该无船承运人在 KOBE 港自己的 CFS 将分别属于六个不同发货人的拼箱货装入一个 20 英尺的集装箱，然后向某班轮公司托运。该集装箱于 2004 年 9 月 18 日装船，班轮公司签发给无船承运人 CY/CY 交接的 FCL 条款下的 MASTER B/L 一套，无船承运人然后向不同的发货人分别签发了 CFS/CFS 交接的 LCL 条款下的 HOUSEB/L 共六套，所有的提单都是清洁提单。2004 年 9 月 23 日载货船舶抵达提单上记载的卸货港。第二天，无船承运人从班轮公司的 CY 提取了外表状况良好和铅封完整的集装箱(货物)并在卸货港自己的 CFS 拆箱，拆箱时发现两件货物损坏。2004 年 9

25 日收货人凭无船承运人签发的提单前来提货,发现货物损坏。

请问:

①收货人向无船承运人提出货物损坏赔偿的请求时,无船承运人是否要承担责任?为什么?

②如果无船承运人向班轮公司提出集装箱货物损坏的赔偿请求时,班轮公司是否要承担责任?为什么?

③无船承运人如何防范这种风险?

(3)我国 A 贸易公司委托同一城市的 B 货运代理公司办理一批从我国某港运至韩国某港的危险品货物。A 贸易公司向 B 货运代理公司提供了正确的货物名称和危险品货物的性质,B 货运代理公司为此签发其公司的 HOUSE B/L 给 A 公司。随后,B 货运代理公以托运人的身份向 C 船公司办理该批货物的订舱和出运手续。为节省运费,同时因为 B 货运代理公司已投保责任险,B 货运代理公司向 C 船公司谎报货物的名称,亦未告知船公司该批货物为危险品货物。C 船公司按通常货物处理并装载于船舱内,结果在海上运输中,因为货物的危险性质导致火灾,造成船舶受损,该批货物全部灭失并给其他货主造成巨大损失。

请根据我国有关法律规定回答下列问题:

①A 贸易公司、B 货运代理公司、C 船公司在这次事故中的责任如何?

②承运人 C 是否应对其他货主的损失承担赔偿责任,为什么?

③责任保险人是否承担责任,为什么?

参考文献

[1] 中国国际货运代理协会．国际陆路货运代理与多式联运理论与实务[M]．北京：中国商务出版社，2010．

[2] 王爽，王艳．国际货物运输与代理实务[M]．北京：中国水利水电出版社，2011．

[3] 何景师，赵延勤．国际货运代理实务[M]．北京：中国轻工业出版社，2012．

[4] 何柳．国际货运代理实务[M]．北京：人民交通出版社，2007．

[5] 何银星．货代高手教你做货代：优秀货代笔记[M]．北京：中国海关出版社，2010．

[6] 吴彩奕，秦绪杰．国际货运代理实务[M]．合肥：中国科学技术大学出版社，2009．

[7] 牛鱼龙．货代物流操作实务[M]．上海：同济大学出版社，2007．

[8] 余柳．国际货代与通关实训[M]．北京：化学工业出版社，2011．

[9] 赵永秀，武亮．国际贸易货代员岗位职业技能培训教程[M]．广州：广东经济出版社，2009．

[10] 姚大伟，杨露．国际货代实务与操作：习题与实训指导[M]．北京：清华大学出版社，2012．

[11] 崔丽芳，邓啸．高等职业教育项目课程改革规划教材：国际货代业务操作[M]．北京：机械工业出版社，2013．

[12] 中国国际货运代理协会．国际货运代理理论与实务[M]．北京：中国商务出版社，2007．

[13] 孙家庆．国际货运代理[M]．大连：东北财经大学出版社，2008．

[14] 孙家庆．国际货运代理风险规避与案例分析[M]．北京：科学出版社，2009．

[15] 张敏，周敢飞．国际货运代理实务[M]．北京：北京理工大学出版社，2007．

[16] 姚大伟．国际货运代理实务[M]．北京：中国对外经济贸易出版社，2002．

[17] 考试大网 http://www.examda.com．

[18] 233 网校货代考试网 http://www.233.com/hydl/shiwu/．